U0802638

财经素养教育丛书
丛书主编：田慧生　王振中

国外财经素养教育述评

主　编　张男星　应望江
副主编　王春春　刘红宇

科学出版社
北　京

内 容 简 介

财经素养作为21世纪公民必备的核心素养之一，不仅具有个体意义，更具有社会意义和国家意义。面向全民的财经素养提升已是国际趋势，一些国际组织和许多国家都高度重视财经素养并大力推进财经素养教育。本书主要对国外财经素养教育的发展情况进行研究，选取美国、加拿大、澳大利亚、韩国、新加坡、马来西亚、俄罗斯、日本等国家作为案例，从国家、社会、学校等不同层面来分析各国财经素养教育的基本背景、发展历程、重大政策、具体措施及实施效果。在此基础上，分析各国财经素养教育发展的基本特点和主要经验，为我国推广和普及财经素养教育提供参考和借鉴。

本书对于财经素养教育研究者、教育管理者、政策研究者、一线教师都具有重要参考价值。

图书在版编目（CIP）数据

国外财经素养教育述评 / 张男星，应望江主编. —北京：科学出版社，2020.3

（财经素养教育丛书 / 田慧生，王振中主编）

ISBN 978-7-03-060469-9

Ⅰ. ①国… Ⅱ. ①张… Ⅲ. ①财政经济-素质教育-研究-国外 Ⅳ. ①F810-4

中国版本图书馆 CIP 数据核字（2019）第 017552 号

特邀策划：蒋建华 张男星

责任编辑：刘英红/ 责任校对：贾娜娜

责任印制：赵 博/ 封面设计：无极书装

科学出版社 出版

北京东黄城根北街 16 号

邮政编码：100717

http://www.sciencep.com

北京华宇信诺印刷有限公司印刷

科学出版社发行 各地新华书店经销

*

2020 年 3 月第 一 版 开本：720 × 1000 1/16

2025 年 2 月第三次印刷 印张：13

字数：254 000

定价：98.00 元

（如有印装质量问题，我社负责调换）

总　序

在经济全球化背景下，财经活动已融入人们的日常生活，随之而来的经济事务问题及风险困扰也越来越多。个体是否拥有正确的劳动观、金钱观和财富观，是否具备处理经济信息、合理使用资金、进行财务规划、规避风险等基础意识、知识与方法，对于其能否妥善处理经济关系与问题显得尤为重要，而这正是个体财经素养的重要体现。财经素养涵盖知识、能力、态度、心理、行为等多层面内容，既涉及个体应对财务管理、未来规划及面对复杂金融环境做出相对合理的抉择，以实现自己的经济目标；也涉及个体经济活动对国家经济发展的影响，以及国家经济发展对个体经济的影响，包括对个体财富和人生追求的影响。今天，个体的财经素养不仅影响个人和家庭经济的良性周转，还影响一个地区市场经济的健康运行，乃至国家的金融安全与核心竞争力。可以说，财经素养教育关乎国家经济社会的稳定与发展，具有深远的个人意义、社会意义和国家意义。

一、财经素养教育的发展

早在 2002 年，经济合作与发展组织（Organization for Economic Co-operation and Development，OECD）就发起了关于财经素养教育的项目及相关活动。2005 年出版的《财经教育和意识的原理及最佳实践推荐》（*Recommendation on Principles and Good Practices for Financial Education and Awareness*）和《提高财经素养：议题和政策分析》（*Improving Financial Literacy：Analysis on Issues and Polices*），阐述了关注财经素养及其教育的动因，综述了调查国的财经素养教育工作，并介绍了这些国家政策制定者和其他利益相关者实施提高财经素养水平的基本设想与实践做法。同时，OECD 建立了关于财经素养教育的国际门户网站，收集来自世界各地关于财经素养教育事件和项目的数据、资源、研究成果与新闻。2008 年，OECD 创立了国际财经教育网络（International Network on Financial Education，INFE），其成员来自 100 多个国家和经济体的 250 多个公共机构，该组织一年召开两次会议，讨论各自国家财经教育的最新发展，分享彼此的新知识，开展比较研究，讨论优秀实践案例及有关政策。OECD 开展了国际学生评估项目（program for international student assessment，PISA），全球 18 个国家或地区参加了该项测试，其中 13 个为 OECD 成员国，5 个为合作伙伴国家（地区）。该测试于 2012 年首次加入了财经素养方面的内容，极大地推动了各国对财经素养教育的高度关注。我国也从仅有上海参加，发展为北京、上海、江苏、广东均参加，且均取得了很好的成绩。

财经素养教育也被一些发达国家放在了重要的战略位置。普遍做法主要有：一是制定财经素养教育国家战略；二是在政府部门主导下整合多方力量联手推动财经素养教育和培训；三是以学校为主阵地开展财经素养教育；四是研制财经素养（教育）标准或构建能力框架。美国、澳大利亚、加拿大、英国、新西兰、新加坡、韩国、印度、印度尼西亚、马来西亚等 50 多个国家都实施了财经素养国家战略，越南、吉尔吉斯斯坦、黎巴嫩、菲律宾、沙特阿拉伯、泰国和中国等也都正在制定财经素养国家战略。美国国会于 2003 年通过了《财经素养和教育促进法案》，成立了财经素养教育委员会（Financial Literacy Education Commission，FLEC）；2006 年，FLEC 制定了首份国家财经素养战略《掌管未来：财经素养提高之国家战略》，2011 年和 2016 年先后又修改并出台了新的国家战略《促进美国经济的成功：财经素养国家战略》，确立了四大目标：提高财经教育意识并提供有效的财经教育；确定并整合核心的财经能力；完善财经教育基础设施；确定、推动并分享有效的实践。澳大利亚证券和投资委员会（Australian Securities and Investment Commission，ASIC）是负责提升国民财经素养的政府机构，继 2011 年发布了第一份《国家财经素养战略》后，又在此基础上发布了《2014—2017 年财经素养国家战略》，该战略确定的三年内的战略重点是：第一，要通过正规教育系统教育下一代；第二，增加对自由、公正信息、工具和资源的利用；第三，提供高品质、有针对性的指导和支持；第四，加强协调配合、巩固有效合作；第五，改善研究、测量和评价。加拿大政府已将财经素养的提升作为一项重点工作，2015 年发布的《加拿大财经素养国家战略——全民加入》，提出了“改善加拿大人和家庭的金融状况”的愿景，指出将动员并吸引公有、私营和非营利性机构提升加拿大人的财经素养，使他们能够实现明智地管理资产和债务、为将来计划并存款、预防金融欺诈等目标。

一些国家（地区）和组织先后发布并不断完善、修订财经素养教育标准，以规范和提高财经素养教育质量，如澳大利亚、日本、新西兰、瑞典、威尔士和美国等国家（地区）。以美国为例，美国 Jump$tart 联盟在 1998 年就发布了财经素养教育领域的第一份国家标准——《个人理财指导原则和基准》，2001 年、2007 年先后对其进行修订，2017 版的《K-12 个人财经素养教育国家标准》（*National Standards in K-12 Personal Finance Education*）已是第四版[①]。尽管该标准并非强制性，但许多州都以此为基础来制定本州标准或开发课程。2015 年，OECD 下的 INFE 也发布了《OECD/INFE 青年财经素养核心能力框架》（*OECD/INFE Core Competencies Framework on Financial Literacy for Youth*）。

美国等发达国家及国际组织的研究和实践表明，财经素养作为一项综合性较强的、跨学科性的综合素养，是个体最具生存与发展意义的核心素养。各国财经素养国家战略的部署及财经素养标准的制定都表明，作为个体核心素养存在的财经素养具有重要的社会意义和国家意义，面向全民的财经素养提升及研究已是国际趋势和迫切的现实需要。

我国日益重视通过财经素养教育提高国民财经素养水平，2006～2019 年的 13 年间，不断颁布政策性文件推进财经素养教育的实施。2006 年，教育部和中国保险监督管理委员会（简称保监会）联合发布了在学校加强保险教育的指导意见《教育部中国保险监督管理委员会关于加强学校保险教育有关工作的指导意见》，规定把保险教育整合到现有的国家课程之中，这可以看作是财经素养教育政策的萌芽。2013 年，《国务院办公厅关于进一步加强资本市场中小投资者合法权益保护工作的意见》，明确要求“将投资者教育逐步纳入国民教育体系，有条件的地区可以先行试点”。2013 年，中国人民银行会同中国银行业监督管理委员会（简称银监会）、中国证券监督管理委员会（简称证监会）和保监会制定了《中国金融教育国家战略》，强调将金融普及教育上升至国家战略。2015 年，国务院办公厅印发了《国务院办公厅关于加强金融消费者权益保护工作的指导意见》，要求教育部将金融知识普及教育纳入国民教育体系，切实提高国民金融素养。国务院办公厅印发的《推进普惠金融发展规划（2016—2020 年）》，提出要建立金融知识教育发展长效机制，推动部分大中小学积极开展金融知识普及教育，鼓励有条件的高校开设金融基础知识相关公共课。2017 年，中国人民银行发布《消费者金融素养调查分析报告》，建议将金融知识纳入国民教育体系，认为实现金融知识普及应抓早抓小。2019 年，证监会、教育部联合印发了《关于加强证券期货知识普及教育的合作备忘录》，共同推动证券期货知识有机融入课程教材体系，提升教师队伍金融素养等。

但我国真正在学术层面和学校教育层面关注财经素养及财经素养教育，主要起始于 2012 年的 PISA 测试。所以，财经素养之于我国是一个较新的事物，财经

---

① National standards in K-12 personal finance education. 4th ed. https://3yxm0a3wfgvh5wbo7lvyyl13-wpengine.netdna-ssl.com/wp-content/uploads/2018/01/2017_NationalStandardsBook.pdf[2014-11-08].

素养教育仍然需要在有关教育政策中予以重视，在理论研究和实践开展中予以加强与规范。

二、财经素养教育的内涵

有关财经素养概念及财经素养教育内涵的理解在世界范围并不具有统一的认识。例如，OECD 认为财经素养是“关于财经概念和风险的知识与理解，是应用该类知识和理解的技能、积极性与信心”，提高财经素养的目的是使人们能够在各种金融背景下制定有效的决策，提高个人和社会的金融福祉，并使人们能够参与经济生活。澳大利亚证券和投资委员会认为财经素养是根据个人情况做出合理财经决策，用于改善金融福祉必要的财经知识、技能、态度和行为的组合。国际组织或其他国家对财经素养的理解偏重西方国家的文化传统和个体发展特点，而我国更多存在不对“财经素养”进行界定的情况，并且时常与财商素养、金融素养、消费素养、理财素养等相关名词交叉使用。

我们如何对财经素养及相应的财经素养教育下定义，需要从中国国情和社会主义核心价值观的视角来认识与理解财经素养教育。我们坚持个体与社会、国家经济活动密切关联的观点，将财经素养视为个体化素养，更视为一种关系型素养。财经素养包含强化公民关注自身的同时，关注自己与社会、国家关系的价值导向，它可以理解为“个体在财经生活中必备的财经知识、理财技能、财富观念与信念等基础修养总和”。其间的个体就是个体—社会、个体—国家的关系型个人，即个体的财经素养不仅与个体的经济活动相关，也是个体对社会活动、国家发展的知晓、理解、把握与判断。

我们认为，提高财经素养不仅是个体的自我诉求，更是个体对国家的一份责任。财经素养教育要高度注重关系化的个体的发展，强调中国优秀文化、制度特色对个体的影响和内在要求，重视引导学生超越“小我”形成“大我”，突破个人的利益算计，在认识个体与经济生活关系的同时，充分认识与理解国家乃至世界经济活动，知晓个人财务与国家安全发展之间的关系，进而形成有助于个体、家庭、国家经济安全与稳定发展的大财富观。

尽管中国学生在 PISA 测试中取得了财经素养方面的优异成绩，但是，却不能说明我国学生的财经素养水平就很高。毕竟测试题更偏重考查学生理解题意、运用数学技能解决问题的能力，较少涉及财经素养的观念和价值层面。且从现实情况看，我们仍会发现中国学生财经素养所欠缺的方面。例如，不知劳动的艰辛，出于攀比心态的非理性消费，不懂规则与制度的约束，希望以最少的努力“一夜致富”，等等。为此，我们要引导个体从关系的角度处理经济问题，使个体在财经活动中学会处理人与人、人与国家、人与社会的经济和道德关系，在今天与明天的价值权衡中做出符合理性和德性的取舍。倡导在财经素养教育中，不仅要让个体了解基本的财经知识，学会参与社会生活里的经济活动，还要从经济学的角度认识社会、体验社会，更要形成正确的观念，将财富与幸福生活、社会的公平正义联系起来。

为此，中国财经素养教育协同创新中心秉持“学生为本、国家为重”的财经素养教育初心，以促进个体进步、维护国家发展为根本目的，致力于推动基于学生、面向国家的财经素养教育，站在国家高度推进学校培养具有财经素养的社会化人才。我们强调，要通过财经素养教育去引导个体从关系角度认知与了解财经活动的常识，从中学会理解和处理人与人、人与国家、人与社会的经济关系及道德关系，将财富与个人的幸福生活、个体的国家社会责任统一起来，形成具有中国优秀文化底蕴和符合国家现代化要求的财经素养结构，优化与提升个体的综合素质。我们将财经素养定义为，个体应对经济生活所必备的财经知识、理财技能、财富观念与人生信念等基础修养总和。因而，财经素养教育就不只是单一或专门化的财商教育、金融教育、消费者教育、财经教育，它是培养个体应对经济生活所必备的财经知识、理财技能、财富观念与人生信念等基础修养总和的活动。财经素养教育以劳动教育为起点和手段，以德育为目标和方向，是劳动教育、生活教育、思想教育和情感教育的集合。相较其他概念，财经素养教育更具有基础性、普适性、一般性，也更具有萌芽特性。

基于上述对财经素养及财经素养教育的理解，中国财经素养教育协同创新中心组织专家历时两年研制并于 2018 年发布了《中国财经素养教育标准框架》。与美国及国际组织的财经素养教育标准维度建构对比，可以看出中国对财经素养内涵要素理解的特点（表 1）。美国和 OECD 财经素养标准的维度更偏向于财经知识及认知策略，重视对具体经济事务的处理，但对制度与环境、人与国家经济活动的关系、人与财富的关系关注很少。与美国和 OECD 的财经素养教育标准维度相比，中国对财经素养内涵的理解更重视财经价值观的引导，更突出个体与社会、国家经济的关联，更彰显优秀的财经传统文化，更强调学生对制度、规则的理解与遵循。

表 1　美国、OECD、中国的财经素养教育标准维度

主要维度	美国	OECD	中国
维度一	支出与储蓄	货币与交易	收入与消费
维度二	信贷与债务	规划和理财	储蓄与投资
维度三	就业与收入	风险和回报	风险与保险

续表

主要维度	美国	OECD	中国
维度四	投资	金融格局	制度与环境
维度五	风险管理与保险		财富与人生
维度六	理财决策		

在《中国财经素养教育标准框架》中，我们依循个体融入社会、参与经济的路径进行设计，将我国学生所应该达到的财经素养教育标准分成了五个维度，分别是收入与消费、储蓄与投资、风险与保险、制度与环境、财富与人生。每个维度又分别对应支撑三个具体的目标，即认知、技能、态度，从而形成了中国财经素养教育的“五维三标”框架体系。“五维”逐步递进，层层升华，为学生搭建清晰的财经素养体系，引导他们合理认识劳动与经济事务，理解经济规则与制度，形成关于劳动、金钱、财富与人生幸福关系的正确思想，提升人生境界。“三标”以了解知识与事实为起点，演进到获取方法与技能，再深化为形成观念与态度。其中，“形成观念与态度”这一目标主要是针对不同维度内容中应该形成的、针对一定知识范畴的特定观念与态度；而“财富与人生”维度则超越具体知识范畴，从整个经济活动及其与人生发展关系的角度而言，指向应该获得的基本思想与境界。

三、财经素养教育的目标

中国的财经素养教育应该有符合中国特色社会主义核心价值观的目标。中国实施财经素养教育与其他国家最大的不同点就是，它不仅要教会学生个体如何面对自己进入经济社会的理财问题，更要教会学生在经济生活中如何关照自己的经济事务与国家经济活动的关系问题。所以，财经素养教育要以促进个体进步、维护国家发展为根本目的，建构起基于学生、面向国家的具有中国特色、世界视野的财经素养教育目标。构建中国财经素养教育目标的出发点是“学生为本、国家为重”的初心。

以“学生为本、国家为重”为旨归的财经素养教育目标要思考财经素养教育应培养学生什么样的观念和行为；通过培养学生这些观念与行为，可以让学生成为有利于国家经济发展与社会稳定的什么样的人。依循中国财经素养教育标准研制的思想与特点，我们建构了财经素养教育“三九五体系”目标，如图 1 所示。

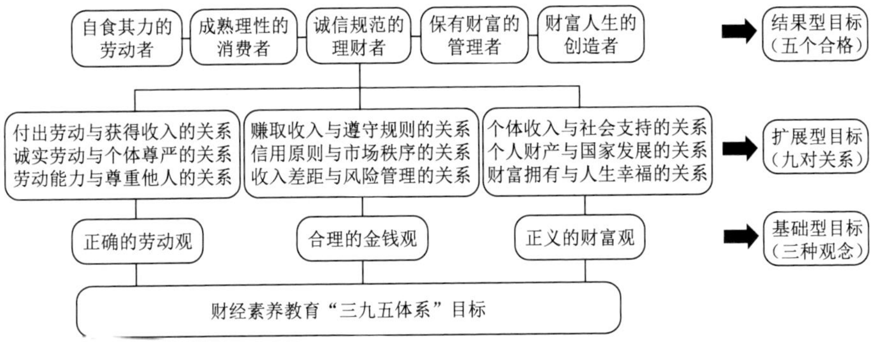

图 1　中国财经素养教育“三九五体系”目标

三即“形成三种观念”，包括劳动观、金钱观、财富观，这是财经素养教育的基础型目标。财经素养教育以劳动为起点，以德育为目标指向。它要告诉学生树立正确的劳动观，要通过自己的辛勤劳动去获取收入，创造财富；有了收入，需要有合理的金钱观，理解金钱对于生活的正当意义，处理好利与义的关系，既不能成为金钱的奴隶，也无须轻视金钱的劳动与生活意义；在不断累积与创造财富的过程中，要具有正义的财富观，知道财富的创造既是个体能力和努力的体现，也是社会支持的结果，懂得创造财富的社会责任。“三种观念”从劳动付出—获得收入—累积财富这一经济活动过程逐一展开并覆盖，使学生为未来从事经济活动打好基本的财经素养基础。

九即“理解九对关系”，这是财经素养教育的扩展型目标。财经素养教育要教会学生集中理解这些关系，包括从劳动演绎出的“付出劳动与获得收入、诚实劳动与个体尊严、劳动能力与尊重他人”三对关系；从金钱演绎出的“赚取收入与遵守规则、信用原则与市场秩序、收入差距与风险管理”三对关系；从财富演绎出的“个体收入与社会支持、个人财产与国家发展、财富拥有与人生幸福”三对关系，共九对关系。通过对这些关系的理解，将财经素养教育的基础型目标“三种观念”予以深化和具体化。

五即“成为五个合格者”，这是财经素养教育的结果型目标。财经素养教育的最后目标是要让个体在进入社会经济生活时成为五个方面的合格者，助力其成为社会主义的建设者和接班人，包括能够成为合格的劳动者，做一个自食其力的劳动者；成为合格的消费者，做一个成熟理性的消费者；成为合格的理财者，做一个诚信规范的理财者；成为合格的管理者，做一个保有财富的管理者；成为合格的创造者，做一个财富人生的创造者。这五个合格者，是个体在经济生活中或将承担的不同角色，不同角色的存在价值和能力要求有所不同，其间的关系主干是层层递进与提升。“成为五个合格者”的财经素养教育目标，旨在帮助个体在人生不同阶段胜任经济生活中的不同角色，为个人幸福、家庭福祉、国家稳定和社会发展发挥应有的作用。

如果用一棵树来比喻“三九五体系”的财经素养教育目标，那么，基础型目标“形成三种观念”就是树干，支撑着整个财经素养教育的根本价值导向；扩展型目标“理解九对关系”就是树叶，丰富与细化着财经素养教育的基本内容和范畴；结果型目标“成为五个合格者”就是果实，标志着财经素养教育的预期达成效果。

四、财经素养教育的实施

在我国实施财经素养教育具有重要的时代意义。一方面，财经素养教育是落实国家重大战略的重要举措。2017 年，党的十九大报告提出，今后三年要重点打好防范化解重大风险、精准脱贫、污染防治三大攻坚战①，其中两大攻坚战都与财经和金融领域息息相关。围绕国家攻坚目标，一是教育要培养能够有效化解金融风险和推进金融扶贫的高素质人才。二是要普遍提高公民财经素养，尤其要注重提高经济欠发达地区特别是贫困地区人口的财经素养，这也是落实“扶贫同扶志、扶智相结合”理念的重要举措，是阻断贫困代际传递，实现全体人民共同富裕的一个重要途径。三是财经素养教育是贯彻国家教育方针的重要路径。在 2018 年举行的全国教育大会上，习近平同志指出要立足基本国情，遵循教育规律，坚持改革创新，以凝聚人心、完善人格、开发人力、培育人才、造福人民为工作目标，培养德智体美劳全面发展的社会主义建设者和接班人，加快推进教育现代化、建设教育强国、办好人民满意的教育②。实施财经素养教育就是贯彻落实党的教育方针，落实立德树人根本任务。四是财经素养教育是促进学生德、智、体、美、劳全面发展的重要路径，它以劳动教育为起点和手段，以德育为目标和方向。财经素养教育涉及财富获得、财富管理、财富传承等，而劳动是创造社会物质财富和精神财富的源泉。通过财经素养教育，可以纠正人们对劳动的偏见、成见和狭义理解，使学生更清晰地认识到劳动创造财富的本然，懂得只有通过诚实且有智力的劳动才能获得和创造财富。同时，财经素养教育倡导以适当方式让学生参与或模拟参与社会生活里的经济活动，从中感知社会、体验社会，将财富与幸福生活、与社会的公平正义、与个体对国家的责任统一起来，坚决反对唯利是图、拜金主

---

① 引自 2017 年 10 月 28 日《人民日报》中的文章：《决胜全面建成小康社会 夺取新时代中国特色社会主义伟大胜利》.

② 中华人民共和国中央人民政府. 习近平出席全国教育大会并发表重要讲话. http://www.gov.cn/xinwen/2018-09/10/content_5320835.htm[2018-09-10].

义、物质至上的不良金钱观和财富取向，从而使学生在更深层次体悟劳动最伟大、通过诚实的劳动获取收入最光荣，以此落实立德树人的根本任务。

学校必将成为财经素养教育的重要推动力量和主阵地。一方面，学生和家长都认为应该及早在学校实施财经素养教育。中国财经素养教育协同创新中心在2018年一项调研中发现，逾九成的调查对象（95%的学生、92%的教师、95%的家长）认为财经素养教育重要、比较重要甚至是非常重要，并且有88%的学生、91%的家长和87%的教师主张在高中以前开展财经素养教育。其中，认为应从小学开始开展财经素养教育的学生、家长和教师占比最高，分别是44%、48%和36%。有家长认为“财经素养教育贯穿人的一生，孩子们对金钱的管理能力可以迁移到学习和生活中去，对人生的发展有重要影响，提高孩子的财经素养还有助于提高其学习效率，增强其时间观念、管理能力和规划能力”。另一方面，超过60%的高中学生认为自己的财经素养源于自学，余下选择“源自家庭教育”的比例高于学校教育13个百分点。学生认为，虽然家长在日常生活中也会注意培养他们的财经意识，如逛超市时会有意培养他们的规划和决策能力，平时也会教育孩子学会管理和支配零花钱，但是学校传授的知识更有系统性、更加多样化，学生的参与度和接受度也更高。鉴于家长财经素养、家庭环境、家教方式的差异很大，学校开展财经素养教育更有助于教育公平和提升财经素养教育质量。

目前，财经素养教育虽然还未被纳入国家课程系统，但学校可以通过多种实践方式开展财经素养教育，如专门选修课、学科融合、组建社团、设计主题活动、实施项目式学习、开展社会实践等。为积极有效地指导和推进学校实施财经素养教育，中国财经素养教育协同创新中心联合科学出版社推出财经素养教育丛书。首批将推出三本：一是《〈中国财经素养教育标准框架〉解读》，该书集中呈现《中国财经素养教育标准框架》的研制思想、过程及内容，并就各学段标准中的主要知识点进行解释，以加强人们对标准的正确理解和实践运用；二是《中国财经素养教育的学校实践》，该书遵循《中国财经素养教育标准框架》构建实践活动结构，通过对各学段财经素养教育20个实践活动的分析，阐释学校财经素养教育实践的优点、特点、问题及改进建议，以此引导学校在该标准框架下有目标、有质量、有序地开展财经素养教育；三是《国外财经素养教育述评》，该书集中研究美国、俄罗斯、日本、澳大利亚、加拿大、韩国、新加坡、马来西亚等国家的财经素养教育在政策与战略，以及实施和推进等方面的演进与现状。

当然，在高度重视学校财经素养教育对个体进入经济生活的重要推动力，以及促进个体现代化的重要作用的同时，要客观看到它并不能解决个体从事经济生活的全部所需，更不是学生素质教育的全部。但财经素养教育作为落实国家战略、教育方针、教育任务的一个重要领域和途径，对于个人发展、家庭幸福、社会稳定和国家安全，都具有重要的意义，应引起社会各界的重视，尤其需要在学校系统进行有效引导与推进落实。

张男星

2019 年 3 月

目　录

第一章
美国的财经素养教育

美国高度重视财经素养教育，财政部部长史蒂文·穆努钦（Steven Mnuchin）曾引用总统的评论来强调财经素养教育对于国家的重要性，即“美国人的计划、储蓄和投资能力对于实现美国梦至关重要，这使国民有能力做出合理的财政决策并有助于美国经济的强劲发展”[①]。

美国高度重视财经素养教育，主要原因之一在于美国年轻人的财经素养较为薄弱。在 2015 年经济合作与发展组织 PISA 测试中，美国在 15 个参与国和经济体中的表现仅处于平均水平。[②]在 23～28 岁年龄段的美国人中，只有不足 1/3 的人掌握了关于利率、通货膨胀和风险分散的基本知识。财经素养水平低与退休规划比率低、财产积累比率低和股市参与率低有关，还与较多运用高成本的金融服务和高负债率有关。[③]主要原因之二在于 2007 年次贷危机的巨人冲击。主要原因之三在于社会的发展（如信息技术、金融科技等）对人们的经济生活产生了深刻影响。

为提高美国人的财经素养，助力美国的经济发展，美国各界都积极推动财经素养教育，概括而言，采取的行动主要包括：成立专门的机构负责协调、组织和开展财经素养教育，制定财经素养教育国家战略，发布财经素养国家标准，针对不同群体开发财经素养教育资源，对教师进行培训，开展财经素养测评，深入推动各级各类学校实施财经素养教育等。例如，联邦政府部门编写了与财经教育及

---

① Financial Literacy and Education Commission. 2017. Financial literacy and education commission public meeting minutes may 24. https://www.treasury.gov/resource-center/financial-education/Documents/FLEC-May-24-2017-Public-Meeting-Minutes-FINAL.pdf[2018-10-22].

② Scheicher A. 2017. Students' financial literacy：results from PISA 2015. https://www.treasury.gov/resource-center/financial-education/Documents/2015%20PISA%20Results%20for%20Financial%20Literacy%20Andreas%20Schleicher%20Presentation.pdf[2018-10-22].

③ Urban C，Collins J M，Schmeiser M，et al.2005. State financial education mandates：it's all in the implementation. https://www.treasury.gov/resource-center/financial-education/Documents/Dr.%20Carly%20Urban%20State%20Education%20Mandates%20Presentation.pdf[2018-10-22].

消费者保护相关的出版物，并分发给普通人群；各州、市级政府为不同人群开发了相应的金融项目；一些金融机构为一些非营利组织开发和实施财经教育计划提供了金融与实物支持；一些高校为学生筹备了财经素养教育计划；一些州的立法机构甚至已经通过了一些法律，以满足各州的财经素养教育要求等。本章主要介绍美国在开展财经素养教育的过程中几个影响较大的组织和机构，这些组织和机构各有侧重，互为补充，体现了美国从国家、社会和学校等不同层面为开展财经素养教育做出的努力。

第一节　国家层面的推进

美国从国家层面推进财经素养教育的机构主要有财经素养教育委员会和消费者金融保护局（Consumer Financial Protection Bureau，CFPB）。

一、财经素养教育委员会

1. 机构简介

美国国会于2003年通过了《财经素养和教育促进法案》，成立了财经素养教育委员会，该委员会由23个联邦机构的代表组成，由财政部部长担任主席（表1-1）。该委员会旨在协调多个部门共同开展财经素养教育，提高美国人的财经素养，改善美国所有个人和家庭的财务状况，帮助人们做出明智的财务决策。

表1-1　美国财经素养教育委员会成员单位

机构名称（中文）	机构名称（英文）
联邦储备系统理事委员会	Board of Governors of the Federal Reserve System
消费者金融保护局	Consumer Financial Protection Bureau
商品期货交易委员会	Commodity Futures Trading Commission
农业部	Department of Agriculture
国防部	Department of Defense
教育部	Department of Education
卫生及公共服务部	Department of Health and Human Services
住房和城市发展部	Department of Housing and Urban Development
内务部	Department of the Interior
劳工部	Department of Labor

续表

机构名称（中文）	机构名称（英文）
财政部	Department of the Treasury
美国退伍军人事务部	United States Department of Veterans Affairs
联邦储蓄保险公司	Federal Deposit Insurance Corporation
联邦应急管理局	Federal Emergency Management Agency
联邦贸易委员会	Federal Trade Commission
总务管理局	General Services Administration
国家信贷管理局	National Credit Union Administration
美国通货审计办公室	Office of the Comptroller of the Currency
人事管理办公室	Office of Personnel Management
证券交易管理委员会	Securities and Exchange Commission
小企业管理局	Small Business Administration
社会保障事务管理局	Social Security Administration
白宫国内政策委员会	White House Director of the Domestic Policy Council

2. 制定国家战略

财经素养教育委员会的一个重要任务就是通过制定促进财经素养教育发展的国家战略，在联邦政府层面作出努力。2006 年，财经素养教育委员会制定了美国首个财经素养国家战略——《掌管未来：财经素养提高之国家战略》，2011 年修改并制定了新的国家战略《促进美国经济的成功：财经素养国家战略》，该战略提出“为美国个体和家庭提供可持续的金融保障”的愿景，确立了四大目标：提高财经教育意识并提供有效的财经教育，确定并整合核心的财经能力，完善财经教育基础设施，确定、推动并分享有效的实践。2016 年，财经素养教育委员会又对 2011 年出台的财经素养国家战略进行了更新（表 1-2）。

表 1-2　美国财经素养教育国家战略

年份	发布机构	国家战略名称	愿景
2006	美国财经素养教育委员会	《掌管未来：财经素养提高之国家战略》	提高全体美国人的财经素养
2011	美国财经素养教育委员会	《促进美国经济的成功：财经素养国家战略》	为美国个体和家庭提供可持续的金融保障
2016	美国财经素养教育委员会	《促进美国经济的成功：财经素养国家战略》更新版	为美国个体和家庭提供可持续的金融保障

3. 重点关注的问题

美国财经素养教育委员会在 2011 年就确定了九个问题作为优先研究领域。①

一是评估针对青年和成年人的金融教育的实施情况，以确定有效的方法、实施途径和其他提高财经素养教育有效性的因素（如知识、产品和行为的相互作用）。二是确定金融信息、财务建议、监管制度、披露和交付机制（包括违约选项）的最佳组合方式，以及它们对形成与保持积极财务习惯产生的影响。三是利用长期跟踪数据评估核心能力在一定时间内对行为和财务状况的影响。四是确定评估财经教育或能力的“关键指标”，并就此达成共识，包括知识、行为和财务状况的衡量标准。五是识别和评估财经教育与获取及设计高质量金融产品之间的关系。六是评估商业周期和经济与金融环境在个人财务决策中的作用。七是确定风险和不确定性问题，包括经济和其他因素的冲击（如自然灾害）是如何影响消费者的风险管理方式选择的。八是确定地方、州和联邦政府在提高民众财经能力方面可提供的平台、机会及能发挥的作用。九是确定和评估以财经能力为目标的教育计划及以身心健康为目标的教育计划之间的潜在协同效应。

4. 提供资源

美国财经素养教育委员会开通了名为“我的钱财”（MYMONEY.GOV）的专门网站，该网站提供了包括赚取收入、消费、储蓄与投资、保护、借贷五个方面在内的社会免费资源和信息，这些资源面向不同的社会群体或者处于不同年龄阶段的群体，例如，如果有人自己或者有家庭成员即将上大学，可在该网站查到所有关于大学资助的政策、申请指南等信息。

财经素养教育委员会不仅自己直接为美国公民提供资源，还协调其各成员机构通过多种途径为民众提供资源。例如，作为重要的成员单位之一的消费者金融保护局提供网站平台专门供财经素养教育研究者和教育者交流。该网站上有财经素养教育的教与学策略，如为高中生提供的活动主题方案，该策略对标财经素养教育委员会发布的标准和 Jump$tart 个人财经素养联盟（Jump$tart Coalition Personal Financial Literacy，简称 Jump$tart 联盟）发布的标准，给教师和学生提供指导，还告诉学生，如果上当受骗了，具体该怎样做。②

---

① Financial Literacy and Education Commission. 2012. 2012 Research priorities and research questions. https://www.treasury.gov/resource-center/financial-education/Documents/2012%20Research%20Priorities%20-%20May%2012.pdf[2018-10-22].

② Reporting fraud or identity theft to authorities. https://s3.amazonaws.com/files.consumerfinance.gov/f/documents/bcfp_building_block_activities_reporting-fraud-theft-to-authorities_guide.pdf[2018-10-22].

二、消费者金融保护局

1. 机构简介

消费者金融保护局是美国于 2010 年根据《多德–弗兰克华尔街改革和消费者保护法》[①]（Dodd-Frank Wall Street Reform and Consumer Protection Act）（简称《多德–弗兰克法案》（Dodd-Frank Act））成立的，属于美国联邦储备系统（简称美联储）内的独立局。消费者金融保护局的主要职能是配合财经素养教育委员会来提高消费者的财经素养。《多德–弗兰克法案》规定，消费者金融保护局局长为财经素养教育委员会的副主席。

2. 主要职能

根据《多德–弗兰克法案》，消费者金融保护局的五项法定目标之一是“确保消费者能够明确和及时地获取金融产品和服务的信息，以做出负责任的决定”，其首要的法定职能就是“实施财经教育计划”。[②]国会要求消费者金融保护局制定和实施财经素养教育战略的举措，为消费者提供所需的信息、知识，开展财经教育，以提高消费者的财经素养，使其有能力做出更明智的财经决策，从而提高国家整体的金融水平、知识水平和能力水平。《多德–弗兰克法案》还要求消费者金融保护局开展以金融安全和以特殊人群为重点的计划和活动，特殊人群具体包括军人、老年人、弱势群体、学生等。

3. 重点领域

消费者金融保护局在其法定授权范围内，通过分析消费者的投诉数据，调查公众需求，开展用户测试，组织专题讨论和座谈会等多种途径研究并确定工作重点。例如，该局在 2016 年开展的一次全国性调查中了解到了许多消费者在经济生活中遇到的困难，43%的受访消费者表示难以支付账单，大约 34%的受访消费者表示他们在过去一年经历了物质困难。该局对调查数据进行深入分析后发现，通过提供有针对性和及时的教育，财经素养教育可以培养人们的财经技能，能够影响金融环境，进而影响国家的财经状况，具有重要价值。

因此，该局将工作重点放在其法定授权范围内和与消费者经济生活相关的广泛的金融知识领域及能力领域内，具体包括消费者投诉和查询数据中反映的特

---

① 该法案于 2010 年签署，致力于保护消费者、解决金融业系统性风险等问题，旨在避免 2008 年的金融危机重演。

② Consumer Financial Protection Bureau. 2018. Financial literacy annual report. https://s3.amazonaws.com/files.consumerfinance.gov/f/documents/bcfp_financial-literacy_annual-report_2018.pdf[2019-01-12].

定需求，如债务偿还、信用和信用报告、房屋所有权与抵押贷款及学生贷款偿还等。其他主题涉及帮助人们在经济生活中做好准备并避免财务困难，包括一般的资金管理、储蓄，儿童的财经能力的培养，以及为安全退休做的准备。还有一些专题讨论了特定人群面临的财经方面的挑战，如如何预防针对老年人的金融诈骗。

4. 战略举措

开展财经教育是消费者金融保护局的中心任务。该局设立了消费者教育和参与部，其职能就是通过各种举措和方法向消费者提供信息，使他们能够做出最适合自己的决策。根据《多德–弗兰克法案》的要求，该局正在对面临特殊挑战的群体进行有针对性的宣传。

除了面向全体国民提高国家整体财经能力外，消费者金融保护局尤其注重解决四类特定群体所面临的独特的财务方面的挑战，四类特定群体即2800万名注册的大学生、5000万名62岁及以上的老年人、2200万名军人（包括退伍军人）、低收入和经济困难的群体（包括6800万名没有银行存款或银行存款不足的人，以及4600 万名处于官方贫困线以下的人群）。消费者金融保护局关注这些特定群体的原因如下。

第一，近年来，学生贷款市场的规模一直在稳步扩大。截至2018年，美国学生贷款市场中的未偿贷款超过1万亿美元，是仅次于抵押贷款的第二大家庭债务市场。因此，大学生是消费者金融保护局重点关注的群体之一。

第二，老龄化带来了许多独特的财经方面的挑战。消费者金融保护局认为，美国老年人面临着复杂的财务、退休和做出长期规划决策等方面的问题。随着固定福利逐渐转向固定缴款计划及其他形式的“自助退休”（即自己选择和制订退休计划），为人们提供良好的财务建议和援助也越发必要。消费者金融保护局还强调，老年人经常成为金融欺诈的对象，面临的风险可能更多，更有可能做出错误决定，遭受诈骗，可能受到来自家庭成员或法律受托人的金融欺诈等。因此，有必要关注并提高老年人的财经素养。

第三，消费者金融保护局认为，军人应该能够在不担心非法金融行为可能对自己财务带来损失的情况下完成任务。同时，军事生活面临着额外的挑战，这对那些现役军人、退伍军人、部队退休人员及其家属都有着巨大的经济影响。因此，关注军人的财经素养教育十分重要。

第四，许多消费者不会或没有能力进入银行、储蓄机构或信用合作社，而是依赖于其他的金融服务，低收入和经济困难的消费者尤其可能使用其他金融服务。消费者金融保护局也非常关注这类群体，致力于寻求办法帮助这些群体实现经济稳定，并确保所有消费者都可以进入金融市场，也包括那些弱势群体中的消费者。

为此，消费者金融保护局自2010年成立以来，先后制订了《2013—2017年战略规划》[①]和《2018—2022年战略规划》。[②]其中，《2018—2022年战略规划》包括了三大目标：一是确保所有消费者都能进入金融产品和服务市场；二是始终如一地执行和实施相关法律，以确保金融产品和服务市场对于消费者而言公平、透明及具有竞争力；三是通过高效的流程和有效治理及资源与信息安全来促进金融产品和服务市场有序运行。

为执行其财经教育任务，美国消费者金融保护局力求提高所有美国人从童年到晚年的财经知识和技能，使每个人都能形成自己的经济基础。该局正在实施的战略包括三个要素：第一，加强当地的财经教育，并直接向公众提供财经教育；第二，与金融教育工作者分享关于有效财经教育和金融福利的研究成果；第三，满足军人、退伍军人、老年人、弱势群体及学生的融入和财务安全需求。

5. 评估机构

消费者金融保护局在《2018—2022年战略规划》中制定了明确的任务、愿景、战略及绩效目标，并且注重对项目开展情况进行评估。为了确保计划和战略目标能够有效实现，消费者金融保护局使用多种办法定期评估其绩效，并在必要时加以纠正。对消费者金融保护局的工作情况开展评估的机构及评估方式如下。

（1）政府问责办公室（Government Accountability Office，GAO）。美国政府问责办公室每年都会开展与消费者金融保护局项目相关的研究或调查。2012 财年，政府问责办公室的报告包括与实施《多德–弗兰克法案》相关的收益和成本研究，《多德–弗兰克法案》对社区银行和信用合作社、问题抵押贷款和问题资产救济计划的影响研究，以及金融稳定监督委员会和金融研究办公室的运作研究等。此外，根据《多德–弗兰克法案》的要求，政府问责办公室对消费者金融保护局的财务报表和内部控制进行年度审计。

（2）美联储和消费者金融保护局总检察长办公室（Office of the Inspector General of the Board of Governors of the Federal Reserve System and the Bureau of Consumer Financial Protection，OIG）。美联储和消费者金融保护局总检察长办公

① Consumer Financial Protection Bureau. 2013. Consumer Financial Protection Bureau strategic plan FY2013-2017. https://s3.amazonaws.com/files.consumerfinance.gov/f/strategic-plan.pdf[2019-11-12].

② Consumer Financial Protection Bureau. 2018. Bureau of Consumer Financial Protection strategic plan FY2018-2022. https://s3.amazonaws.com/files.consumerfinance.gov/f/documents/cfpb_strategic-plan_fy2018-fy2022.pdf[2019-11-12].

室是美联储系统董事会内的独立监督机构，负责对消费者金融保护局的计划和运营进行审计，以及对员工或承包商潜在不当行为的指控进行调查。美联储和消费者金融保护局总检察长办公室的任务是检测消费者金融保护局是否存在欺诈、浪费和滥用权力行为，并促进消费者金融保护局的项目及其运作的完整性、经济性、效率性和有效性。美联储和消费者金融保护局总检察长办公室的审计报告可在美联储和消费者金融保护局总检察长办公室的网站上查阅。

（3）独立绩效审计（independent performance audit，IPA）。根据《多德–弗兰克法案》，消费者金融保护局要对自身的业务和预算进行年度独立审计。该审计的目的是提供客观分析，以提高项目的运作绩效，降低成本，促进决策，并有助于公共问责制的实施。2012 财年和 2011 财年的审计可在消费着金融保护局网站上查阅。

（4）季度绩效考核（quarterly performance reviews）。每季度，消费者金融保护局的执行官，包括所有的目标领导者，都会使用本计划中概述的绩效目标和措施，审查主席团战略目标和成果的进展情况，并根据需要进行调整修正。

6. 工作成效

消费者金融保护局通过多种方式衡量其工作成效，如衡量产品的服务人数、受过培训的工作人员或使用该局开发资源的人数；了解用户满意度、参与者知识的获得或行为的改变等。消费者金融保护局还开展了一些基础性研究，如研究和界定“财务状况”（financial well-being）这一核心概念并制定相应的衡量标准；制定并于 2018 财年发布衡量财经技能的量表等。消费者金融保护局提供的财务状况量表（financial well-being scale），有助于人们评价自身的财经素养水平，进而选择适合自己的财经素养教育课程和资源。

2018 年，按照《多德–弗兰克法案》的要求，消费者金融保护局发布了第六份财经素养年度报告①，该报告指出，2018 财年，消费者金融保护局通过数字资源和印刷资源直接惠及了 990 万名消费者，包括普通人群和特定人群中的消费者：军人、退伍军人及其家人，家长，大学生，学生贷款借款人，老年人及其家庭护理者，以及弱势群体的消费者。该局还加强了在美国提供财经教育资源的能力，向数千名不同的财经教育专业人士提供培训、工具、方法或材料和研究成果。这些专业人员包括成年人财经教育工作者、部队领导者、K-12 教育工作者、图书馆员、预备税务专业人员和志愿者、地方领导者、社会服务提供者、服务老年人及预防老年人受虐待的人员等。

① Consumer Financial Protection Bureau. 2018. Financial literacy annual report. https://s3.amazonaws.com/files.consumerfinance.gov/f/documents/bcfp_financial-literacy_annual-report_2018.pdf[2019-01-22].

该报告还指出，在使用该局的“咨询 CFPB”（ask-cfpb）工具回答金钱问题的人中，84.1%的人认为这些问题和相关答案“有帮助”。该局培训了 26 815 名当地和区域社会服务人员及其他组织的工作人员，支持他们开展财经教育。该局还签署了 2106 个图书馆作为地方财经教育中心。成年人财经教育工作者下载了 39 595 份该局的工具、论文或其他资料，用于提供财经教育服务。

除了直接面向广大金融消费者和特定群体服务外，消费者金融保护局还致力于与成年人财经教育工作者、K-12 教师，以及其他希望帮助儿童和青年培养财经素养的人分享其研究成果、知识、见解和工具。具体做法及成效如下。

第一，建设网站供财经教育工作者使用，与他们分享该局关于消费者金融行为和有效财经教育实践的研究成果，以及相关工具和其他资源。该局还使用该网站收集到的来自财经教育工作者的反馈意见促进财经教育工作者之间的讨论。在消费者金融保护局 2017 财年对 3000 多名财经教育工作者进行的一项调查中，88%的人报告他们在财经教育工作中使用了该局的工具或其他资源，61%的人报告说消费者金融保护局提供的工具改变了他们与客户的互动方式。

第二，开展研究协助家庭和学校提高下一代的财经素养水平。研究表明，美国学校对财经教育虽有要求，但大多数教育工作者表示他们还无法满足这一要求。[①]鉴于此，消费者金融保护局开展了关于儿童财经素养起源的研究，确定了在儿童和少年时代人们如何开始获得基本的财经素养，并试图建立起以证据为基础的、区分年龄段和适合学生发展水平的财经素养提升方法及策略。[②]通过为父母、教师等提供资源，消费者金融保护局试图与家庭、K-12 教育工作者及其他有兴趣支持青少年财经能力的人们分享循证工具。

第三，开发工具供 K-12 教育工作者开展财经素养教育时使用。消费者金融保护局开发的工具包括青年财经能力评估指南、电子课程评估工具、教师指南等。其中的课程评估工具是根据设定的标准从四个方面来考察财经素养教育课程。[③]这四个方面包括：一是内容，课程覆盖国家标准中确定的知识和技能的程度如何；二是实用性，提供的材料和指导能否支持有效的教学；三是质量，所提供的信息是否清晰、准确、客观，学生和教师是否能够轻松获取材料；四是有效性，是否

① Council for Economic Education. 2018. Survey of the states. http://www.councilforeconed.org/policy-and-advocacy/survey-of-the-states-2/[2019-01-22].

② Consumer Financial Protection Bureau. 2016. Building blocks to help youth achieve financial capability：a new model and recommendations. https://files.consumerfinance.gov/f/documents/092016_cfpb_BuildingBlocksReport_ModelAndRecommendations_web.pdf[2019-01-22].

③ Consumer Financial Protection Bureau. 2015. Youth financial education curriculum review tool. https://files.consumerfinance.gov/f/201509_cfpb_youth-financial-education-curriculum-review. pdf[2019-01-22].

有证据表明课程对金融知识、技能或行为有积极影响。

第二节 社会机构的参与

在美国，财经素养及财经素养教育不仅得到了政府部门的重视，还受到了社会各界的普遍关注。一些非营利性组织和企业也积极采取措施，从社会层面参与和推进美国的财经素养教育。以下对经济教育委员会（Council for Economic Education，CEE）、Jump$tart 联盟和 Visa 公司的财经素养教育举措进行简要介绍和分析。

一、经济教育委员会

1. 机构简介

美国经济教育委员会在推动 K-12 学校财经素养教育方面，处于领导者地位。美国经济教育委员会是一个全国性的非营利性组织，总部设在纽约，致力于通过经济教育和财经素养教育为人们赋能、提供机会。该组织的职能有两个：一是从政策层面积极推动在 K-12 阶段的学校里开展更好更强的经济教育和个人财经素养教育活动；二是通过培训教师或相关教育工作者，使学生对经济学和个人理财有真实的理解，使他们能够在以后参与经济生活的过程中，无论是作为消费者、储蓄者、投资者还是普通公民，都能做出明智和负责任的选择，使美国的年轻人具有更好的财经素养。

经济教育委员会认为，经济知识和财经素养是大学及职业准备的核心技能，从长远来看，所有学生都应该有机会在高中毕业前培养经济思维方式。因此，经济教育委员会积极推动在美国 50 个州和哥伦比亚特区的高中课程中加入经济学及个人理财方面学习的要求。在州一级，与各州议会合作，积极推动在学校开展的经济教育和财经素养教育活动。①经济教育委员会每两年发布一次报告，调查和反映经济学及个人理财教育在美国各州的开展情况，以引起人们的重视。调查显示，早在 2011 年，绝大多数的州都已经认识到个人理财教育的重要性，当时已经有 46 个州将个人理财内容包括在州教育的标准里，2018 年调查显示，已有 22 个州要求高中学生学习一门经济学课程，17 个州要求高中学生选择一门个人理财方

① Council for Economic Education. Survey of the states. http://www.councilforeconed.org/policy-and-advocacy/survey-of-the-states[2019-11-20].

面的课程。[①]

经济教育委员会为教育工作者提供了大量的课程工具、教学支持和指导等资源，所有的资源和项目都是由教育工作者开发的，由全国各地 188 个分支机构分别提供。经济教育委员会每年通过个人专业发展项目惠及 55 000 多名 K-12 教师，又通过这些教师惠及全国约 500 万名学生。近 2/3 的教育工作者所在的学校主要是为低收入和中等收入家庭的学生提供服务的。该机构开发的免费在线门户网站“经济教育链接网”（EconEdLink），专门为教育者提供经济学和个人理财课程等资源，每年吸引超过 100 万次的访客。

2. 发布《K-12 国家财经素养标准》

在借鉴国内和国际上已有的财经素养标准的有关文本的基础上，2012 年 4 月，美国经济教育委员会发布了《K-12 国家财经素养标准》（*K-12 National Standards for Financial Literacy*），此后不断予以更新。最新版《K-12 国家财经素养标准》（第 6 版），规定学生应该在以下六个方面达到基本要求：赚取收入、购买商品与服务、储蓄、使用信用卡、金融投资、财产保护与保险（表 1-3）。通过表 1-3 可以看出，不同机构制定的财经素养教育标准维度的异同。此外，新标准还注重学生对决策技能的运用，包括设立目标、做出决策、评估结果。[②]经济教育委员会希望该标准能够成为指导学校管理者、教师、课程开发者，以及其他利益相关者开发和实施财经素养教育的有效蓝本。

表 1-3　美国不同时期不同机构发布的财经素养教育标准维度

主要维度	Jump$tart 联盟（2017 年）	经济教育委员会（2013 年）	财政部（2010 年）[③]
维度一	支出与储蓄	赚取收入	收入
维度二	信贷与债务	购买商品与服务	支出
维度三	就业与收入	储蓄	储蓄
维度四	投资	使用信用卡	借贷
维度五	风险管理与保险	金融投资	保护
维度六	理财决策	财产保护与保险	

① Council for Economic Education. 2018. Survey of the states. http://www.councilforeconed.org/policy-and-advocacy/survey-of-the-states-2/[2019-01-22].

② Council for Economic Education. 2013. National standards for financial literacy. https://www.councilforeconed.org/wp-content/uploads/2013/02/national-standards-for-financial-literacy.pdf[2018-07-05].

③ Treasury Department. 2010. Financial education core competencies; comment request. https://www.federalregister.gov/documents/2010/08/26/2010-21305/financial-education-core-competencies-comment-request[2018-07-05].

由于强调根据不同阶段学生的身心特点和认知能力实施差异性教育，新标准还分别规定了 4 年级、8 年级和 12 年级学生应达到的财经素养基准。

3. 研制国家财经素养教育标准的背景

美国经济教育委员会多年来不遗余力地积极推动经济教育和财经素养教育，其重要原因在于，他们认为社会的一系列变化，如外来投资工具、复杂的税收法规、不断变化的计算机技术、金融市场的规模等，以及复杂性和全球性都在增强，既为个人和企业提供了令人满足的回报机会，同时也带来了前所未有的风险。这些金融格局的变化直接和间接地影响个人的生活及人们作为工人、消费者、储户、借款人、投资者所做的决定。

更重要的是，各个年龄段的人都越来越需要对自己的经济生活承担更多责任。例如，由于州政府削减了对高等教育的支持及其他一些原因，大学学费日益高涨，这使得那些申请上大学的高中毕业生在决定是否去上大学及去哪里上大学时，必须对复杂的资助方案加以研究和选择。再比如，医疗保险产品成倍增加，也迫使潜在用户在复杂的价格和费用组合中进行选择。退休人员的养老金在很大程度上被固定缴款计划所取代，将储蓄和投资的责任从雇主转移到了雇员身上。那些拥有大量金融信息的投资者，正面临着各种各样的金融产品和服务的选择。简言之，如今的消费者必须决定如何在一系列新的金融产品和支付选择中最优分配有限的资源。

美国经济教育委员会认为，如果能够明智地储蓄、借贷、投资和管理风险，就不太可能需要政府救助。成年人如果在年轻时就学会了个人理财的基础知识，未来将更容易承担这种责任，这也是他们不遗余力地在学校推行经济教育和财经素养教育的一个重要原因。当然，经济教育委员会也指出，财经素养并不能取代社会安全网的存在，即使是最谨慎的人也可能会遇到财务困难，政府也必须监管金融市场。但是财务管理的大部分责任还是取决于个人，及早让个人接受财经素养教育非常有必要。

二、Jump$tart 联盟

Jump$tart 联盟是一家非营利性组织，总部设在华盛顿特区。该联盟由 100 多个全国性组织和 51 个独立的各州联盟组成，共同致力于促进青年财经素养的提升。

Jump$tart 联盟早在 1998 年就发布了美国财经素养教育领域的第一份国家标准——《个人理财指导原则和基准》，2001 年、2007 年先后对其进行修订，2017 年第二次印刷的《K-12 个人财经教育国家标准》已是第四版，这是在 2007 年标准的基础上修订而成的，其中最重要的变化是增加了幼儿园阶段的财经素养教育。[①]尽管该标准并非强制性的，但许多州都以此为基础来建立本州标准或开发课程。美国《K-12个人财经教育国家标准》（2017年）包括六个维度的内容：支出与储蓄、信贷与债务、就业与收入、投资、风险管理与保险、理财决策。

Jump$tart联盟在其网站上提供了大量资源，具体形式包括图书、文章、幻灯片、在线视频、音乐、活动指南、教学计划、在线资源、工具、手机应用程序（Application，App）等，其服务群体包括幼儿园孩子、不同年级的中小学生、大学生、青年人、成年人、老年人、家长及教师等。

三、Visa公司

1. 机构简介

Visa公司是全球领先的数字支付公司，致力于通过创新、可靠和安全的支付网络连接世界，促进社会经济发展。Visa的重要工作之一是推进金融普惠和财经教育。Visa致力于向消费者、教育工作者、银行、政府提供所需的财经教育相关工具和资源，帮助个人和团体学习管理财务的技巧。Visa认为，通过学习金融知识，人们可以更好地进行财务管理、使用金融工具与获得金融服务，从而提高生活质量。

2. 主要举措

Visa于1995年首次在美国推出财经教育计划，并于1996年首次推出面向全球的财经教育计划，其中的旗舰项目——实用理财技巧（practical money skills）是一项免费的个人理财教育计划，旨在帮助教育工作者向各个年龄层的学生传授个人理财技巧。

1）支持教育工作者和行业发展

Visa过去20多年来，在全球44个国家与地区通过18种不同的语言为教育工作者、教师和学生提供免费和创新的理财教育计划，在该领域发挥着引领作用。

Visa积极地采用社交媒体和网络渠道，以惠及更多的教育工作者。Visa通过Facebook、Twitter和YouTube频道与教育工作者积极互动，每周发布新内容。Visa每周发布的“practical money matters”个人理财专题的系列文章以英语和西班牙

---

① Jump$tart Coalition for Personal Financial Literacy. 2017. National standards in K-12 personal finance education. https://3yxm0a3wfgvh5wbo7lvyyl13-wpengine.netdna-ssl.com/wp-content/uploads/2018/01/2017_NationalStandardsBook.pdf[2018-06-20].

语双语刊登在全美500多份社区报纸上，还以博客的形式刊登在赫芬顿邮报（Huffington Post）网站上，同时以月度新闻简讯的形式向近7万名教育工作者发送，介绍了以创新方式向学生传授个人理财知识的教育工作者。

Visa长期支持美国财经素养教育领域领先的非营利机构的发展，如Jump$tart联盟。Visa还曾与芝加哥联邦储备银行（Federal Reserve Bank of Chicago）联合举办年度国际财经教育峰会，邀请来自美国和全球的专家齐聚一堂，讨论财经教育工作和面对的挑战，并分享财经教育的最佳实践案例。

2）建立网站，分享资源

在美国，Visa提供英语版和西班牙语版的“实用理财技巧”网站（http://www.practicalmoneyskills.com/）和在线工具，其中包括信贷知识、免费的信用评分工具、视频、在线游戏和理财计算器。美国英语版“实用理财技巧”网站和在线工具的年访问量超过了8100万次。该网站被翻译成了30多个国家和地区的语言，包括“学”“教”“玩”“资源”等不同的版块。

“学”：包括理财预算、储蓄银行、服务信贷、债务、个人身份遭盗用的处理办法、生活财务进阶。其中的“理财预算”又包括理财预算基本知识、制定预算、预算基准、定期评估财务状况、开学预算规划、节假日预算规划、外出旅游预算规划、海外旅游财务小贴士、海淘有术等内容。

“教”：包括各个学段的教学计划，学段具体分为学龄前至2年级、3～6年级、7～8年级、9～12年级。

“玩”：主要是通过Visa世界杯理财足球游戏和视频单选题游戏来测试人们所掌握的理财知识。

“资源”：包括免费资料、教育漫画、经济学知识101、视频等。

美国英语版“实用理财技巧”网站提供面向不同教育阶段的课程，包括了适用于学前、小学、初中、大学和有特殊需求人士的课程。其中，高中（9～12年级）课程已被美国数千所学校采用。除了从网站获得该课程之外，用户还可以从iTunes下载免费的iBook版，方便在iPad上使用。截至2018年，Visa还向美国的家长、教师和消费者免费分发了超过100万份纸质版的财经素养教育资料。

在美国，Visa运营的官方网站（www.visa.com），免费为消费者提供信用评分提升指南，主要针对的是即将步入社会的大学生群体，帮助他们提升信用评分，以便更好地申请和使用金融服务。Visa还通过分发配套的指导用书，帮助教育工作者向年轻人宣传建立和维持良好的信用评分的重要性。

3）面向特殊社会群体开展财经教育

一是针对运动员开展财经教育。美国奥林匹克委员会的运动员职业和教育计划门户网站上发布了Visa的财经教育方面的资源。该网站于2015年3月启动，旨在帮助运动员为退役后的生活做好财务准备。现役和退役的美国奥运选手，残奥会运动员和国家队运动员都可以通过网站获得 Visa 提供的有关实用理财技巧计划的教育资源，以维持健康的财务状况。

二是成立“退伍军人金融联盟”。为提高退伍军人的财经素养和能力，2014 年 Visa 携手八个伙伴机构共同创建了“退伍军人金融联盟”，以满足刚退伍的军人在过渡期的财务需求。该联盟有三个主要目标：一是为退伍军人和为服务退伍军人的社区组织提供教育资源；二是研究退伍军人作为消费者如何保护的议题；三是提高社会对退伍军人财务需求的关注度。

4）开发金融教育游戏、漫画、小程序

寓教于乐（edutainment）是 Visa 推动金融教育的一种重要方式。Visa 开发了一系列与金融教育相关的游戏、漫画和应用小程序，针对不同年龄段的特点与美国本地的流行文化结合，深受广大青少年的喜爱。

理财橄榄球（Financial Football）是一款寓教于乐的互动式电子游戏，由 Visa 与美国职业橄榄球大联盟（National Football League，NFL）合作开发。在美国各个学校开展的 80 多次展示活动中，曾有 NFL 球员现身参与活动。有 46 个州和华盛顿哥伦比亚特区的相关政府部门向州及特区的近 3 万所公立初中与高中免费提供该游戏。学生、教师和家长体验该游戏的总次数已经超过了 400 万次。

理财足球（Financial Soccer）最新款游戏随 2014 年巴西足球世界杯一同推出，以 15 种语言在 44 个国家和地区发布。利用世界上最流行的运动项目，让学生从互动教学游戏中体验到学习个人理财知识的乐趣。理财足球游戏自发布以来已经被 500 多万人次使用。

除了广受欢迎的体育类游戏，Visa 还针对学龄儿童开发了数款教学互动游戏。“和彼得猪学数钱”（Peter Pig’s Money Counter）通过互动引导 5～8 岁的孩子学习如何数硬币和存钱。“金钱大都市”（Money Metropolis）引导儿童设定储蓄目标。“现金拼图”（Cash Puzzler）通过钞票上的故事和拼图帮助幼龄儿童识别不同价值的货币。用户可以在“实用理财技巧”网站在线游玩上述游戏，也可订购游戏 CD，或下载免费的 iOS 或 Android 应用。

Visa 还与漫威娱乐有限公司合作发行了《复仇者联盟“利”挽狂澜》（*Avengers: Saving the Day*）和《银河护卫队：火箭浣熊的宏大计划》（*Guardians of the Galaxy: Rocket’s Powerful Plan*）的漫画书，在青少年耳熟能详的复仇者联盟和银河护卫队的故事中融入了财经教育的内容，现可在全美公共图书馆获得。

“实用理财技巧”网站还提供各种个人理财 App，让教育工作者有机会为学生提供掌上财经素养学习的工具。其中包括用于控制食品消费的午餐跟踪器

（Lunch Tracker），帮助家长、学生规划一年一度的美国高中舞会的 App：“规划你的舞会”（Plan'it Prom），以目前的收入及储蓄情况为退休计划做预测的“财务水晶球”（Financial Insight）等。

3. 实施效果

Visa 在美国推动财经教育的创新和做出的努力赢得了美国主流媒体的关注，如消费者新闻与商业频道（Consumer News and Business Channel，CNBC）、美国有线电视新闻网（Cable News Network，CNN）、《金融时报》、《福克斯新闻》、《纽约时报》、《时代》、《今日美国》、《华尔街日报》和《华盛顿邮报》等。除此之外，Visa 还积极地使用社交媒体进行知识传播，Visa“实用理财技巧”的社交媒体平台包括 Facebook，Twitter 和 YouTube，教育工作者、政府官员和非营利组织在社交媒体平台上沟通合作的过程中对推动金融教育工作起了很关键的作用。

根据 Visa 公司提供的信息，截至 2018 年，Visa 正在 44 多个国家和地区推广财经教育计划，“实用理财技巧”网站每月有超过 600 万次的页面浏览量，全球有超过 680 万人体验过 Visa 的“理财橄榄球”和“理财足球”游戏，全球超过 3300 万人已从 Visa 的财经教育项目中受益，并且这一数字还在不断增长。

第三节　学校层面的推进

学校在财经素养教育中发挥着重要的作用，对此，美国财经素养教育委员会、消费者金融保护局等机构已达成共识，它们从国家层面或州级层面积极推动学校开展财经素养教育，并为学校开展财经素养教育提供各种支持，如研制财经素养教育国家标准，推动州立法，开发财经素养教育课程和设计教材，提供财经素养教育资源，举行财经素养教育研讨会，开展财经素养教育师资培训，实施财经素养在线评估等。

一、支持机构与相关背景

美国财经素养教育委员会的战略重点是尽早开始培养财经能力，为此，特别强调要尽早开始让儿童、青少年和年轻人为未来的经济生活做好准备。财经素养教育委员会认为尽早掌握财经知识，培养积极的财经行为，对年轻人经济状况方面的长远发展和国家的经济健康都至关重要。财经素养教育委员会强调在中小学开展财经素养教育，以为上大学和就业做好准备；在中学后教育机构开展财经素养教育，则不仅有助于学生顺利度过大学时代，还将为他们成年后的经济生活打下良好的基础。

在前文提及的几个组织机构中，美国经济教育委员会尤其致力于推动各州在K-12学校开展财经素养教育。美国经济教育委员会认为，在财经素养教育方面，学校里关于财经术语和概念方面的正规教育可以帮助学生为他们成年后面临的财务机遇和挑战做好准备。尽管学生早在进入学校之前，就有机会通过父母和朋友了解财经生活，形成财经意识，但是父母和朋友并不都能成为学生个人财务决策方面最好的榜样。而且，世界各地的决策者也越来越达成共识，认为年轻人需要接受有关个人理财的教育。美国经济教育委员会的报告显示，早在2009年，美国就有44个州将“个人理财”纳入其标准高中课程。①

消费者金融保护局也鼓励学校将财经素养纳入学校课程，该局不仅为家长和财经素养教育者提供资源和信息，还为其他人提供资源，帮助在其所在社区或团体中实施财经素养教育计划，如在图书馆中提供财经教育资源。《多德-弗兰克法案》要求在消费者金融保护局设立金融教育办公室，以制定和实施提高消费者财经素养的战略。这是联邦政府要求高中在其标准课程中纳入个人理财内容之举后的又一举措。

二、各州财经素养教育现状

美国许多学校都在利用非营利组织、政府机构和企业实体开发大量的财经素养教育课程、项目和工具。美国经济教育委员会每两年对全国各州开展财经素养教育的情况进行一次调查，2018年报告显示，截至2018年，美国共有22个州要求高中学生学习一门经济学方面的课程；17个州要求高中学生学习一门个人理财方面的课程；16个州在高中的标准化测试中要求考查经济学内容。②美国财经素养教育委员会的报告显示，美国联邦政府为准备上大学的学生和在校大学生提供了基本的财经素养教育资源，包括一些大学在内的中学后教育机构也不同程度地开展财经素养教育。③

截至2019年，美国40个州、哥伦比亚特区等地正在审议有关财经素养教育

---

① Cole S，Paulson A，Shastry G K. 2016. High school curriculum and financial outcomes：the impact of mandated personal finance and mathematics courses. Journal of Human Resources，51（3）：656-698.

② Council for Economic Education. 2018. Survey of the states：economic and personal finance education in our nation's schools. https://www.councilforeconed.org/wp-content/uploads/2018/02/2018-SOS-Layout-18.pdf [2018-07-05].

③ Financial Literacy and Education Commission. 2016. Opportunities to improve the financial capability and financial well-being of postsecondary students. https://www.treasury.gov/resource-center/financial-education/Documents/Opportunities%20to%20Improve%20the%20Financial%20Capability%20and%20Financial%20Wellbeing%20of%20Postsecondary%20Students.pdf [2018-07-05].

方面的立法。[①]美国许多州已经通过多种方式将财经素养教育融入学校教学中。

亚利桑那州颁布立法，要求州教育委员会规定，高中毕业需至少修读 0.5 个学分的经济学课程，其中包括财经素养和个人财务管理。

艾奥瓦州立法要求将财经素养纳入本州教育标准规定的毕业条件之一，并要求从 2020～2021 届毕业生起，作为毕业条件之一，所有公立高中和经认证的私立高中的学生都必须修读半个单元的个人财经素养方面的课程。

肯塔基州确立了财经赋能委员会（Financial Empowerment Commission），为其提供了理事会，确定州财政部长担任理事会主席，赋予委员会所有权力和责任，要求公共监督部门（Public Accounts）对委员会工作进行年度审计。

内华达州要求教育部门设立“财经素养月”，并成立了州财经素养咨询委员会，制定了关于批准财经素养课程的规定。

新泽西州要求对从幼儿园到 8 年级的学生进行财经知识教育。

得克萨斯州州长签署了法案，要求拓展旨在培养青少年生活技能的体验式课程，将财经素养教育纳入进来。

田纳西州要求将每年 4 月第一个星期日开始的那一周定为“财经素养周”。密歇根州将 2019 年 3 月 30 日～4 月 6 日这一周定为密歇根州的“智慧理财周”（money smart week），将 4 月 21 日～4 月 29 日这一周定为密歇根州的“财经素养周”。[②]

罗德岛立法要求学生在毕业前拥有熟练的个人理财能力，并要求初等和中等教育部门编写有关金融知识的课程材料，内容包括：货币在世界上的运作方式；如何赚取金钱；如何管理金钱；如何投资金钱及如何捐赠金钱帮助他人。[③]

三、问题与挑战

美国一项针对小学和初中教育工作者的调查显示，许多教师都感觉自己还没准备好教授个人理财方面的课程，虽然 80%的州在学校有财经教育标准或指导方针，但大多数 K-12 教师、未来教师和教育学院的教师表示自己无法胜任用这些标准来开展财经素养教育。此外，还有 15%～28%的被调查者表示还不大熟悉这些标准。统计研究所建议，他们还需要做很多工作，以确保这些标准被

---

① Morton H. 2019. Financial literacy 2019 legislation. http://www.ncsl.org/research/financial-services-and-commerce/financial-literacy-2019-legislation.aspx [2019-06-25].

② Morton H. 2019. Financial literacy 2019 legislation. http://www.ncsl.org/research/financial-services-and-commerce/financial-literacy-2019-legislation.aspx[2019-06-25].

③ Council for Economic Education. Policy and advocacy. https://www.councilforeconed.org/policy-and-advocacy/ [2018-07-05].

纳入未来教师的课程中，并确保 K-12 教师能够获得必要的培训以学会使用这些标准。①

还有一些研究者对个人理财教育的有效性进行了研究，但研究结论尚未达成一致，这在一定程度上表明，尽管人们对财经素养教育的重要性已达成了一致，国家、社会和学校都从不同层面积极开展了财经素养教育实践，但是怎样的财经素养教育实践才是有效的，还有待进一步研究和探索。

第四节 基本特点及经验启示

总体来看，上述美国主要机构开展的财经素养教育活动，具有以下五方面的特点或经验可供我国开展财经素养教育活动时参考或借鉴。

一、法律保障

如前所述，美国从国家层面大力推动和开展财经素养教育活动的机构都是根据相关法律成立的，如美国财经素养教育委员会是依据《财经素养和教育促进法案》成立的，消费者金融保护局是依据《多德-弗兰克法》成立的。而在州一级层面，亚利桑那州、艾奥瓦州、肯塔基州、马萨诸塞州、得克萨斯州等也都通过立法途径来确保财经素养教育在学校里可以有效开展。

二、机构保障

在法律保障的前提下，美国先后成立了财经素养教育委员会和消费者金融保护局等专门的机构，专门负责在国家层面推动和开展财经素养教育，并通过法律明确规定其各自的职责，还对其任务开展情况和目标达成情况进行定期的考核、评估与问责。

三、目标明确

由前文可以看到，从国家层面到各州政府，从社会组织机构到各级各类学校，其各自的财经素养教育活动目标始终明确。几经更新的美国财经素养教育国家战略，始终围绕“为美国个体和家庭提供可持续的金融保障”这一愿景确立具体的

---

① Wendy L, Way P D. 2010. Teachers' background & capacity to teach personal finance: results of a national study. http://www.fdic.gov/about/comein/mar3.pdf[2018-07-05].

战略目标。消费者金融保护局先后于 2013 年和 2018 年制订了五年战略规划，都明确提出了财经素养教育的战略目标和绩效评价指标。

四、针对性强

美国不同机构开展的财经素养教育的针对性都非常强，尤其关注对社会弱势群体的财经素养教育。财经素养教育委员会主要是从国家战略上发挥引领作用，通过协调各联邦机构来推动财经素养教育。美国经济教育委员会重点关注的是 K-12 学校的财经素养教育，为不同年龄段的学生制定了具有针对性的国家财经素养教育标准。消费者金融保护局确定了重点关注的四大群体，分别是注册大学生、军人、老年人，以及低收入和经济脆弱的群体，如消费者金融保护局设立了专门的军人事务办公室，并通过多种途径与现役军人进行互动，直接听取军人面临的财经方面的挑战，并为其提供教育信息和资源，帮助他们做出有效的财经决策。与此同时，消费者金融保护局还研究了针对不同年龄段的儿童和青少年的财经素养教育模型。Visa 也针对不同群体提供不同的财经素养教育资源或开展不同形式的教学。

五、绩效问责

美国上述开展财经素养教育的组织机构，都非常关注财经素养教育计划的实施效果，注重研究和总结，并从中提炼有效的、优秀的财经素养教育方式与方法，最典型的就是消费者金融保护局在五年战略规划中明确提出了财经素养教育绩效目标和绩效评价指标，针对不同的绩效评价指标，通过不同类型的绩效评价机构，对其财经素养教育效果开展评估。通过研究和绩效评估，美国消费者金融保护局认为有效的财经教育要遵循以下五个原则：了解要服务的个人和家庭；提供可操作、相关和及时的信息；提升关键的财经技能；以学习者的内在动力为基础；使做出正确决策和贯彻执行变得容易。[①]该机构通过多种方式不断改进财经素养教育，提高财经素养教育成效，如 2018 年通过征求意见和参考有关各方提供的信息，协助主席团评估消费者财经素养教育计划的整体效率和有效性。[②]

---

① Consumer Financial Protection Bureau. 2017. Five principles and how to use them. https://s3.amazonaws.com/files.consumerfinance.gov/f/documents/201706_cfpb_SUMMARY_five-principles-financial-well-being.pdf [2018-07-05].

② Bureau of Consumer Financial Protection. 2018. Request for information regarding bureau financial education programs. https://files.consumerfinance.gov/f/documents/cfpb_rfi_consumer-education_ 042018.pdf [2018-07-05].

第二章 加拿大的财经素养教育

加拿大已充分意识到财经素养不仅关乎个人和家庭的财务健康，而且关乎国家乃至全球的金融稳定和经济的健康发展，所以从国家战略上高度重视国民的财经素养教育，成立了专门的组织负责财经素养教育政策的推动和实践的发展，积极研制财经素养评估标准框架，并倡导开展以学校教育为主、其他途径为辅的财经素养教育，从国家、社会及学校层面联合推动财经素养教育的实施与开展，并注重家庭教育在财经素养教育过程中的作用。

第一节 国家层面的推进

加拿大于 2015 年发布了《加拿大财经素养国家战略——全民加入》(*National Strategy for Financial Literacy-Count me in，Canada*)[①]，成立了政府部门主导的专门机构推动财经素养教育政策的实施与发展，并制定了《财经素养评估标准框架》(*Standardized Financial Literacy Evaluation Framework*)，为全国有效开展财经素养评估提供标准化流程，指导开发适合评估加拿大人财经素养的工具。

一、基本背景

加拿大政府在 2001 年建立了加拿大金融消费者局（Financial Consumer Agency of Canada，FCAC），为消费者提供金融方面的信息和建议。加拿大政府在 2009 年进行了一次全国性的调研，收集了人们如何提高财经能力及如何面对财务困境的相关信息。2009 年加拿大财经能力调查结果显示，仅有 1/4 的加拿大人获得了

---

① Financial Consumer Agency of Canada. 2015. National strategy for financial literacy-count me in，Canada. https://www.canada.ca/content/dam/canada/financial-consumer-agency/migration/eng/financialliteracy/financialliteracycanada/strategy/documents/nationalstrategyforfinancialliteracycountmeincanada.pdf[2018-08-05].

高分。为更好地理解加拿大财经素养的概念及加拿大人所面临的挑战，政府在 2009 年成立了财经素养研究小组委员会（Financial Literacy's Research Sub-Committee），在对相关问题进行研究与大范围咨询的工作后，研究小组出台了一份包含 30 条建议的报告，旨在提升国民财经素养，以平衡、统领各地区的行动和提出的倡议。对于财经素养研究小组委员会提出的建议，加拿大政府不久即做出回应，在 2011 年 11 月底向国会提交 C-28 议案（Bill C-28）——《财经素养领导人法案》，为任命财经素养领导人建立法律框架。2013 年 3 月底，该议案获得通过，政府在加拿大金融消费者局内部启动财经素养领导职位的人员选拔工作，领导人就职后将统领制定和实施财经素养的国家战略。至此，加拿大财经素养国家战略已提上议事日程。①

为提高国民财经素养水平，应对经济社会发展的需求，加拿大于 2015 年发布了《加拿大财经素养国家战略——全民加入》，将提升国民财经素养作为国家战略。加拿大政府成立了国家财经素养指导委员会（the National Steering Committee for Financial Literacy），由加拿大金融消费者局负责相关项目，进行相关研究并开发消费者友好型的项目和工具。同时，政府任命了一名财经素养领导人，负责动员并联合全国的利益相关者，为战略的实施提供专业知识和指导。

《加拿大财经素养国家战略——全民加入》提出了"改善加拿大人和家庭的金融状况"的愿景，提出将动员并吸引公有、私营和非营利性机构来提升加拿大人的财经素养，使他们能够实现明智地管理资产和债务、为将来计划并存款及预防金融欺诈的目标。

二、组织机构

《加拿大财经素养国家战略——全民加入》为社会各阶层的公有、私营和非营利性机构，教育工作者，教育系统及个人提供了一个共同合作以实现愿景的机会，各组织和机构为实现战略目标协同合作，共同推动《加拿大财经素养国家战略——全民加入》的实施和开展。

（1）财经素养领导人将与公有、私营和非营利性机构共同执行国家战略，参与制定评估和问责框架、研究日程及制订行动计划，并汇报战略的实施进程。财经素养领导人的职责包括协调各联邦部门的工作，增强加拿大国民财经素养的意识，促进加拿大国民可获得的项目和服务的发展。

（2）公有、私营和非营利性机构在加拿大各地财经素养教育项目中的作用是

① 徐星. 2014. 加拿大积极谋划财经素养国家战略. 上海教育，（2）：42-43.

提供服务并提高各群体的财经素养水平，许多部门已经建立了自有的网络体系来研究、共享专业知识和资源。①

1）国家财经素养指导委员会

国家财经素养指导委员会由来自全国各地具有财经素养专业知识的特定行业的代表组成，为财经素养领导人提供指导和建议，主要负责《加拿大财经素养国家战略——全民加入》的制定。为支持财经素养领导人，该委员会成员将在各自的部门中发挥领导作用，让加拿大广大相关社区参与到战略目标的推进过程中并向财经素养领导人报告进展情况。同时，他们将发挥各自在行业中的优势，向加拿大国民提供有关财经素养的工具和资源。

2）加拿大金融消费者局

加拿大金融消费者局为消费者提供金融方面的信息和建议，是制定《加拿大财经素养国家战略——全民加入》的牵头部门，负责财经素养项目的相关工作，进行相关方面的研究并开发消费者友好型的项目和工具。

3）工作场所的财经素养组

工作场所的财经素养组（Financial Literacy Working Group for the Workplace）的目标是加强加拿大从业人员的知识、技能和信心，以改善他们的财务状况。该工作组向国家财经素养指导委员会报告工作内容，为制定最佳实践框架提供专业指导。该框架将为雇主们提供实施财经素养教育计划所需的最佳案例、工具和资源。

4）原住民财经素养工作组

原住民财经素养工作组（Financial Literacy Working Group for Indigenous Peoples）由来自原住民组织和非原住民组织的领导人组成，其任务是实施由社区谋划的财经素养举措，满足加拿大原住民的财经素养需求。该工作组通过分享与原住民财经素养举措有关的信息，与原住民建立良好的合作关系并通过研究发现原住民与非原住民在财经素养方面的差距，促进原住民财经素养教育计划的实施和更新。

5）财经素养研究小组委员会

财经素养研究小组委员会由来自公有、私营和非营利机构的代表组成，他们具备多方面的技能和专业知识，对加拿大财经素养领导人和国家财经素养指导委员会就研究的相关的事宜提供了建议，并与其他利益相关者合作，共同研究计划和各项举措，促进研究成果功效最大化，为财经素养领域的发展做出贡献。目前，

---

① Financial Consumer Agency of Canada. 2018. Progress report：Canada's national research plan on financial literacy 2016-2018. https://www.canada.ca/en/financial-consumer-agency/programs/research/progress-report-national-research-plan-2016-2018.pdf [2018-08-05].

财经素养研究小组委员会的主要成果如下：继续实施和更新《国家财经素养研究计划》；制定和实施解决研究资金短缺的战略；制定和实施知识转移战略。

6）财经素养部际委员会

财经素养部际委员会（Interdepartmental Committee on Financial Literacy）由对财经素养感兴趣的联邦政府部门和机构的代表组成，主席由财经素养领导人担任。财经素养部际委员会每年召开两次会议，会议有助于国家财经素养战略的实施，促进与联邦部门和机构的信息共享，确定在联邦各部门和机构之间就财经素养举措进行合作和协调，促进财经素养融入联邦政府的计划、政策和培训中，通过解决重复举措和避免重复工作来提高效率，让利益相关者参与到财经素养的研究和讨论中。

7）"富足加拿大"

"富足加拿大"（Prosper Canada）是致力于为贫困的加拿大人服务的国家非营利组织，它与加拿大银行家协会（Canadian Bankers Association，CBA）、加拿大金融消费者局合作，于 2016 年 11 月推出了一项金融教育成果评估工具，即财经素养评估工具仓（financial literacy evaluation toolkit）。该工具提供了基于研究结果和指标的数据库及在线工具包，使用户能够评估自己的财经素养与能力，从而提高用户的组织监控能力和财经素养的能力。①

三、重大政策

为提高国民财经素养，应对社会经济发展的要求，加拿大政府积极推动财经素养教育，出台专门的财经素养教育政策，并由专门机构负责推动财经素养教育的实施。

1.《加拿大财经素养国家战略——全民加入》

2015 年 6 月加拿大国家财经素养指导委员会发布了《加拿大财经素养国家战略——全民加入》。该战略规定了财经素养计划的目标和优先事项，以帮助加拿大人更好地管理财务，并根据他们的需求和情况的变化进行更新。同时，该战略呼吁各组织与机构共同努力，提出了"改善加拿大人和家庭的金融状况"的愿景，动员并吸引公有、私营和非营利性机构协同合作提高加拿大人的财经素养，使他们能够实现以下目标：第一，明智地管理资产和债务，管理资产是日常生活的一部分，所有的加拿大人都需要有基础的财经素养知识和技能使其收入最大化、支付账单及

① Prosper Canada. 2014. Financial literacy evaluation toolkit. http://www.prospercanada.org/Resources/Financial-Literacy-Evaluation-Toolkit.aspx [2018-08-08].

实现其他金融方面的计划，并根据他们的需要和优先顺序做出明智的决定；第二，为将来计划并存款，设定财务目标并确定实现目标的方式是提高财经素养非常重要的部分，设定目标可以使人们的注意力集中在既定目标，制订计划并采取具体实施方案；第三，预防金融诈骗，该目标指出新的骗局层出不穷，加拿大人需要了解这些骗局的迹象并通过甄别骗局来降低受骗概率，老年人经常是某些骗局的特定对象，容易遭受金融诈骗，所以进行相关的教育和开展与预防金融诈骗相关的项目可以帮助加拿大人免于此类欺诈。

2.《2016—2018 年国家财经素养研究计划》

2016 年，加拿大财经素养领导人建立了财经素养研究小组委员会，财经素养研究小组委员会研究并制定了《2016—2018 年国家财经素养研究计划》(*National Research Plan for Financial Literacy 2016-2018*)①，该计划的目标是集中委员会的研究工作，加强财经素养领域研究人员之间的协调性，鼓励与利益相关者开展试点项目和应用研究的合作，支持《加拿大财经素养国家战略——全民加入》的实施。

3.《国家财经素养战略第一阶段：加强老年人的财经素养》

《加拿大财经素养国家战略——全民加入》早期的里程碑是 2014 年 10 月发布的《国家财经素养战略第一阶段：加强老年人的财经素养》，②该计划制定了四个目标作为前进的基础：吸引更多加拿大人为未来的老年生活做好经济准备；帮助老年人计划和管理他们的财务；提高老年人对公共利益的认识和理解；加大对老年人金融诈骗工具的打击力度。

财经素养领导人与国家财经素养指导委员会致力于协同各公有、私营和非营利性机构与部门，加强老年人财经素养战略的推进与实施力度，提高老年人的财经素养并实现既定的目标。

四、重要举措

加拿大人的财经需求各异，财经素养国家战略通过整合现有的资源，联合社会各类机构开展多样化的财经素养教育项目。自 2009 年起，加拿大政府已采取了

---

① Financial Consumer Agency of Canada. 2018. National research plan for financial literacy 2016-2018. https://www.canada.ca/content/dam/fcac-acfc/documents/programs/research-surveys-studies-reports/progress-national-research-plan-2016-2018.pdf [2018-08-06].

② Financial Consumer Agency of Canada. 2014. National strategy for financial literacy phase 1：strengthening seniors' financial literacy. https://www.canada.ca/content/dam/canada/financial-consumer-agency/migration/eng/financialliteracy/financialliteracycanada/documents/seniorsstrategyen.pdf [2018-08-06].

以下举措：①建立了财经素养研究小组委员会；②任命了加拿大首届财经素养领导人；③成立了加拿大国家财经素养指导委员会；④制订计划并在 2009 年和 2014 年在加拿大进行了加拿大财经能力调查（每五年进行一次）；⑤宣布每年 11 月为财经素养月，数百个组织和机构参与活动帮助加拿大国民增加理财知识，改正理财习惯；⑥召开了四次全国性财经素养大会；⑦在 2014 年 10 月开启了“提高高级管理人员财经素养”项目；⑧建立财经素养官方网站，向加拿大人提供了更多的财经素养评估工具和资源；⑨启动了加拿大人财经素养数据库，展开了自我评估问卷调查，为民众提供一站式服务；⑩为银行拟定了一个新的金融消费者保护框架。

加拿大很多公有、私营及非营利性机构与加拿大金融消费者局一同为需要财经素养支持的个人和家庭提供财经教育服务与支持。通过社会各界的共同努力，加拿大逐步普及财经素养教育并推动各类财经素养项目的展开以实现财经素养教育的全民参与。

1. 加拿大财经能力调查

加拿大统计局于 2009 年首次开发和部署了加拿大财经能力调查[①②]，旨在提供关于加拿大个人财务管理的知识、能力和行为的用户画像，即加拿大人如何理解自身财务状况、可获得的金融服务及对未来的计划。该调查每五年进行一次，并提供全面的数据展示加拿大人日常资金的管理和预算，长期资金管理和一般财务规划的方法。

2009 年，加拿大首次财经能力调查的结果包括以下五项维度：稳定性、追踪、提前计划、选择产品和保持咨询灵通。通过调查发现仅有 1/4 的加拿大人在五项维度中均获得高分。第二次加拿大财经能力调查于 2014 年进行，调查结果同样不尽如人意。通过两次调查，加拿大政府进一步认识到制定财经素养国家战略和提升国民财经素养的重要性。

加拿大每隔五年进行一次的财经能力调查，从横向上系统、全面地考察与评估国民的财经素养现状，直接获取民众对于财经素养的真实反馈，并作为衡量加拿大人财经能力变化的关键参考点；从纵向上持续关注国民财经素养的变化趋势，反映加拿大人所面临的不断变化的金融现实状况，探索财经素养国家战略的改进

---

① Financial Consumer Agency of Canada. 2014. Financial literacy and retirement well-being in Canada：an analysis of the 2014 Canadian financial capability survey. https://www.canada.ca/en/financial-consumer-agency/programs/research/financial-literacy-retirement-well-being.html[2018-08-12].

② Financial Consumer Agency of Canada. 2018. Financial literacy background. https://www.canada.ca/en/financial-consumer-agency/programs/financial-literacy/financial-literacy-history.html[2018-08-15].

措施。同时，加拿大通过财经能力调查建立追踪、衡量和汇报机制，确保始终一致地追踪与评估同一个体项目，并根据评估结果不断改善，促进财经素养在加拿大的逐步普及。

2. 财经素养月

加拿大议会于 2012 年正式宣布每年 11 月为财经素养月。①在财经素养领导人的领导下，加拿大金融消费者局联合多家公有、私营及非营利性机构共同开展不同主题的财经活动。

每年的财经素养月会设定财经素养年度主题与目标，并且每周都会有不同特色的子主题。例如，2018 年的年度主题为"为你的财务幸福投资"，目标是通过制订预算、储蓄和还款计划及了解其财务权利与义务鼓励加拿大人控制自己的财务状况并减轻财务压力。同时，每周的子主题分别为：①第 1 周（11 月 1 日～3 日）—— 为你的财务幸福投资；②第 2 周（11 月 4 日～10 日）—— 制订还款计划；③第 3 周（11 月 11 日～17 日）—— 做出明智决策；④第 4 周（11 月 18 日～24 日）—— 尽早养成良好习惯；⑤第 5 周（11 月 25 日～30 日）—— 控制财务状况。

在整个财经素养月期间，加拿大金融消费者局鼓励全国各地的组织和个人主办或参与不同主题的活动，分享能帮助加拿大人增加财务知识与提升管理能力的资源。所有参与活动的组织或个人可在官方网站上传相关的学习资源和工具，并可通过数据库查询完整的财经素养活动及资源清单。同时，活动主办方会制作网络横幅、信息图表和社交媒体指南等宣传材料，鼓励全民在社交媒体上宣传与分享所参加的财经素养月的活动，以实现活动的全民参与。

加拿大第一次举办财经素养月的活动是在 2011 年，该活动旨在加强加拿大人对增加财经知识和对改善个人财务状况方面的重要性的认识，第一次活动共有 75 家机构参与，并在全国范围内举办了 200 场增加财经知识与认知的活动。

随着社区组织、志愿者团体、各级政府机构、雇主和私营公司纷纷参与到财经素养月活动中，活动覆盖面与影响力逐步扩大。2017 年财经素养月期间，加拿大各地每天都在举办不同主题的活动，财经素养数据库增加了工作坊、研讨会与其他活动共 808 个，加拿大金融消费者局参加了 13 项与财经素养月有关的活动。

① Financial Consumer Agency of Canada. About financial literacy month. https://www.canada.ca/en/financial-consumer-agency/campaigns/financial-literacy-month/about.html[2018-08-16].

3. 全国财经素养大会

全国财经素养大会（national conference on financial literacy）[①]是加拿大财经类最大规模的会议之一，由加拿大金融消费者局组织，聚集公有、私营和非营利性机构及金融领域或行业的专家，展示财经素养计划的最新研究成果，听取研究和实践的趋势及建议，探讨改善加拿大财务状况的创新计划。自 2005 年以来，全国财经素养会议每三年举办一次。

根据会议涵盖的主题和代表们提出的问题，财经素养会议期间会围绕一些主题和问题展开讨论，专家通过专题报告的形式分享最新的学术研究课题、项目设计的经验及当前取得的积极成果。通过研讨会的形式，加拿大将各级各类机构聚集在一起，举办了一个盛大的财经素养“国家运动会”，会议也同样帮助利益相关者从研讨中汲取灵感，学习如何利用研究成果来实现自身组织目标，截至 2017 年，有超过 530 家机构参与到财经素养运动中，共同推动国家财经素养战略的目标，努力实现加拿大的持久变革。

4. 财经素养行为洞察力应用项目[②]

加拿大财经素养国家战略中的一些项目正在探索将行为洞察力应用于财经教育和财经决策行为中，帮助消费者了解在日益复杂的市场中的金融产品和服务。财经决策的认知障碍使消费者很难进行合理的财务规划，而消费者每天需要处理数量繁多的复杂财务信息，更是加重了这种障碍。因此，研究消费者如何处理这些信息及如何以更加简明的方式呈现这些信息变得越来越普遍。

加拿大的罗特曼行为经济学（Behavioural Economics in Action at Rotman，BEAR）研究中心将数十年的决策研究与经验测试的工具相结合，从行为科学视角研究社会和经济中存在的问题并设计创新性的解决方案，这些解决方案不同于激励、惩罚或提供信息的传统方法。例如，研究中心最近通过两项举措展示了信息的呈现如何影响消费者对该信息的认知及如何最终做出他们的决策。

其中一项举措是“盒子中的财经素养”（financial literacy in a box，FLIB），这是罗特曼行为经济学研究中心开发的一组工具，旨在缩小财经教育计划（如知识获取）目标与有效决策之间的差距。该工具通过财经教育让消费者通过有效学习提

---

① Financial Consumer Agency of Canada. 2017. 2017 event highlights national conference on financial literacy. https://www.canada.ca/content/dam/fcac-acfc/documents/programs/financial-literacy/2017-event-highlights-national-conference-financial-literacy.pdf [2018-08-18].

② Financial Consumer Agency of Canada. 2017. National research plan for financial literacy 2016-2018. https://www.canada.ca/content/dam/fcac-acfc/documents/programs/research-surveys-studies-reports/national-research-plan-2016-2018.pdf[2018-08-06].

高对所面临情况和选择的认识，使他们能够做出明智的决定。目前“盒子中的财经素养”这一举措的重点领域是注册教育储蓄计划（registered education saving plan，RESP）和加拿大养老金计划（Canadian pension plan，CPP）。例如，为父母开发一款简单且具有视觉吸引力的钱包卡，其中包含父母的关键信息和参与注册教育储蓄计划的关键步骤。

另一项举措是将行为洞察力作为辅助决策的方法应用于在线的消费场景。罗特曼行为经济学研究中心认为，当人们面临多种财务决策可供选择时，往往倾向于向面临同样问题的他人寻求意见，并做出类似的选择。因此，他们针对特定人群（如学生、退休人员、家长等）开发在线工具，提供不同群体在面临财务选择时的决策数据，消费者可通过查看这些数据了解其他人的选择，从而快速有效地做出财务决策，选择最适合自己的产品。

5. 财经素养试点项目：使用移动技术改善预算行为

“预算”是加拿大财经素养国家战略关注的重点领域，其中一个试点项目是通过一款名为“胡萝卜奖励”的移动应用程序（Carrot Rewards App）鼓励没有建立预算习惯的人们建立预算行为与习惯。该应用程序鼓励用户学习加拿大金融消费者局提供的财经教育资料，通过积分对用户进行奖励，并用行为洞察力和社交互动来促进用户掌握与预算相关的知识、增强用户的信心和改善用户的行为。

该试点项目于 2016 年夏季首次在不列颠哥伦比亚省和纽芬兰省启动，并于 2017 年秋季扩展至安大略省，项目取得了积极的效果。缺乏预算行为习惯的个体通过为期三周的在线学习后，在三个与预算相关的跟踪指标（信心、知识和行为）方面均表现出明显的进步。此外，与项目对照组相比，学习财经教育资料的参与者在所有指标中得分更高，这表明直接面向消费者的财经教育可能会推动其预算行为的改善并进而改善其财务状况。

五、重要资源

为推进加拿大财经素养国家战略与相关项目的实施，加拿大金融消费者局建立了官方网站，提供免费、客观的资源帮助人们学习各种与金融产品和服务相关的知识，包括可在全国范围内查找预算、储蓄、投资等资源和活动的财经素养数据库，学习财经知识与提升专业技能的各类教育材料，帮助人们确认银行账户和信用卡的金融工具与计算器，衡量自身财经素养计划与举措是否有效的标准化财经素养评估框架等相关工具与资源。①

1. 财经素养数据库

加拿大财经素养数据库是在财经素养研究小组委员会的支持下建立的，为民众提供财经教育类学习资源、应用工具与信息等。在财经素养数据库中，可以通过主题、类型、所在位置或知识级别等搜索方式，一站式查找关于预算和资金管理、保险、储蓄和投资、税收和欺诈预防等信息与资源。

财经素养数据库中的资源由财经相关的政府部门、商业机构与企业、公益组织和个人提供，所有参与活动的组织或个人可在官方网站申请并注册账号，上传相关的学习资源与工具，为确保这些资源和工具的可信度及实用性，加拿大金融消费者局将根据公开的标准对所提交的内容进行审核，审核通过后的内容将被纳入加拿大财经素养数据库中，加拿大民众可通过财经素养数据库查询完整的财经素养活动和资源清单。目前，在财经素养数据库中可以查看为数据库提供支持的200余家组织机构与上千条与财经素养相关的资源和工具。

2. 财经素养教育材料

1）财经工具包

财经工具包是一个全面的学习计划，通过分版块提供财经的基本信息与工具，帮助加拿大国民管理个人财务，并帮助他们更好地做出财务决策。

财经工具包分为12个版块，包括收入、支出和预算、银行业务、储蓄、信贷和债务管理、抵押贷款、保险、投资、所得税、魁北克省所得税、退休和退休金、财务规划和欺诈保护。

2）"城市"项目

"城市"（the city）项目是由加拿大金融消费者局和不列颠哥伦比亚省证券委员会（British Columbia Securities Commission）制订的学生学习计划，旨在帮助加拿大中学生为离开学校后面临的财务问题做好准备，通过课程学习帮助他们获得从中学生到成年过渡所需的财经知识、技能或增强其信心。

"城市"项目是一款在线财经素养教育系统，学生与教师可通过注册账号登录加拿大金融消费者局网站的"城市"项目页面，该页面提供了学生学习与教师教学的资源。学生课程通过预评估、生活方式评估、模拟角色、不同主题的财经课程及课程后评估等课程版块为学生提供系统的财经素养专业课程，使学生具备应对生活中复杂财务问题的必备技能。同时，项目为教师提供易于操作的课程指南和教学

① Government of Canada. 2018. Financial literacy programs. https://www.canada.ca/en/financial-consumer-agency/services/financial-literacy-programs.html[2018-08-10].

工具，帮助教师顺利完成课程授课。目前，该教育系统已在加拿大多个地区应用。

3）财经基础工作坊

财经基础工作坊是针对财经教育开展的一系列研讨会，由加拿大金融消费者局和安大略省证券委员会（Ontario Securities Commission）与一位财经作家兼记者埃伦·罗斯曼（Ellen Roseman）共同合作组织，旨在帮助年轻人了解预算、储蓄、信贷、投资、欺诈预防和财务规划等基本的财经知识。

机构和个人可在高等教育机构、社区组织或工作场所[①]自发组织财经基础工作坊，并可在网站免费下载英文和法文两种版本的相关资料，资料包括财经基础手册、演示者手册、参与者手册、演示幻灯片、工作坊评估表、促销艺术品及电子学习视频等。

4）个人信用报告与评分

个人信用报告是加拿大人的信用记录简报，在第一次贷款或申请信用卡时创建。个人信用评分是基于个人信用报告的信息通过公式计算的数据来显示个人管理信贷的情况和贷款人需承担的风险情况。如果个人有良好的信用评分，便可申请降低还款利率。可能影响信用评分的因素包括信用额度、信用卡余额、未偿还的贷款金额、逾期还款记录、破产记录等。

个人信用报告与评分是由加拿大两家征信公司（Equifax 和 TransUnion）所创建，它们会收集、存储和管理个人使用信贷的信息，在征得本人同意后，征信公司可在许可范围内将个人的信用报告分享给银行、信用合作社、金融机构、汽车租赁公司、零售商、保险公司、政府、雇主等相关机构，以帮助这些机构做出关于个人的相关财务决策。

由于个人信用报告与评分会影响个人财务状况、申请贷款和信用卡及贷款利率等重要事项，为帮助加拿大民众了解自己的信用报告与评分情况，在加拿大金融消费者局网站上设置了“信用报告学习工作坊”版块，为用户免费提供一套独立的培训材料，所有人都可下载学习，也可根据下载的资料组织财经基础工作坊对他人进行培训。

3. 金融工具与计算器

加拿大金融消费者局网站上提供了各种免费的金融工具与计算器，以帮助人们合理地制订财务计划，进行预算、贷款、申请信用卡。主要的工具与计算器有：①预算计算器，帮助用户了解个人资金流向，评估目标实现的可能性；②财务目标计算器，帮助用户计算如何偿还债务并实现储蓄目标；③按揭计算器，帮助用户计

---

① 工作场所英文为“workplace”，表示抽象的工作场所，意为“职场”。

算抵押贷款还款时间表及指导如何通过预付款来节省资金；④信用卡付款计算器，帮助用户了解信用卡的还款时间，并提供快速还款的建议；⑤车辆租赁或购买计算器，比较不同融资或租赁车辆的成本；⑥退休收入计算器，帮助用户估算退休收入、养老金和其他收入等情况；⑦抵押资格工具，根据用户房产需求及收入情况，了解是否有资格获得抵押贷款；⑧银行账户比较工具，比较不同银行账户的利率、月费、交易费和服务；⑨信用卡比较工具，比较不同信用卡的利率、年费、奖励和其他功能；⑩财经素养自我评估测验，用来测验个人资金管理技能和知识。

六、质量标准

为了提高整体国民的财经素养，加拿大各地的公有、私营和非营利性机构组织开设了课程、讲习班，并组织了研讨会和制订了学习计划。为了确保各机构组织的财经素养举措的有效性及资源的充分利用，加拿大金融消费者局制定了《财经素养评估标准框架》，以便为全国范围内的组织提供有效开展财经素养评估所需的流程；指导各组织机构开发相应的工具与组织培训，以科学合理地评估它们所发起的财经素养项目。该框架共分为规划阶段、评估阶段和审查阶段，详细内容如下（表 2-1）。①

表 2-1 加拿大《财经素养评估标准框架》实施阶段

阶段	过程	具体流程
规划阶段	吸引利益相关者	对评估结果感兴趣的组织和个人的参与
		建立评估委员会
	界定项目目标、成果和指标	根据国家财经素养战略界定目标
		描述参与者应该获得的能力
		指标是可观察的、具体的且可测量的
	确定范围	评估的目的、范围、预算、期限等
	制定评估协议，开发评估工具和进行培训	确定评估的设计方案
		选择或开发适当的评估工具
		根据评估设计制定适当的协议来选择评估工具
		确定培训项目负责人

① Financial Consumer Agency of Canada. 2018. Standardized financial literacy evaluation framework. https://www.canada.ca/content/dam/canada/financial-consumer-agency/migration/eng/resources/documents/financialliteracyevaluationframework.pdf [2018-08-08].

续表

阶段	过程	具体流程
评估阶段	部署评估工具并收集数据	纸质调查、收集反馈并输入数据库、访谈、采访录音等
	分析数据	考试成绩比较、分析问卷数据等
	报告数据	演示、写报告及将数值结果输入中央数据库并进行分析
审查阶段	咨询和审查	发布评估报告 咨询利益相关者并考虑他们的反馈对未来计划的影响

资料来源：Financial Consumer Agency of Canada. 2018. Standardized financial literacy evaluation framework. https://www.canada.ca/content/dam/canada/financial-consumer-agency/migration/eng/resources/documents/financialliteracyevaluationframework.pdf[2019-12-09]；晁亚群. 2018. 加拿大青少年财经素养教育概况探析. 世界教育信息，(16)：14-21

七、实施效果

在全球经济一体化的时代背景下，加拿大政府日益重视提升国民的财经素养，通过发布《加拿大财经素养国家战略——全民加入》《2016—2018 年国家财经素养研究计划》《国家财经素养战略第一阶段：加强老年人的财经素养》等文件，从国家层面引导财经素养教育的研究与实施，取得了较大进展。

为了使《加拿大财经素养国家战略——全民加入》更好实施，财经素养研究小组委员会制订了《2016—2018 年国家财经素养研究计划》，目前该计划已经结束，不仅完成了前期既定的目标：实施《加拿大财经素养国家战略——全民加入》，加强了研究人员之间的协调，形成重要的经验证据，还取得了其他方面的成就，并发布了《2016—2018 年国家财经素养研究计划》的进展报告。主要表现在以下几方面。

第一，财经素养研究小组委员会将研究工作的重点放在关键问题上，使财经素养计划和干预措施变得“更智能”、更有效、更有针对性。该小组的出发点是通过实证材料来证明财经素养干预的效果，研发“更智能”的财经素养干预措施。例如，我们不能只关注财经素养知识，更要考虑到有助于做出合理的财务决策的其他因素、干预措施的最佳时机及干预措施的最佳来源与机制。研究结果发现，财经素养知识很重要，但其本身还不足以做出经济上的理智决策，财务信心是对决策相关的补充和重要因素。

第二，该研究小组通过体验式学习的方法进行进一步探索，帮助消费者获得与自己的生活环境相关的金融产品和技能的直接经验。《2016—2018 年国家财经素养研究计划》的第二项重大成就是将行为经济学作为财经素养干预的重要补充，了解消费者行为的方式和产生原因，这是推动消费者做出更好的财务决策的关键因素。研究报告表明，通过应用行为洞察力（如选择架构、锚定、即时消息传递和用户画像）可以增强财经素养计划和工具的效能，是财经素养干预措施的重要补充。

第三，财经素养研究小组委员会围绕如何更好地针对特定人群进行有针对性的财经素养干预措施的研究。该研究强调了确定和满足原住民财务需求计划的重要性，原住民与非原住民以不同的视角来看财经素养，同时原住民存在一些影响其财务决策的系统性障碍。因此，要考虑工具中与文化相关的财经素养定义，充分了解这一人群的财务需求。

该研究还强调，在工作场所开展财经素养教育是提高加拿大成年人财经素养的一个重要举措。研究发现，工作场所提供的财经素养计划有助于改善员工的财务状况，也是企业健康计划的重要补充。同时发现，在工作场所最受欢迎的计划是如何预算和储蓄，因此，工作场所的财经素养组日后应努力解决这些问题。①

第二节　针对特定群体的财经素养教育

加拿大的财经素养教育非常重视对不同群体进行了解，并根据他们的具体需求更好地制订计划，为不同的社会群体提供更有针对性的财经素养干预措施，解决特定人群的独特的现实问题。

目前，加拿大重点关注的群体包括低收入群体、老年人群体、原住民群体、新移民群体和青少年群体，其原因主要在于：一是低收入群体特别容易受到伤害，了解他们如何管理自己的财务状况对采取有效的干预措施至关重要；二是许多原住民面临着影响其财经素养和财务状况的多种社会经济障碍；三是加拿大的老年人群体、青少年群体和新移民群体需要量身定制的方法。因此，需要更好地了解这些群体的财经素养需求，并提高财经素养干预措施的相关性和文化适宜性。②

一、低收入群体

1. 财经素养现状

拥有有限财经资源（低收入或缺乏金融资产）的人群更难在生活中做出各项

① Financial Consumer Agency of Canada. 2018. Making an impact：results of the national research plan. https://www.canada.ca/en/financial-consumer-agency/news/canadas-financial-literacy-blog/making-an-impact.html[2018-08-09].

② Financial Consumer Agency of Canada. 2017. National research plan for financial literacy 2016-2018. https://www.canada.ca/content/dam/fcac-acfc/documents/programs/research-surveys-studies-reports/national-research-plan-2016-2018.pdf [2018-08-06].

财务决策，因为他们大部分的收入要花费在衣食住行等基本生活需求上。在加拿大，45～64 岁的单身成年人、残疾人、单亲父母、原住民和新移民更容易生活在低收入阶层，对他们来说，财经素养干预措施可以帮助个人和家庭获取有效的信息和资源，以改善财务状况并学习如何做出更明智的财务决策。

目前，有关贫困的研究往往侧重于收入贫困或家庭无法获取足够的收入来满足其经济需求。但是，资产贫困也是应该予以考虑的一个重要因素，如果一个家庭的资产（单独计算的金融资产净值）不足以维持三个月最低生活成本，则该家庭被视为资产贫困。

俄勒冈州立大学的戴维·罗思韦尔（David Rothwell）博士和卡尔顿大学的詹妮弗·罗布森（Jennifer Robson）博士根据 1999 年、2005 年和 2012 年加拿大金融安全调查（the survey of financial security，SFS）的数据，对加拿大的资产贫困状况进行了初步估计。研究发现，2012 年大约有 49%的工作适龄的加拿大人处于资产贫困的状态，其中由年轻人、单身母亲和高中及以下文凭的人主导的家庭资产贫困率最高；对于 25～44 岁的成年人，资产贫困的风险高于收入贫困的风险，然而，对于 25 岁以下的成年人结果则相反。此外，这一研究还发现加拿大人的资产贫困率始终比收入贫困率高两到三倍，这意味着无论收入如何，许多家庭缺乏维持三个月基本需求的资源。

同时，有研究通过对比 2009 年和 2014 年的加拿大财经能力调查发现：虽然年纪大的加拿大人承担信用卡债务和资产流动性不足的风险较低，但其没有足够的资金来支付意外开支；年轻人则在制定预算、支付贷款和信用卡还款方面存在更多困难；低收入群体承担信用卡债务和资产流动性不足的风险较小，但难以承担紧急费用，也难以按家庭预算支付日常开支。通过这些分析结果可以看出，加拿大的家庭在财经行为上存在巨大差异，仅仅通过收入和债务指标来衡量加拿大的低收入群体的情况是远远不够的。①

2. 财经素养干预

加拿大政府注重帮助低收入群体学习财经知识并提供参与财经行为的机会，期望通过这样的方式改善他们的财务状况。“富足加拿大”是加拿大一家致力于为低收入群体提供参与财经行为的全国性公益组织，1986 年成立至今，这家机构一直与政府、企业和社区合作，制定和推广能够促进加拿大经济繁荣的金融政策、计划及提供相关资源。

---

① Financial Consumer Agency of Canada. 2018. Progress report：Canada’s national research plan on financial literacy 2016-2018. https://www.canada.ca/en/financial-consumer-agency/programs/research/progress-report-national-research-plan-2016-2018.html[2018-08-05].

“富足加拿大”倡导通过财政赋权的方式改善加拿大贫困人口的财务状况。财政赋权是指通过采取一系列干预措施来帮助低收入群体参与到金融生活中，获取有效的金融信息，做出正确的财务决策，以此来改善低收入群体的财务状况，帮助他们增加收入，提高信用评分、储蓄和还款能力，并通过教育、就业、创业和改善住房来帮助低收入群体创造财富。具体来说，他们致力于通过以下五种方式来改善加拿大低收入群体的财务状况。①

1）提供财经信息、教育和咨询服务

“富足加拿大”希望通过各种方式为贫困人群提供免费、高质量并且客观的财经信息、教育和咨询服务。例如，利用社区的一站式财经服务中心提供免费的财经教育、纳税申请与财务咨询等服务；在城市社会服务和就业计划中加入财经教育和咨询；使用财经教育和咨询服务计划中的常用指标来评估个人及家庭在财务安全方面的进展。该组织基于这些指标，提供标准化的财经教育与咨询服务，并对其提供商进行资格认证。

2）提供增加收入的福利与税收抵免指导

“富足加拿大”通过指导低收入群体提交税务申报并获得应有的政府福利来增加收入，具体的措施包括：通过公共宣传活动，促进税务申报和获取政府福利；使用技术手段帮助低收入群体筛选所需的政府福利；为需求较高的社区创建专门的福利筛选服务站；为社区提供免费或低成本的税务服务。

3）提供安全又实惠的产品和服务

通过为低收入群体提供安全且价格合理的金融产品和服务，以满足其金融需求，并减少对附加的和高昂的金融服务的依赖。这些措施包括：在欠缺金融服务的社区建立基本的金融服务；社区与金融机构合作，或独立推广低成本的储蓄产品；提供小额或自动再融资贷款等低收入群体负担得起的信贷产品；鼓励低收入群体开设银行账户直接存款，减少对昂贵的支票存款的依赖。

4）提供储蓄和资产建设机会

这些干预措施旨在通过为低收入群体提供鼓励和支持储蓄的政策及适当的储蓄计划，帮助他们建立家庭资产及其他可以摆脱贫困的资产。具体措施包括：提供短期和紧急储蓄产品；建立激励性储蓄账户，如个人发展账户（individual development accounts，IDAs）、用于购买房屋或车辆的账户；推广并支持低收入群体使用联邦储蓄注册工具，如教育储蓄注册计划（registered education savings plans，RESPs）和残疾储蓄注册计划（registered disability savings plans，RDSPs）；将有关储蓄和资产建设的财经教育纳入城市社会服务和就业计划中。

① Prosper Canada. http://www.prospercanada.org/Financial-Empowerment/Overview.aspx[2018-08-10].

5）提供消费者教育和保护措施

这些措施旨在为低收入群体提供财经素养教育和适当的监管，并制定和执行适当的消费者保护政策及法规，以提高他们作为消费者对掠夺性和欺诈性商业行为的认识。具体措施包括：提高消费者的财务管理意识，防止金融诈骗的发生；对附加的和高昂的金融服务进行监管、审核和界定，并限制其扩散；通过地方披露和诉讼等方式打击高利率贷款；提供预防丧失抵押品赎回权的策略，如提供丧失抵押品赎回权方面的咨询与紧急贷款服务，以及时为丧失抵押品赎回权的用户提供援助。

二、老年人群体

1. 财经素养现状

2013 年，加拿大政府在经济行动计划中将老年人群体作为提升财经素养的优先发展群体，并制定了针对老年人群体的财经素养战略。2014 年，加拿大又将"加强老年人群体的财经素养"确定为加拿大财经素养国家战略第一阶段的工作目标。

随着生活水平的提高，目前加拿大人的平均工作时间与寿命都比以前更长，生活也更加丰富，因此随着年龄的增长，人们对于退休后生活方式和经济需求的预期可能会产生变化，为未来做好储蓄准备也比以往更加重要。虽然政府鼓励加拿大人通过注册退休储蓄计划（registered retirement savings plans）和免税储蓄账户（tax-free savings accounts）等辅助储蓄工具进行储蓄，但仍有很多人没有足够的储蓄来满足他们在退休后的生活需要，尤其对于中等收入且没有养老金的人群，往往在退休后难以接受生活水平下降的巨大落差。

目前加拿大老年人群体面临着一些独特的经济挑战。相关研究发现，人们一般会提前为他们退休后的生活做准备，大部分的加拿大人认为他们退休后的主要收入来源是工作单位的养老金、自己的退休储蓄计划或基金。相对来说，财经素养水平高的人更清楚如何做好退休准备。2014 年加拿大财经能力调查发现，财经素养水平较高的人中，有 57%的人很清楚需要为退休后的生活准备多少资金，并在做相关准备，而在财经素养水平较低的人中，只有 28%的人做好了准备。

2. 财经素养干预

为提高老年人群体在财务管理与保护方面的决策能力，加拿大政府与相关组织加大投入力度，公开征询社会各界对老年人财经素养计划的意见，并与哈利法克斯、魁北克、渥太华、卡尔加里和维多利亚等城市的主要财经素养组织进行会议研讨，确认了以下目标与对应的干预措施。

1）让更多的加拿大人为退休做好储蓄准备

实现这一目标的重点是帮助加拿大人了解长期储蓄计划和投资工具并制定财务目标，以促进更多人为退休生活做好储蓄准备，具体措施介绍如下。

加拿大政府积极与民众沟通，及时向加拿大人提供与税收系统相关的计划与信息，如注册退休储蓄计划福利和免税储蓄账户等；同时，加拿大政府与企业雇主、金融服务机构积极合作，共同研发能在退休的前十年和前五年对员工的退休准备情况进行检查的工具。

加拿大政府鼓励企业雇主在工作场所对员工进行财经教育，帮助员工制订为退休做准备的早期财务规划，包括将自动注册和定期储蓄作为工作场所储蓄计划的默认选项。例如，加拿大金融消费者局会向企业雇主和人力资源部门提供免费的财务工具及资源，支持企业开展对员工的财经教育活动。

加拿大政府鼓励财务规划行业为不同收入水平的人群提供完善、有针对性和能负担得起的财务规划服务。同时，为财务顾问提供更多的培训机会，以提高对低收入客户和为退休做储蓄准备的客户服务的水平。

加拿大金融消费者局与财经素养相关机构合作，加大对老年群体财经素养的研究，探究影响个体做出财务决策和行为的关键因素，收集有效的研究方法，鼓励加拿大人为退休生活做好储蓄准备。例如，通过社区与退休财务规划师合作组织针对老年人的研讨会，提供设定财务目标和制订财务计划的方法。

2）帮助老年人群体计划和管理财务

加强老年人群体的财经素养，重点是帮助他们学习如何识别安全可靠的财经信息，以做出正确的财务决策和获取在线金融服务。

加拿大金融消费者局与公有、私营和非营利性机构等合作，开展有助于改善老年人财务状况的相关研究和探索有效的方法，并在其网站推出为老年人提供查找和获取财经知识与材料的“一站式服务”数据库，提供了“caring for a loved one”等资源，帮助家庭成员更好地协助老年人管理财务。

加拿大财经素养领导人与国家财经素养指导委员会及相关研究领域专家合作，针对不同群体中老年人的差异制订不同的计划，探索帮助老年人群体使用互联网等新型金融和支付渠道的方法，开发能够简化老年人群体财务决策的工具，并鼓励各类社会机构在社区建立站点，为老年人群体提供客观有效的财经信息和资源。

此外，加拿大通过各种形式加强老年人群体的财经素养教育。例如，共同基金经销商协会为老年投资者提供解决金融问题的教育材料，并与其他监管机构合作，共同关注老年人群体的投资教育计划；法律界开发针对老年人群体的教育资源，以提高他们对有关财经方面的法律和责任的理解。

3）帮助老年人群体理解和获取公共福利

加拿大针对老年人群体提出了多项公共福利计划，如加拿大退休金计划（Canada pension plan，CPP）、老年保障金计划（old age security，OAS）、低收入老年人保障收入补助金（guaranteed income supplement，GIS）、税收抵免及低收入补助金等福利，但很多加拿大人并不了解这些计划的具体细节，他们需要获取关于这些福利的有效、准确的信息。

为实现这一目标，加拿大将财经教育纳入政府福利计划中，以加深老年人群体对公共福利的理解。加拿大金融消费者局更新财经素养资源数据库，协助老年人检索与公共福利计划的相关问题，如预算和资金管理、信贷和债务管理、税收和财务规划。加拿大就业和社会发展部（Employment and Social Development Canada，ESDC）开发并更新加拿大退休收入计算器，并将其作为公共养老金制度福利的工具纳入退休收入计划中。

4）增加防止老年人遭遇金融诈骗的工具

老年人相对来说缺乏财经知识，同时面临身体健康或精神不足等方面的挑战，导致他们可能过于依赖他人，从而增加了遭受金融诈骗的风险，欺诈者通过电话、邮件或在线营销等方式对老年人实施各种金融骗局。因此，加拿大政府和社会各界非常注重关于加强老年人金融诈骗方面的教育，并提供有效的防诈骗技术，以帮助他们识别金融诈骗，防止金融诈骗事件发生。

由加拿大就业和社会发展部资助的“老年人新视野计划”支持由老年人主导并开发项目，扩大公众对预防老年人金融诈骗的认识；同时，由加拿大就业和社会发展部与国家老年人护理倡议机构（National Initiative for the Care of the Elderly，NICE）持续追踪关于金融诈骗的相关数据。

加拿大财经素养领导人与参与防金融诈骗的相关机构合作，探索有效防止诈骗的方法。例如，与加拿大证券管理局和投资行业协会等监管机构合作开展预防老年人金融诈骗的教育活动；组织老年人及其子女参加教育研讨会，提高双方的金融安全意识，鼓励子女帮助父母管理财务；利用加拿大欺诈预防月和“认识虐待老年人问题世界日”等机会，与加拿大反欺诈中心等机构合作，加强老年人对诈骗行为的认识及老年人对“隐私知识”与社交网络信息共享风险的认识。

此外，加拿大的各类社会机构也积极参与行动。例如，一些公益组织开展预防金融诈骗的在线培训，推出能够及时发现和解决金融诈骗的各项计划；同时，老年人每年可从加拿大两大征信公司（Equifax 和 TransUnion）获取个人信用报告，查看信用卡、贷款及抵押等信用记录。[①]

三、原住民群体

1. 财经素养现状

加拿大原住民是指在《1982 年宪政法案》第 25 节和第 35 节中所认定的原住民族群，包括第一民族（印第安人）、因纽特人及梅蒂斯人。加拿大有超过 140 万人认为自己是原住民，其中以第一民族为主，有超过 630 个第一民族社区。

加拿大原住民认为财经素养能够维持个人财务、家庭财务和社区经济的健康发展。目前，加拿大原住民群体的财经素养主要受到以下因素影响：社会和体制结构、政策和实践、个人金融知识和行为、文化信仰和价值观。

由于受到历史和地理环境等因素的影响，加拿大原住民在财经素养方面存在着一些普遍问题，不同原住民社区间的差异较大。比如，在资源获取方面，由于地理位置偏远，一些原住民社区无法直接获得主流金融机构提供的金融服务，也无法或只能非常有限地获得本地安全且负担得起的金融服务。同时，其住房和能源等高生活成本使很多原住民社区的居民面临诸多经济挑战。

2. 财经素养干预

针对加拿大原住民群体财经素养的研究与干预，主要的贡献者是加拿大的两大机构：AFOA Canada（Aboriginal Financial Officers Association of Canada）和“富足加拿大”。“AFOA Canada”成立于 1999 年，是加拿大一家非营利性协会，旨在帮助加拿大原住民更好地管理和治理其社区与组织，提高原住民的财务管理和领导技能与实践能力。“富足加拿大”是加拿大的一家致力于为低收入群体提供参与金融活动的全国性公益组织，从 1986 年成立至今，该机构一直与政府、企业和社区合作，制定和推广能够促进加拿大繁荣的金融政策、计划和资源。

“AFOA Canada”和“富足加拿大”基于对本土社区财经素养的研究成果，打造了原住民金融健康项目。作为加拿大首个国家金融健康项目，原住民金融健康项目以三年为周期，将安大略省北部和南部的四个原住民社区作为试点，制订改善原住民社区成员财务状况的计划，为当地原住民制订可持续的财经知识辅导计划及提供相关财政支持。在试点社区进行培训和服务后，该项目将所开发的财经知识、计划与资源通过线上的方式逐渐推广到其他 12 个原住民社区，为越来越

① Financial Consumer Agency of Canada. 2014. National strategy for financial literacy phase 1：strengthening seniors' financial literacy. https://www.canada.ca/content/dam/canada/financial-consumer-agency/migration/eng/financialliteracy/financialliteracycanada/documents/seniorsstrategyen.pdf [2018-08-06].

多的社区提供免费的财经教育资源。

原住民金融健康项目为原住民社区提供的主要金融服务有：①教育资源，通过研讨会为原住民提供管理资金所需的工具和知识；②支持系统，通过一对一的形式帮助人们应对财务挑战或实现目标；③援助方式，帮助原住民获得能提升整体金融健康的收入福利、银行服务和储蓄的机会，其中帮助他们获得税务申报和增加收入已成为与原住民社区合作的需要和优先事项。

由于原住民群体在加拿大的特殊性，未来针对原住民群体的财经素养计划还需考虑到影响原住民群体的系统性障碍因素和评估与测评工具的文化适宜性，并且需要进一步研究原住民的财务需求。①

四、新移民群体

1. 财经素养现状

加拿大每年都有新移民加入，多种文化在加拿大土地上和谐共处，互相融合。加拿大针对新移民群体，开展与他们生活相关的财务培训课程，如介绍加拿大的银行和所得税系统等，但因培训内容比较笼统导致效果不佳；加拿大也鼓励新移民积极参与金融行为，如开设银行账户和使用信用卡，但很多新移民对于加拿大金融服务系统的使用规范和消费者的权利与义务并不熟悉；此外，虽然一些主流的金融服务机构积极调整其产品和服务以适应新移民群体的消费需求，但由于新移民群体存在的文化或语言障碍，他们往往会选择通过熟悉的社区或非正式的社交网络获取财务信息和建议，而这些财务信息和建议很难保证是正确、及时和有效的。由此可见，对于加拿大的新移民，尤其是低收入的新移民来说，如何获取与就业、住房、消费和健康等相关的有效财务信息非常重要，在这一过程中也会面临诸多挑战。具体来说，主要体现在以下方面。

（1）理解与原籍国不同的金融服务（如银行和信用合作社）和政府财务系统（如税收和福利系统）。对于来自普遍使用非正式金融交易的国家的新移民来说，他们往往对加拿大的金融业务感到非常陌生。此外，理解和使用相关的金融术语对加拿大的新移民来说也是很大的挑战，尤其是对仅用于特定机构和服务的专用术语。

（2）调整在原籍国学习的金融知识和养成的金融习惯。新移民群体为加拿大带来了新的财经知识、技能和理财态度，同时加拿大的入境要求使新移民在个人财务

---

① Financial Consumer Agency of Canada. 2018. Progress report：Canada’s national research plan on financial literacy 2016-2018. https://www.canada.ca/en/financial-consumer-agency/programs/research/progress-report-national-research-plan-2016-2018.html[2018-08-05].

上做好了准备。因此，他们在加入加拿大国籍后，需要尽快适应新的环境，并将其自身的财经知识和技能转化为能在加拿大背景下适用的财经知识和技能。

（3）处理比其他加拿大人更常遇到的金融挑战。这些挑战主要包括：识别并避免通过一次性付款提供就业或住房的欺诈行为；根据经济移民的相关规则，保持适度的储蓄；偿还通过移民贷款计划申请的加拿大政府贷款。

2. 财经素养干预

加拿大的一系列研究表明，对新移民开展财经素养教育可帮助他们有效识别和降低金融风险。与加拿大本地人相比，新移民对于社区集体财经素养教育的满意度更高，也能从中有更多的获益。

加拿大研究者通过一系列实践证明了对加拿大新移民普及基础的财经素养知识可有效帮助他们做出理性决策。例如，加拿大向新移民群体提供以银行汇款为重点的财经素养培训，包括现场培训课程、讲义等。通过培训发现，新移民在汇款方面的技能明显提高，而且培训帮助他们改变了很多原有的财务习惯，如他们在做出财务决策前，学会了积极寻求和比较多种信息，经过理性分析后再做出决策。

此外，加拿大很多地区在对新移民的语言培训中融入了财经素养教育，评估发现，通过系统的课程培训，多数人表示他们在处理个人财务方面的自信心增加，所学的知识能有效帮助他们处理日常财务问题。同时，他们将这些知识传递给家人和朋友，使培训的效果得以间接扩大。①

五、青少年群体

1. 财经素养现状

随着现代经济社会的发展，加拿大的青少年越来越早地成为金融消费者，他们在金融消费中的决策行为也对其生活产生了越来越大的影响。根据 2015 年经济合作与发展组织 PISA 牵头的国际青少年财经素养评估结果显示，87%的加拿大青少年表现出基本的财经素养水平，能充分参与现代社会生活；22%的加拿大青少年表现出较高的财经素养水平。同时，在加拿大，大多数的 15 岁青少年都持有银行账户，他们经常与父母讨论金钱的问题。在这些方面加拿大青少年的表现都远高于经济合作与发展组织的平均水平。

尽管如此，加拿大的青少年在如何获取有效的财经素养教育资源方面仍存在

① Prosper Canada. Expanding financial empowerment for newcomers 2017-2020. http://www.prospercanada.org/Our-Work/Financial-Literacy/Newcomers.aspx[2018-08-15].

困难。很多青少年对基本的财经概念和资源知之甚少，也不了解相关资源对于他们生活的价值，缺乏主动学习和获取的动力。虽然很多青少年早早地接触了贷款、信用卡和其他金融产品，但并没有提前学习如何设定财务目标、如何规避风险及如何寻求帮助等相关的知识。

2. 财经素养干预

财经素养教育可以帮助青少年学习对自身有利的各种财经主题的知识，包括预算、财务目标、信用等。了解预算可以帮助青少年区分想要和需要，让他们在生活中树立成本概念；建立财务目标可以使青少年充分了解“好”债务与“坏”债务之间的差异：“好”债务可以使他们实现个人目标，如教育、培训或购买汽车，“坏”债务则会产生不良信用记录；学习关于信用的话题可以帮助青少年建立和维持积极的信用评分，实现财务目标。加拿大根据青少年群体的不同特点开展有针对性的财经素养教育。

针对在校学生，加拿大注重保持青少年对财经素养教育的学习兴趣，课程素材贴近真实生活，根据青少年的实际生活经历、财务状况与兴趣设计财经素养教育的课程素材。财经素养课程的设计要求有趣、具备社交功能、有吸引力并与生活息息相关。例如，通过交互式与游戏式的课程设计减少青少年对课程的排斥情绪，增强与他们在财务管理方面的互动；使用适合青少年年龄阶段的高科技、视频或多媒体等教育形式，增强课程的互动性；通过奖励的方式促进青少年提高财经知识水平和技能；通过积极强化和目标设定等财经素养内容与认知行为技术，帮助青少年在财经素养学习过程中培养自我意识和意向性。

针对低收入家庭的青少年，加拿大通过提供周转金、食物等帮助他们解决生活困难，提供在校学生和校外青少年均可参与的财经素养教育课程，为他们提供开设银行账户、开放信贷机构等一对一的服务。此外，加拿大重视提高低收入家庭青少年接受高等教育的机会。相比高收入与中等收入家庭，低收入家庭的青少年更不愿承担债务，因此他们通过申请贷款进行培训和接受高等教育的可能性更小。同样，家庭中第一个考虑接受高等教育的孩子也不太可能为此制订财务计划或进行储蓄。因此，通过财经素养教育可以让这些青少年认识到接受高等教育的重要性，如可以提高就业率、收入等，帮助青少年树立更高远的目标，同时可以让青少年愿意为高等教育和培训支付费用。在这一过程中，加拿大教育储蓄计划（Canada Education Savings Program，CESP）为首次贷款学生提供的面对面服务有至关重要的作用。

有多重障碍的青少年往往会对组织、金融机构和成年人“专家”产生不信任感，所以加拿大的财经素养教育应注重引导他们进行积极的自我指导式的学习，通过视觉、听觉和触觉等多种感官学习的形式及研讨会、在线学习、一对一学习等方式，针对不同学生的特点量身定制学习计划。同时，通过动员榜样、导师和演讲嘉宾，帮助有多重障碍的青少年提升对财经学习的兴趣，引导他们获取与自身生活实际相关的财经信息，并对财经素养持积极态度。

针对无家可归的青少年和政府特殊关怀的青少年（如寄养和集体住所），加拿大也一直致力于提高他们的财经素养水平，财经素养教育会结合其他相关措施，帮助他们改善财务决策的状况，建立基本的资金管理技能，制订财务上向独立过渡的规划。例如，在财经素养教育中融入住房支持、职业规划、技术和职业技能培训等内容可以帮助无家可归或有问题的青少年了解基本的财经素养原则及他们可用于建立储蓄和资产的方案类型。①

第三节　学校层面的推进

提高公民的财经素养是一项系统的、复杂的工程，需要社会各界协同、持续的努力，需要国家、社会、学校及家庭等多方共同参与。加拿大在国家财经素养指导委员会的指导下，由加拿大金融消费者局牵头，在协同社会各方力量的同时，注重从学校层面提升国民财经素养。

一、主要理念

在学校开展系统的财经素养教育是提高国民财经素养最公平、有效的途径。经济合作与发展组织作为财经素养教育的积极推动者，提出“财经素养教育应当开始于学校教育当中，大众应当尽早地接受财经知识的教育”②。在当今复杂的世界中，开展财经素养教育可以帮助学生自信地做出负责任的经济决策和财务决策。加拿大政府高度重视在学校开展财经素养教育，安大略省作为较好地实施财经素养教育的地区之一，提出希望学生拥有相应的财经知识和技能，以负责任地管理他们的个人财务。③

以安大略省为例，安大略省教育部提出，提高学生的财经素养意义重大。首

① Prosper Canada. 2015. Financial literacy and youth. http://www.prospercanada.org/getattachment/9a096fba-8c35-40d4-a13a-2d234ca00a7e/Financial-Literacy-and-Youth.aspx [2018-08-11].

② Atkinson，A. Messy，F A. Measuring financial literacy：results of the OECD INFE pilot study. http://www.oecd-ilibrary.org/finance-and-investment/measuring-financial-literacy_5k9csfs90fr4-en[2018-08-20].

③ Ministry of Education. 2017. A parent's guide to financial literacy in Ontario schools，grade 4 to 12. http://www.edu.gov.on.ca/eng/parents/financial.html[2018-08-15].

先，学生需要具备财务知识才能在复杂多变的金融世界中做出更明智的选择。通过了解自己决策的含义和必须解决的问题及具有的批判性思维的技能，学生将能够更好地适应当今的金融环境。其次，财经素养教育为学生提供了一套关键的适用于终身的技能培训。学生获得的技能可以为毕业后的生活做好准备，并将对他们的经济安全、健康和福利的发展提供支持，同时有助于整个社会的发展和稳定。再次，财经素养教育可以改善每个孩子的前景。作为教育的一部分，所有学生都有机会受到财经素养方面的培养，财经素养将使学生能够在未来做出明智的财务决策，并有助于提高他们的自信心和自尊心。最后，财经素养有助于培养知识渊博、富有同情心的公民。公共教育有责任向学生传授学习所需的知识和技能，以及良好公民所必需的思想和行为习惯。①

二、总体设计及形式

为推动财经素养教育的开展，加拿大金融消费者局推出财经素养教育的三大项目：一是针对高中学生开发了“城市”网络课程；二是针对青年人组织开展“金融基础研讨会”（financial basics workshop）；三是针对成年人提供“金融工具包”（financial toolkit）网络培训。②

“加拿大实行教育分权制，国家层面没有明确、统一的青少年财经素养教育目标。”③即使国家没有统一要求，加拿大部分教育水平较高的地区已经率先探索财经素养教育与学校教育，特别是与课程之间的融合。比如，不列颠哥伦比亚省通过独立课程开展财经素养教育；安大略省通过将财经素养教育融入小学教育和初中教育的多学科之中，使学生在学习必修科目的同时能接受财经素养课程的学习；还有一些地区也尝试提供与财经素养相关的课程，但不作为毕业要求。

1. 独立课程

不列颠哥伦比亚省作为开展独立课程教授财经素养的代表，是加拿大最早将财经素养作为高中必修课程的地区。2002 年，不列颠哥伦比亚省公办学校将财经素养作为 10 年级必修课（职业规划课程）的内容。同时，不列颠哥伦比亚省也非常注重提升教师的财经素养，通过多种形式（如面对面的研讨会、网上讨论会、到教师学院给将来的教师做相关报告等）进行教师培训，取得了不错的效果。④

---

① Ministry of Education. 2010. A sound investment：financial literacy education in Ontario schools. http://www.edu.gov.on.ca/eng/financial_literacy_eng.pdf [2018-08-18].

② 刘消保. 2014. 北美地区金融消费者权益保护监管重点与趋势. 银行家，(9)：121-123.

③ 晁亚群. 2018. 加拿大青少年财经素养教育概况探析. 世界教育信息，(16)：14-21.

④ 徐星. 2014. 加拿大积极谋划财经素养国家战略. 上海教育，(2)：42-43.

2. 融合课程

融合课程是将财经素养融入多门学科之中（如数学、社会研究、加拿大和世界研究、商业研究等），使学生在学习必修科目时也能学习财经素养课程。以安大略省为例，该省 2016 年新修订的课程标准将与财经素养相关的知识和技能融入 4～12 年级的所有科目，在小学阶段，财经素养融入各科课程。比如，在数学课上学生在学习数字、数量、方程式、比例关系、问题解决技巧等知识的过程中，运用所学知识解决与财务有关的数学问题，如计算各类生活花销等，以初步培养学生的财经素养；在语言课上，教师带领学生对语言课中的媒介文本进行探索，培养学生作为公民和消费者所需具备的基本批判性思维与分析技巧；在社会研究和科学技术课上，学生会学习财务决策是如何影响家庭与社会福利的；在其他科目中，各科教师会在课程导入部分通过举例子等方式来培养学生的财经素养。在所有科目的教学中，对学生的问题解决能力、批判性思维能力和探究与沟通技巧的培养，也有助于对学生财经素养的培养。

在中学阶段，则推出了财经素养专题课程与实习课程。相比小学阶段，中学阶段的财经素养教育在课程内容上更加专业化，在课程形式上更加多元化，且更重视学生对财经知识的实际应用。财经素养相关的概念和技能通常会融入商业学习、加拿大与全球研究、职业生涯教育与指导、数学、社会科学、人文科学等课程。在上述课程及其他一些课程中，以一个或多个专题的形式培养学生的财经素养，或将对学生财经素养的培养贯穿一门课程的始终。例如，10 年级的职业规划课程融入了财经素养教育，将教学内容与学生中学毕业后即将面临的实际财务问题相结合。此外，一些学校为中学生提供实习项目，使他们能够将所学的财经素养知识运用到真实的就业环境中。

通过融合课程，培养学生的批判性思维、财务决策和解决问题的技能，并应用于学校其他科目的学习和现实生活中。同时，为了帮助教师更好地将财经素养教育整合进各学科中，安大略省教育部在教育资源网站“EduGAINS”上开设了财经素养专栏“收获财经素养”（financial literacy gains），该网站提供了大量既贴近课程内容，又有针对性的教学资源，受到广大教师的欢迎。①

三、课程教材

以不列颠哥伦比亚省为 10 年级学生设计的“城市”项目为例。“城市”项目是为了提高中学生的财经素养而设置的财经生活技能网络课程，由加拿大金融消

① 晁亚群. 2018. 加拿大青少年财经素养教育概况探析. 世界教育信息，（16）：14-21.

费者局和不列颠哥伦比亚省证券委员会联合制定，旨在帮助加拿大中学生为毕业后面临的财务问题做好准备，通过学习课程帮助他们获得从中学生到成年人过渡所需的财经知识、技能和信心。该课程的计划和活动设置为教师提供了独立的、易于使用的工具，适用于所有的学习风格和模式，如身体运动、视觉、听觉、逻辑、算术等。

"城市"项目通过富有想象力和互动的方式来吸引年轻人，它所提供的现实生活技能练习使"财务"概念更易于理解。随着每个主题的介绍，学生将通过八个"生命阶段人物"来学习财经素养方面的知识，每个人物都面临着不同的经济环境。"城市"项目共包含 11 个内容模块。模块 1：财经生活技能的预评价。通过简短的事先测试，了解学生关于个人财务知道什么，不知道什么。模块 2：生活方式的现实检查。让学生完成一些互动性习题，了解自己对未来生活的期望如何与预计的收入匹配。模块 3：引入八个虚拟人物。让学生了解虚拟人物的背景，这些虚拟人物将带他们体验各种财务状况，学习各种财务文件。模块 4：需求、欲望与优先事项。让学生发现需求与欲望之间的区别，以及如何安排消费的先后顺序。模块 5：收入与预算。让学生研究由高中向大学或社会的过渡过程，并制订一个真实的预算方案。模块 6：储蓄与银行。让学生尽早开始了解储蓄的好处、以后需要的银行服务及如何避免身份被窃用。模块 7：信用与债务。让学生学习债务在财务规划中的角色及如何管理债务。模块 8：保险。让学生了解保险的世界是怎样的，识别他们毕业后将会需要哪些种类的保险。模块 9：投资。让学生了解投资的世界，包括设定投资目标的重要性和了解现有的各种不同的产品。模块 10：财务规划。让学生为毕业后的生活做一个详细的财务规划。模块 11：财经生活技能的后评价。让学生再做一次预评价时所做的测试，看看自己学到了什么。

"城市"项目是一系列的课程计划和活动，所有的活动（包括动手的材料、讲义和评估等）都包括在"城市"课程资源中，教师不需要专业的知识，只需利用现有的日常财务知识引导学生学习教学资料。同时，学生利用虚拟人物介绍的各种财经话题，了解自己生活中财务状况的特点。通过这个课程，让学生首先确定如何看待自己未来的生活方式，然后要求他们考虑自己的理想成本，并根据现实的情况制订实现未来目标的计划。①

四、师资力量

教师在学校教育中扮演着重要角色，其对财经素养教育的认识与理解程度，

---

① Financial Consumer Agency of Canada. The city. https://www.canada.ca/content/dam/canada/financial-consumer-agency/migration/eng/resources/educationalprograms/documents/city_pdfs/introductionen.pdf [2018-08-20].

对于青少年正确财经观念的形成、财经知识与技能的应用、相关批判性思维能力的发展都起着关键作用，因此进行师资培训并为教师提供优质的教学资源至关重要。加拿大非常注重对师资的培训与教学资源的开发。例如，不列颠哥伦比亚省采用面对面的研讨会、网上讨论会、到教师学院给未来的教师做相关报告等多种方式提升教师的财经素养；安大略省在司法管辖区为教师开发资源，奠定了坚实的教师资源基础，包括为教师的专业学习提供支持，让学校参与相关研究项目、帮助其开发资源并支持实施，开发与课程相关的资源；马尼托巴省教育部与加拿大经济教育基金会协商绘制了一份“学习地图”，列出了各年级需要学习的财务知识和技能，具有连续性。通过“学习地图”，教师知道学生在以前的年级学到了什么，以及他们之后将学习什么，这有助于教师根据上一年所学的课程，为学生创建相关的学习课程。总体来讲，主要从以下几个方面开展。①②

1. 协助开发可用于学校和工作场所学习的财经素养教育示范课程

安大略省教育部开发了各种资源，以支持 4～12 年级所有学科的教师将“财务”概念融入课堂。具体包括以下几个方面。

（1）不同学科、部门协会和加拿大课程服务部与教育部合作开发各种课程计划及其他资源。例如，在加拿大证券管理局网站的“教师资源中心”，教师可以找到课堂上使用的资料，包括资金、预算、储蓄、投资和创建预算等。

（2）提供了教师视频、观众指南和制订了课程计划，以提供财经素养的教学和学习示例。

（3）研发了小学和中学的财经素养教材（《安大略省 4—8 年级财经素养范围和期望顺序》和《安大略省 8—12 年级财经素养范围和期望顺序》），以突出当前安大略省课程中与财经素养教育相关的期望目标。

（4）iTunes 或 Google Play 免费提供的 eMe App 适用于 7 年级和 8 年级的学生，可以在课堂或在家中玩，以游戏的方式进行财经素养教育，随附的教师指南包括注意事项、课程计划、课程目标及课外延伸等内容。

教师表示，通过专业培训和资源支持，可以增加他们对财经素养主题的了解，增强他们的信心，并鼓励学生在课堂上进行更多的探索和学习。

---

① Orton L. 2007. Financial literacy：lessons from international experience. Canadian policy research networks，incorporated：33-34.

② Ministry of Education. 2010. A sound investment：financial literacy education in Ontario schools. http://www.edu.gov.on.ca/eng/Financial_literacy_eng.PDF[2018-08-18].

2. 提供与财经素养教育相关的专业学习机会和资源，为教师和其他教育工作者提供支持

（1）通过安大略省教育资源库等电子工具促进与课程相关的资源和实践的分享。

（2）制定“学习地图”或提供其他工具，指明课程中提供学习机会的地方，以支持学校和教师实施财经素养教育。

（3）通过专业协会、联合会和其他组织为教育工作者提供学习机会，以丰富他们的财经素养知识和提高相关技能。

3. 加拿大金融消费者局还可以与教师和教育学院合作，以提高教师在财经素养领域的准备程度

1）实践教师的专业学习

安大略省教育部财经素养工作组指出，教师非常重视以工作为中心的学习、合作与规划的机会。教师强调精心设计的专业学习的价值，专注于内容的呈现、教学策略、工具和资源，使学生能够看到课堂上最佳实践的样例（教师引用的EduGAINS 网站）。专业学习可以通过部门、协会等提供，也可以通过研讨会或其他资格课程的形式提供。

2）为未来的教师提供专业学习机会

专业学习机会对于教育学院和其他院系准备日后从事财经素养教师岗位的大学在读生非常重要。同时，探索不同院系之间的合作对其知识、技能和信心的培养也极其重要。

3）提高教师跨学科综合授课的能力

以综合方式教授财经素养可以采取多种形式。例如，在 5 年级语言课程的媒体素养部分，学生可能正在分析各种媒体文本的信息和有效性。这时，教师可以设计一个学生探究项目，该项目综合了 5 年级语言、数学和艺术课程的内容，在项目期间，学生可以讨论特定产品的媒体信息如何与他们的需求相关并影响他们的需求，比较社区中各种类似产品的利弊，计算购买和维护所选产品的不同版本的成本，考虑购买产品可能对每月预算产生的影响等。诸如此类的学习机会有利于学生探索和思考一些财经素养主题，了解学习需求、消费者意识、支出和预算等概念，同时获得识字、算术、探究及创造性的技能。

五、学生反馈

目前，加拿大的青少年越来越早地成为金融消费者，他们在金融消费中的决

策（如手机分期、信用卡、教育贷款等）也会对其产生深远而持久的影响。因此，对学生群体进行财经素养教育和评估极为重要，这不仅能及时掌握学生的财经素养水平，也能为财经素养教育的改进与完善提供有针对性的建议。加拿大财经素养教育评价体系主要由学校评估、国家评估及 PISA 中财经素养测试三个层级的评价构成。

1. 国际评估

PISA 是一项国际调查，旨在通过测试 15 岁学生在科学、数学、阅读、协作解决问题和金融知识等科目的技能及知识来评估全球教育水平。2015 年，加拿大首次参加了由经济合作与发展组织 PISA 牵头的国际青年财经素养评估，该研究调查了 15 个国家和经济体的近 48 000 名 15 岁学生，其中包括加拿大 7 个省的约 3400 名 15 岁学生，结果发现，87%的学生表现出基本的财经素养水平，22%的学生表现出较高的金融知识水平，远高于经济合作与发展组织调查的世界平均水平。该调查结果为评估加拿大 15 岁青少年的财经素养水平提供了重要的基线指标。

2. 国家评估

国家评估的主要目的是评估各组织机构开发的财经素养教育课程与项目的有效性，为财经素养教育课程与项目的进一步开展提供建设性的建议。加拿大金融消费者局开发的《财经素养评估标准框架》建立的评估指标对全国范围内财经素养教育项目评价的有效性至关重要。

3. 学校评估

学校评估旨在对财经素养课程实施的效果进行测评，主要由教师负责，采用试卷测试、正式与非正式观察、项目评估、同伴评价、自我评价等多种方式。加拿大安大略省发布的《不断发展的成功：安大略省学校的评估、评估和报告》（2010 年）为安大略省所有公立或私立学校的学生提供了省级评定、评估和报告的标准和指南。

六、家校合作

加拿大财经素养教育以学校为主阵地，同时依赖家庭的支持与合作，构筑了家校共育的财经素养教育网络。加拿大家长普遍认为，财经素养教育是家庭教育的重要内容，家庭是学生接受财经素养教育的起点，是学校财经素养教育的助力与补充。

《安大略省 4—12 年级的财经素养家长指南》指出，财经素养可以加强孩子对个人财务、本地经济和全球经济及消费者选择结果的理解。4～12 年级的学生学习财务知识，以便通过知识、技能和信心做出负责任的财务决策。家庭教育作为学校教育教育理念的具体实施和落地环节，在日常生活中也要关注孩子财经素养的培养，因为孩子不同的年龄阶段有不同的关键期和任务要求，所以家长要根据孩子的身心发展规律采取不同的培养方法。①

4～6 年级课程的关键议题是货币的概念、政府及其对公民的责任和“欲望”与“需求”的概念。在日常生活中可以通过以下提示来支持孩子的学习：①在观看电视广告时讨论“需要”和“需求”之间的差异；②为孩子提供每周或每月零花钱，一起决定其涵盖的内容（如娱乐、零食购买等），并讨论为购买大型物品节省一部分零花钱的好处；③在购买家居用品时让孩子参与决策，就他们正在做出的决定及如何做出更好的决策进行讨论；④讨论当前事件及其可能对当地或全球经济、家庭或社区产生的影响；⑤在购买之前，通过研究和比较不同的产品，讨论如何做出最佳的购买决策。

7～8 年级涵盖的一些关键主题是预算编制、消费者选择对经济的影响及保持个人信息安全的重要性。以下是一些关于如何支持孩子学习的提示：①指出一个家庭做出的财务决策所涉及的影响范围；②讨论购物决策对家庭、社区、国家和世界的影响；③与孩子讨论作为加拿大公民和世界公民的责任；④讨论保持个人信息安全的重要性；⑤商定购物计划并解释定期储蓄的重要性和原因。

9～12 年级课程中的一些关键主题是计算工资、税收和利息，如何成为一个有社会责任感和道德感的投资者及如何在高中毕业后为生活做预算。这里有一些关于如何支持孩子学习的提示：①与孩子谈谈如何做出明智、有责任感的消费决定；②帮助孩子制定预算并进行理性地储蓄和消费；③跟孩子谈谈借记卡与信用卡的区别和使用方法；④为孩子设置真实的或虚拟的投资场景，让孩子知道投资的风险和延迟满足的好处；⑤与孩子一起制定预算和制订计划；⑥通过共同制定预算帮助孩子举办特殊的庆祝活动，如毕业典礼，并讨论需要的成本及如何节省这些费用。

父母是孩子的榜样，在孩子的教育过程中扮演着重要的角色，通过在家里讨论财务问题、提供财务角色实践及展示积极的公民身份来鼓励孩子拓展财经素养知识和技能，让孩子做出正确的、理智的及负责任的财务决策。家长普遍认同财经素养教育和对公民身份的理解的重要性，也认同家庭教育在培养孩子财经素养方面发挥着不可或缺的作用。

---

① Ministry of Education. 2017. A parent’s guide to financial literacy in Ontario schools，grade 4 to 12. http://www.edu.gov.on.ca/eng/parents/financial.html[2018-08-15].

第四节 基本特点与经验启示

如上所述，加拿大财经素养教育经过多年的发展积累了丰富的实践经验，形成了自己的风格和特点，整个财经素养教育体系也日臻成熟，这为我国财经素养教育的发展提供了借鉴。

一、基本特点

第一，将提升国民财经素养作为国家战略。加拿大政府已经将财经素养的提升作为一项重点工作，2015 年发布的《加拿大财经素养国家战略——全民加入》，提出了“改善加拿大人和家庭的金融状况”的愿景。

第二，由政府主导成立专门机构，协同多部门联合推动财经素养教育。加拿大政府成立了国家财经素养指导委员会，由加拿大金融消费者局负责相关项目，进行相关研究并开发消费者友好型的项目和工具。政府还任命了一名财经素养领导人负责动员并联合全国的利益相关者，为财经素养教育国家战略的实施提供专业的知识和指导。

第三，创建了财经素养国家网站，促进了财经素养教育的发展并提高了消费者对其权利和义务的认识。加拿大金融消费者局网站面向银行业，确保联邦监管的金融实体实施消费者保护措施，促进财经素养教育的发展并提高消费者对其权利和义务的认识；加拿大经济教育基金会网站主要是面向青少年的财经素养教育，但也希望能帮助所有年龄段的人更好地承担他们的责任和做出决策；加拿大银行家协会管理的“你的金钱网络”是一个与金融界合作伙伴组织共同开发的门户网站资源指南，该网站简要陈述了财经素养相关的主题，如加拿大的金融系统、收入、管理、借款、保护金钱及“为您赚钱”等。对于每个主题都有一个指向合作伙伴网站的超链接。

第四，开展了具有智能性、针对性、包容性和有效性的财经素养干预措施，提高了加拿大国民的财经素养。智能性表现为优化技术以支持财经素养教育，如通过交互式软件或者基于网络资源开展财经素养教育。同时，将行为经济学的观点应用于财经素养干预措施中，为了解消费者在日常生活中做出决策的方式提供了新的视角。

针对性表现在针对特定群体而量身定制个性化的干预措施。例如，许多原住民面临着影响其财经素养和财务状况的多种社会经济障碍，加拿大的老年人群体、青少年群体和新移民群体需要量身定制的方法。因此，需要更好地了解这些群体的财经素养需求，并提高财经素养干预措施的相关性和文化适宜性。

包容性表现为加拿大参加了两项全球金融知识调查：经济合作与发展组织下的 INFE 开展的关于衡量金融知识和金融包容性的调查；经济合作与发展组织开展的 PISA 的国际青年财经素养评估。调查结果为加拿大提供了将财经素养结果与其他国家进行对比的机会，为衡量青少年财经素养的进展和确定与青少年有关的重点领域奠定了基础。

有效性表现在加拿大开发了系统的衡量和评估方法，这为财经素养干预措施的选择及效果提供了重要指标。“富足加拿大”与加拿大银行家协会、加拿大金融消费者局合作，推出了一项成果评估工具。该工具提供了结果和指标的数据库及一个在线工具包，使用户能够评估他们的财务计划和行为。另外，加拿大金融消费者局制定了《财经素养评估标准框架》，以便为全国范围内的组织提供有效开展财经素养评估所需的流程，指导各组织机构开发相应的工具与组织培训，以科学合理地评估他们所发起的财经素养项目。

二、经验启示

第一，依据标准，加强财经素养教育的课程开发与学科整合力度。加拿大主要通过开设独立课程和融合课程的方式开展财经素养教育。通过借鉴加拿大的经验，我国中小学应根据《中国财经素养教育标准框架》，加强财经素养教育的课程开发与学科整合。一方面，以校本课程开发为契机，编写有关财经素养教育方面的教材，开设独立的财经素养教育校本课程，并将其列入课程教学系统，使财经素养教育规范化、常态化；另一方面，以学科融合为抓手，把财经知识渗透进其他各科教学内容和教学活动中。各省区市可以根据自身的具体情况选择适合的课程设置方式。

第二，从教学内容和教学方法上开展针对性的财经素养教育。根据不同地区、不同学校的具体情况有针对性地开展财经素养教育，选材要贴近生活并联系实际，采用实践的方式由浅入深地进行。一方面为学生完成义务教育后继续深造打下良好基础；另一方面，提高学生财经素养及其参与经济生活的能力。同时，结合学生身心发展规律，选取合理的教学内容并采用丰富多样的教学方法，让学生通过实践课程的学习，增强自我效能感，提高财经素养并做出理智的财务决策。

第三，开展系统的师资培训，提高财经素养教育质量。建议各地区各学校依据《中国财经素养教育标准框架》，开展系统的师资培训，提高财经素养教育质量。一方面，师范院校可开设专门的经济教育院系培养专业的财经素养教育师资；另一方面，加强各科在职教师经济知识和能力的培训，使学生在各科课堂上都有机会受到潜移默化的影响。此外，还应该建立相应的考评和激励机制，提高教师参与培训和实施财经素养教育的积极性。

第三章
澳大利亚的财经素养教育

澳大利亚，全称为澳大利亚联邦（The Commonwealth of Australia），位于南太平洋和印度洋之间，由澳大利亚大陆、塔斯马尼亚岛等岛屿和海外领土组成，面积 769.2 万平方公里，海岸线长 36 735 公里，首都堪培拉。截至 2019 年 4 月，澳大利亚人口达到 2533 万。澳大利亚官方语言为英语，汉语为除英语外的第二大使用语言。澳大利亚是一个工业化国家，农牧业发达并且自然资源丰富。[①]

近年来澳大利亚经济持续增长，2017～2018 年，国内生产总值(gross domestic product，GDP）为 1.74 万亿澳元，经济增长率为 2.9%，人均 GDP 约 7.3 万澳元，进出口总额为 7986.41 亿澳元，同比增长 8.4%。[②]

在澳大利亚，公民必须具备一定的财务知识和能力以便做出合理的财务决策，尤其是退休以后的投资决策。[③]与此同时，政府鼓励公民从公共养老金计划转为私人养老金计划，雇主说服员工从固定福利计划转变为固定缴费计划。通过这些计划提高公民的生活质量，特别是保障退休以后的生活水平。另外，一些报告也强调了让公民更好地理解财经知识和提高财经能力的必要性。例如，1997 年澳大利亚法律改革委员会（Australian Law Reform Commission，ALRC）调研发现，年轻人对各种消费者服务了解不足，并且 2003 年澳大利亚和新西兰银行（Australia and New Zealand Banking Group Limited）的澳大利亚成人财经素养调查（survey of adult financial literacy in Australia）显示，虽然大多数澳大利亚公民具有基本的财经素养知识，但年轻人和社会弱势群体在做出有关资金管理的明智决策方面仍有不足。[④]澳大利亚友邦保险公司研究发现，只有约 30% 的澳大利亚公民知道他们

---

① 资料来自中国领事服务网（澳大利亚）：http://cs.mfa.gov.cn/zggmcg/ljmdd/dyz_658636/adly_ 658638/.

② 澳大利亚财政年度为每年 7 月 1 日至次年 6 月 30 日。

③ Taylor S M，Wagland S. 2013. The solution to the financial literacy problem：what is the answer? Australasian Accounting，Business and Finance Journal，7（3）：69-90.

④ Worthington A C. 2005. Financial literacy in Australia. Accounting and Finance Association of Australia and New Zealand Conference，1-23.

有人寿保险的退休金。尽管超过 90%的在职人员有某种类型的保险，但仍存在大量拖欠保险金的问题。[①]

澳大利亚公民将年轻人不能做出合理的财务决策的原因归咎于教育系统不完善，他们认为学校应该提供更多的财经方面的基础教育。但令人担忧的不仅是学校缺少财经素养教育，澳大利亚家庭也缺乏对青少年和儿童进行财经知识普及教育。由独立研究机构“实验室”（The Lab）进行的研究调查发现，澳大利亚家庭成员很少在一起讨论与财务相关的问题。因此，缺少家庭普及财经知识的青少年和儿童在成年后很难对金融市场上的各种产品做出合理的财务判断与决策。[②]由于缺少关于金融产品如何运作的基本知识，他们甚至分不清不同金融产品的好处及潜在的风险，致使他们不愿意接触金融产品，而最终成为金融市场的旁观者。然而，当这些年轻人毕业进入劳动力市场后，他们会发现生活中经常需要本人立即做出一些财务决策，在缺乏财经素养知识和时间紧迫的情况下，这些年轻人很难做出恰当的财务判断与决策。

澳大利亚政府和私营部门都鼓励通过国家、社会和学校三个层面共同推进财经素养教育，将制订财经素养教育计划作为提高财经素养水平的一个重要手段。国家金融监管机构——澳大利亚证券和投资委员会通过提供优质的财经素养教育来提高老年人、青年和社会弱势群体的财经素养。澳大利亚证券和投资委员会于 2011 年 3 月发布的《财经素养国家战略》中，提出了制定和实施提高澳大利亚公民财经素养水平的战略措施，特别是上升为国家战略以提高澳大利亚学生的财经素养水平。澳大利亚证券和投资委员会于 2013 年开始修订《财经素养国家战略》，并于 2014 年发布了《2014—2017 年财经素养国家战略》，旨在为政府、企业、社区和教育部门的利益相关者提供未来三年的行动框架。[③]2018 年 8 月，澳大利亚证券和投资委员会在首都堪培拉国会大厦推出了最新的《财经能力国家战略 2018》，旨在提高澳大利亚公民的资金管理能力。[④]

---

① AIA Australia. 2018. The importance of financial literacy for Australians. https://investmentmagazine.com.au/2018/07/the-importance-of-financial-literacy-for-australians/[2018-10-30].

② AIA Australia. 2018. The importance of financial literacy for Australians，https://investmentmagazine.com.au/2018/07/the-importance-of-financial-literacy-for-australians/[2018-10-30].

③ Australian Securities and Investments Commission. 2014. National financial literacy strategy 2014-17. https://financialcapability.gov.au/files/national-financial-literacy-strategy-2014-17.pdf[2018-10-29].

④ Australian Securities and Investments Commission. 2018. 18-243MR The Hon Kelly O'Dwyer MP launches the 2018 national financial capability strategy. https://asic.gov.au/about-asic/news-centre/find-a-media-release/2018-releases/18-243mr-the-hon-kelly-o-dwyer-mp-launches-the-2018-national-financial- capability-strategy/ [2019-04-10].

第一节　国家层面的推进

澳大利亚是较早意识到财经素养重要性并从国家层面整体推进财经素养教育的国家之一。目前主要是澳大利亚证券和投资委员会承担了推动学校财经素养教育及其他教育开展的主要责任，其发布的《财经素养国家战略》也正是为了提升全体澳大利亚公民的财经素养，为更多相关机构和组织的工作与合作指明方向。

澳大利亚在推动财经素养教育的做法上和其他发达国家的做法存在一些共性，主要体现为四个方面：一是在国家层面上高度重视本国公民的财经素养教育，先后发布了《财经素养国家战略》[①]、修订后的《2014—2017 年财经素养国家战略》及最新的《财经能力国家战略 2018》；二是成立了专门组织——澳大利亚政府财经素养基金会，主要负责推动财经素养教育政策和实践活动的实施与开展，2008 年财经素养基金会的职能移交给了澳大利亚证券和投资委员会；三是积极研究及制定财经素养标准和框架；四是倡导以学校教育为主、其他多种途径为辅的财经素养教育。[②]

一、基本背景及理念

当今社会的年轻人，比其父辈面临着更多的财务风险，从抵押贷款到退休储备，需要做出的财务决策越来越多。此外，国家福利紧缩、人口快速流动、金融服务日渐复杂和广泛，这些问题都让人们意识到提高财经素养的重要性。

澳大利亚的教育、就业、培训和青年事务部长理事会（Ministerial Council on Education，Employment，Training and Youth Affairs，MCEETYA）在 2005 年起草了《消费者和财经素养的国家框架》。[③]同年，澳大利亚政府成立了财经素养基金会，旨在提高消费者对财经素养知识及其收益的认识，并鼓励所有澳大利亚公民更好地管理他们的资金。[④⑤]2008 年，澳大利亚证券和投资委员会替代了之前的财经素养基金会，成为负责提升本国公民财经素养的主要政府机构。2010 年，澳大

① 澳大利亚证券和投资委员会于 2011 年 3 月发布《财经素养的国家战略》。

② 王春春. 2017. 国内外财经素养教育政策概述. 全球教育展望，(6)：35-43.

③ Ministerial Council for Education，Early Childhood Development and Youth Affairs. 2011. National consumer and financial literacy framework. http://www.curriculum.edu.au/verve/_resources/National_Consumer_Financial_Literacy_Framework_FINAL.pdf [2018-10-30].

④ Financial Literacy Foundation. 2007. Financial literacy：Australians understanding money. http://www.moneysmart.gov.au/media/209293/australians-understanding-money.pdf [2018-10-30].

⑤ Financial Literacy Foundation. 2008. Financial literacy：women understanding money. https://financialcapability.gov.au/files/women-understanding-money.pdf [2018-10-30].

利亚为了改变过去各州之间课程重点不一致的情况，出台了首部基础教育国家课程。其中，数学部分的重点之一就是学生必须具备实际财经技能。①

作为财经素养教育领域的主要实践者，澳大利亚在举办国际财经素养论坛方面也发挥了积极的作用。澳大利亚证券和投资委员会认为财经素养是“根据个人情况做出合理财经决策，用于改善金融福利所必需的财经知识、技能、态度和行为的组合”②。澳大利亚证券和投资委员会于2014年发布的《2014—2017年财经素养国家战略》的战略愿景是“通过提高人们的财经素养来提高澳大利亚公民的金融福利”，指出“能够自信地应对金融环境，并在金钱方面做出恰当决策是每个澳大利亚公民必备的核心生活技能”。《2014—2017年财经素养国家战略》确定了2014～2017年这三年的五个战略重点：第一，通过正规教育系统教育下一代；第二，增加对自由、公正信息，工具和资源的利用；第三，提供高品质、有针对性的指导和支持；第四，加强协调配合，巩固有效合作；第五，改善研究、测量和评价。前三项的重点是提高个人、家庭和社区的财经素养，后两项的重点是根据制定的政策和制订的计划，为组织提供财经素养未来研究的方向。澳大利亚证券和投资委员会于2018年最新推出的《财经能力国家战略2018》中指出“财经能力的国家战略是确保所有澳大利亚人民拥有过上最佳生活所需的财务能力，并且支持政府优先发展经济”③。通过2014～2017年这三年的战略实施，《财经能力国家战略2018》认识到，单一项目或一次性干预并不能实现公民长期的行为改变的目标。只有越来越多地合作并发展资源网络，支持公民在日常生活中更好地管理资金并做出明智的决策，才能逐步实现让所有澳大利亚公民掌握自己的财务状况并为未来做好计划的愿景。

二、组织机构及保障

澳大利亚的财经素养教育在2008年以前主要是由财经素养基金会负责的，④⑤2008年开始由澳大利亚证券和投资委员会负责。澳大利亚证券和投资委员会是一个独立的联邦政府机构，2001年依据“澳大利亚证券和投资委员会法案”（简称

---

① 徐星. 2014. 澳大利亚致力将财经素养融入国家课程. 上海教育，(2)：38-41.

② Australian Securities and Investments Commission. 2014. National financial literacy strategy 2014–17. https://financialcapability.gov.au/files/national-financial-literacy-strategy-2014-17.pdf [2018-10-29].

③ Australian Securities and Investments Commission. 2018. National financial capability strategy 2018：Australians in control of their financial lives. https://financialcapability.gov.au/strategy/[2019-04-11].

④ Financial Literacy Foundation. 2007. Financial literacy：Australians understanding money. https://www.moneysmart.gov.au/media/209293/australians-understanding-money.pdf [2018-10-30].

⑤ Financial Literacy Foundation. 2008. Financial Literacy：women understanding money. https://financialcapability.gov.au/files/women-understanding-money.pdf [2018-10-30].

“ASIC 法案”）成立和管理的，并根据“2001 年公司法”开展其工作。“ASIC 法案”要求澳大利亚证券和投资委员会“维护、促进和改善金融系统及其中的实体绩效；促进投资者和消费者对金融体系的信心和知情参与度；有效地管理法律且简化程序；执行并实施法律；高效、快速地接受、处理和存储提供给人们的信息；尽快向公众提供有关公司和其他机构的信息；采取可行的、必要的任何行动，以执行和实施法律”①。

澳大利亚证券和投资委员会是澳大利亚的综合性企业、市场、金融服务和消费者信用的监管机构，愿景是“为所有澳大利亚公民建立一个公平、强大和高效的金融体系”。为实现其愿景，该委员会拟使用其所有的监管工具去“改变消费者和投资者的行为以产生良好的结果；反对不当行为来维护金融体系和诚信；促进金融体系的强大和创新发展；帮助澳大利亚公民掌控他们的财务生活”。

在《财经素养国家战略》中，澳大利亚证券和投资委员会认为，财经素养是一项必要且越来越重要的技能。因为整个社会存在财经素养的差异，所以财经素养的改进可以改善经济绩效和社会包容性并推动金融服务业的竞争。考虑到这一点，澳大利亚证券和投资委员会划定了其战略的四个核心要素：“探索财经素养教育的途径；提供可信的和独立的信息、工具及支持；认识到教育和信息的局限性；合作并推广最佳实践”②。

财经素养教育是澳大利亚证券和投资委员会监管工作的关键组成部分，它对澳大利亚证券和投资委员会的执法和监督活动进行补充，并支持澳大利亚证券和投资委员会在建立投资者和消费者信任及金融体系信心方面的战略重点。

澳大利亚证券和投资委员会的财经素养教育计划也反映了其更广阔的愿景，即改进消费者和投资者的财经行为，从而促进经济增长，促进澳大利亚公民财务状况的改善。因此，澳大利亚证券和投资委员会的财经素养教育计划投资了三个重要领域：一是澳大利亚证券和投资委员会在澳大利亚政府财经素养基金会的支持下开展和实施财经素养的国家战略，以符合国际的最佳实践；二是通过澳大利亚证券和投资委员会的“智慧理财”（MoneySmart）网站和其他渠道，为所有澳大利亚公民提供公正、可信赖的财务指导和工具，以支持他们做出明智的财务决策；三是通过澳大利亚证券和投资委员会的“智慧理财”教学计划支持正规教育部门提供与财经素养相关的知识和教育资源。

澳大利亚证券和投资委员会在其 2011 年发布的《财经素养国家战略》中也

---

① Australian Securities and Investments Commission. 2018. Our role. https://asic.gov.au/about-asic/what-we-do/our-role/ [2018-10-31].

② Worthington A C. 2005. Financial Literacy in Australia. Accounting and Finance Association of Australia and New Zealand Conference，1-23.

指出，财经素养教育国家战略的实现，需要多个部门共同合作。这些部门有国家各级政府部门，如家庭、住房、社区服务和原住民事务部（The Department of Families，Housing，Community Services and Indigenous Affairs，FaHCSIA）、澳大利亚国防军（The Australian Defence Force，ADF）；各私营部门，如行业协会、金融服务公司、专业协会和工会等；社区部门，如财务顾问、消费者法律咨询服务和慈善事业等；学校；继续教育机构；其他财经知识利益相关者。[①]各个部门需发挥各自优势，通力合作，为财经素养教育国家战略的实施贡献一份力量。

三、战略重点及举措

2005 年，隶属于澳大利亚政府部门的澳大利亚证券和投资委员会发布了《消费者和财经素养的国家框架》[②]，分析了国际财经素养教育的形势，由此提倡在澳大利亚开展正规的财经素养教育。财经素养教育覆盖从幼儿园到 10 年级的孩童及学生，支持将财经素养教育整合进英语、数学、科学等基础学科。其战略目标是通过教师、校长、相关课程开发和支持人员、政府部门和各类协会的工作人员联合编制一套适合孩童及学生的教材，并由教师向孩童教授基础的有关消费者和财经素养教育的课程，以便未来将消费者和财经素养教育纳入其他阶段的教育中。此后，每年澳大利亚证券和投资委员会都会及时更新《消费者和财经素养的国家框架》，对国内民众的财经素养状况进行分析并提出相应的改进建议。

2008 年，教育、就业、培训和青年事务部长理事会现已被教育、儿童早期发展和青年事务部长理事会（Ministerial Council for Education，Early Childhood Development and Youth Affairs，MCEECDYA）取代，发布了有关青少年财经素养的政策——《墨尔本宣言之澳大利亚青少年教育目标》，为澳大利亚青少年理财教育提供了理论依据。《墨尔本宣言之澳大利亚青少年教育目标》的目标是使所有澳大利亚青少年成为成功的学习者、自信且富有创造力的个体及主动明智的公民。[③]

2010 年，澳大利亚联邦政府向“帮助我们的孩子理解财经”倡议活动注资，该活动主要提供三大服务：一是澳大利亚证券和投资委员会为 6000 名教师开展面对面培训，使这些教师可以更好地理解并掌握国家课程框架内有关财经素养的知

---

① Australian Securities and Investments Commission. 2011. National financial literacy strategy – report 229. https://financialcapability.gov.au/files/national-financial-literacy-strategy-2011.pdf [2018-10-30].

② Ministerial Council for Education，Early Childhood Development and Youth Affairs. 2011. National consumer and financial literacy framework. http://www.curriculum.edu.au/verve/_resources/National_Consumer_Financial_Literacy_Framework_FINAL.pdf [2018-10-30].

③ 段晓明. 2011. 基于未来的变革图景——澳大利亚《墨尔本宣言》的解读. 外国中小学教育，(3)：1-3，39.

识；二是提供一套与新国家课程有关的在线教师培训模块，方便每位教师及时获取与财经素养教学相关的资源；三是为教师准备在线数字化资源，如交互白板活动和在线教育游戏。

2011 年，澳大利亚证券和投资委员会在基于国家课程的出台、数字化技术的广泛应用上，以及财经素养国内外研究的发展基础上，对《消费者和财经素养的国家框架》进行修订，主要涉及三方面内容：一是为学校的财经素养教育提供一套基本理论；二是对一些事关终身学习的重要的消费者的财经能力进行描述；三是为如何建构消费者和财经素养教育以支撑中小学学习提供指导。同年，澳大利亚证券和投资委员会研究并制定了《财经素养国家战略》，旨在提高所有澳大利亚公民的财经素养并改善其财务状况，提出了七项核心原则（包容性、参与、多样性、知识和赋权、改善成果、伙伴关系和测量评估）及四个核心要素（探索财经素养教育的途径；提供可信的和独立的信息、工具及支持；认识到教育和信息的局限性；合作并推广最佳实践）[①]，并开办“智慧理财”和“智慧理财教学”（moneysmart teaching）两大财经素养教育网站，前者面向全国民众，后者主要针对中小学学生和教育工作者。

2012 年，澳大利亚证券和投资委员会与澳大利亚课程评估和报告局（Australian Curriculum，Assessment and Reporting Authority，ACARA）紧密合作，在一些专业教师团体的协助下，分别开发了针对小学和中学的“智慧理财”教学资源包，以帮助学校在英语、数学和科学三门国家课程的实施过程中，以财经素养作为教与学的背景。

2013 年，澳大利亚证券和投资委员会开始对《财经素养国家战略》开展修订工作，2014 年发布了《2014—2017 年财经素养国家战略》，旨在通过提高澳大利亚公民的财经素养来改善其财务状况。新的战略行动计划的制订从国家层面对财经素养教育的诸多方面提出了要求，对个人、学校、家庭、社区、组织机构及国家等各个层面提出不同的行动计划，从而保证各方共同参与财经素养教育，确保财经素养教育的实施更加全面有效。[②]

《2014—2017 年财经素养国家战略》以四个核心原则为基础：第一，共同责任，提高财经素养水平是澳大利亚政府、企业、社区和教育部门的共同责任。第二，参与性和有效性，一种适合人生阶段或视个人情况量身定制的教育方法，有助于激励澳大利亚公民提高财经素养并有效地管理他们的资金。第三，鼓励

① Australian Securities and Investments Commission. 2011. National financial literacy strategy – report 229. https://financialcapability.gov.au/files/national-financial-literacy-strategy-2011.pdf [2018-10-30].

② 徐星. 2014. 澳大利亚——致力将财经素养融入国家课程. 上海教育，（2）：38-41.

良好做法，公开分享从财经素养倡议中汲取的知识和经验教训，有助于改进评估能力和实践水准。第四，多样性和包容性，考虑到人们的学习方式不同，计划和信息、工具和资源必须以易于理解的形式提供，以便所有澳大利亚公民都能参与其中。

《2014—2017 年财经素养国家战略》是以过去十年积累的大量研究和知识为基础，以国际良好实践指南为依据，阐明了五项战略重点并确定了支持这些战略的关键行动。《2014—2017 年财经素养国家战略》通过五项战略重点来扩大影响范围和提高有效性，其中前三项战略重点侧重于增强个人、家庭和社区的财经能力，另外两项战略重点为参与财经素养研究、政策制定和交付计划的组织提供指导。①

1. 战略重点一：要通过正规教育系统教育下一代

针对该战略重点的核心行动包括：继续推行以课程为基础的财经素养教学；增加通过澳大利亚证券和投资委员会的“智慧理财教学”专业学习计划培训的教师人数；以澳大利亚经济和商业课程为重点开发教师及学生资源；通过澳大利亚课程提高教师对教授有关消费者和财经素养的知识的参与度及信心；增加参加财经素养教育的职业教育和培训的学生人数。

主要指标包括：开展财经素养教育的学校数量；参加澳大利亚证券和投资委员会的“智慧理财教学”专业学习计划的教师人数；参加财经素养教育的职业教育和培训的学生人数。

2. 战略重点二：增加对自由、公正信息，工具和资源的利用

针对该战略重点的核心行动包括：继续加强澳大利亚证券和投资委员会的“智慧理财”网站的建设，并将其作为澳大利亚人的核心资源；增加访问“智慧理财”网站和查询自由、公正信息，使用工具和利用资源的人数，包括澳大利亚原住民、提前退休人员、老年人和女性等群体，促进基于工作场所的财经素养计划的推进。

主要指标包括：访问澳大利亚证券和投资委员会的“智慧理财”网站和打印材料的人数；获得自由、公正的信息，工具和资源的人数；研究和评估结果显示的澳大利亚公民财务状况的变化。

3. 战略重点三：提供高品质、有针对性的指导和支持

针对该战略重点的核心行动包括：在方案和服务方面培养良好的做法，并提

---

① Australian Securities and Investments Commission. 2014. National financial literacy strategy 2014-17. https://financialcapability.gov.au/files/national-financial-literacy-strategy-2014-17.pdf [2018-10-29].

供有针对性的指导和支持，特别是对弱势群体；改进有针对性的指导和支持，以便更好地满足原住民和社区的需求；成立向弱势群体、家庭和社区提供财经素养计划的中介机构。

主要指标包括：由国家有针对性地指导和支持计划协助的人数；中介机构提供的有关指导和支持的反馈；研究和评估的结果显示的澳大利亚人财务状况的变化。

4. 战略重点四：加强协调配合，巩固有效合作

针对该战略重点的核心行动包括：促进执行《2014—2017年财经素养国家战略》中的行动计划；加强政府资助的相关计划与服务提供者之间的合作；增加在国内和国际部门内部及跨部门间交流并分享良好实践的机会。

主要指标包括：加强有关政府部门之间的合作和伙伴关系；来自澳大利亚证券和投资委员会的国家财经素养社区成员的实践网络反馈；与会者在国家论坛和研讨会上的反馈。

5. 战略重点五：改善研究、测量和评价

针对该战略重点的核心行动包括：参与相关的国际研究；开展全国性的研究，以了解澳大利亚公民的财经素养水平及其影响因素；增加对工具和资源的访问，以支持在评估方面的良好实践；通过接触该领域专家及分享有效的方法来促进良好实践的产生；促进开展有关提高财经素养计划的有效性和影响力的研究。

主要指标包括：澳大利亚和新西兰银行的澳大利亚成年人财经素养调查；正在评估的财经素养计划的数量；财经素养利益相关者对分享信息和认可良好做法的机会的反馈。

相比2011年发布的《财经素养国家战略》，2014年发布的《2014—2017年财经素养国家战略》更加强调了财经素养的重要性和长期性。

2018年，澳大利亚证券和投资委员会发布最新的《财经能力国家战略2018》。《财经能力国家战略2018》在《2014—2017年财经素养国家战略》的基础上提出，在现有的投资技能和行为上继续提高澳大利亚人民的财务能力，使其能够控制自己的财务状况。

《财经能力国家战略2018》指出澳大利亚人民需要建立与提高三种能力：日常管理资金的能力；做出明智的财务决策的能力；计划并储蓄以备将来使用的能力。加强政府、企业、社区、教育和研究部门之间的合作，以提高个人和家庭的财经能力，最终使澳大利亚人民拥有过上最佳生活所需的财务能力。

十多年来，通过组织政府、企业、社区、教育和研究部门间的合作与沟通来促进对金钱的更多理解，加强金融包容性、复原力和福利。这些努力的基础是承

诺，具体有：教育——促进终身学习，帮助澳大利亚公民终身发展和提高他们的经济能力；信息——提供准确和公正的信息及工具，协助澳大利亚公民在各种情况下做出财务决策；支持——帮助澳大利亚人民更好地了解自身情况，对其决策进行评估，避免陷入经济陷阱。

这些政策文件共同为澳大利亚青少年财经素养教育提供了政策引导及理论依据，如图 3-1 所示。

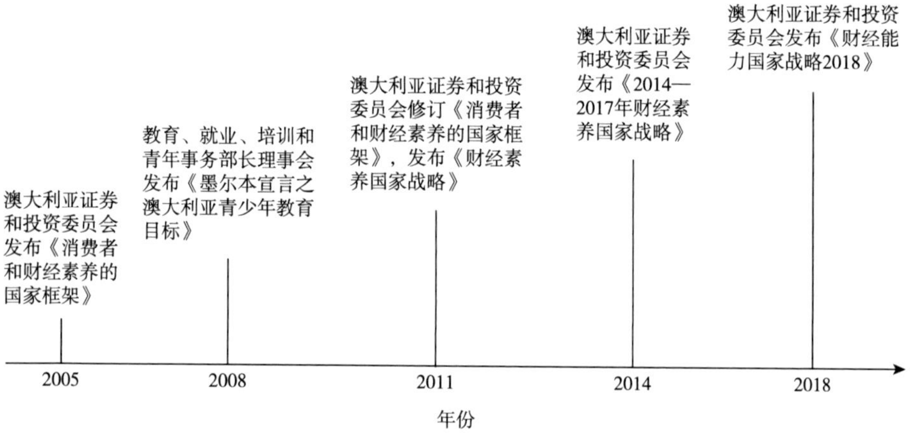

图 3-1　澳大利亚财经素养教育政策文本发布情况

四、历次战略内容

澳大利亚证券和投资委员会负责普及财经素养知识，并与澳大利亚政府财经素养基金会密切合作。2011 年，澳大利亚证券和投资委员会发布了第一个《财经素养国家战略》，用促进合作的方式来改善澳大利亚公民的财务状况。报告共分为五个部分：为什么我们需要财经素养战略；利用教育途径培养财经素养；为澳大利亚公民提供值得信赖和独立的信息并持续输出；实现积极的行为改变；合作并达到最佳实践水准。①

1.《财经素养国家战略》

第一部分题为“为什么我们需要财经素养战略”，主要内容包括：什么是财经素养；财经素养的好处；财经素养的重要性；目前的财经素养水平；澳大利亚财经素养格局；该战略背后的原则。

第二部分题为“利用教育途径建立财经素养”，主要内容包括：学校课程中的

① Australian Securities and Investments Commission. 2011. National financial literacy strategy – report 229. https://financialcapability.gov.au/files/national-financial-literacy-strategy-2011.pdf [2018-10-30].

财经素养；继续教育；成人和社区教育；工作场所的教育。

第三部分题为“为澳大利亚公民提供值得信赖和独立的信息并持续输出”，主要内容包括：澳大利亚消费者和投资者的信息需求；人们如何接收信息；最大限度地提高财经素养信息的吸引力和有效性；目标群体、优先事项和活动；澳大利亚证券和投资委员会作为关键信息源；新的消费者和投资者网站；社交媒体；其他渠道。

第四部分题为“实现积极的行为改变”，主要内容包括：我们所了解到的消费者做什么和不做什么；超越教育和信息的传统战略；改善消费者和投资者决策的新策略；现有咨询服务的差异；澳大利亚证券和投资委员会提出的个性化货币指导建议。

第五部分题为“合作并达到最佳实践水准”，主要内容包括：伙伴关系对本战略的成功至关重要；加强所有参与财经素养工作的人员之间的联系；财经素养计划的最佳实践评估技术。

2. 《2014—2017 年财经素养国家战略》

第二份战略《2014—2017 年财经素养国家战略》是建立在 2011 年《财经素养国家战略》的基础上，旨在通过提高澳大利亚公民的财经素养水平来改进其财务状况，并为政府、企业、社区和教育部门的利益相关者提供了未来三年的行动指南框架。报告共分为四个部分：财经素养的重要性日渐增加；澳大利亚的财经素养；制定 2014～2017 年战略；2014～2017 年战略重点。①

第一部分是“财经素养的重要性日渐增加”，主要内容包括：什么是财经素养；通过财经素养影响决策行为。

第二部分是“澳大利亚的财经素养”，主要内容包括：行为指标；财经素养的变化，识字、算术和解决问题的能力；需要接受财经素养教育的人口统计。

第三部分是“制定 2014～2017 年战略”，主要内容包括：咨询过程；行动计划；协调和报告；财经行为的变化；长期旅程。

第四部分是“2014～2017 年战略重点”，主要内容包括：通过正规教育系统教育下一代；增加对自由、公正信息，工具和资源的利用；提供高品质、有针对性的指导和支持；加强合作伙伴配合，巩固有效合作；改善研究、测量和评价。

---

① Australian Securities and Investments Commission. 2014. National financial literacy strategy 2014-17. https://financialcapability.gov.au/files/national-financial-literacy-strategy-2014-17.pdf [2018-10-29].

3.《财经能力国家战略 2018》

第三份战略《财经能力国家战略 2018》建立在《2014—2017 年财经素养国家战略》的基础上，旨在提高澳大利亚人民的资金管理能力。《财经能力国家战略 2018》指出，现在澳大利亚人民中每五人中就有一人在紧急情况下无法获得 2000 美元，每三人中就有两人不了解多元化的投资理念，所以提高澳大利亚公民的财经能力刻不容缓。该战略从为什么财经能力很重要；如何建立财经能力；如何实现更多目标三个部分引导澳大利亚公民提高其财经能力。

五、实施效果及评价

澳大利亚财经素养教育的实施由学校、教育部门与监管机构密切配合，共同完成，不仅有先进的教育理念，高效的教育举措，还有科学完善的推进和评价体系。澳大利亚构建了青少年财经素养教育推进体系，从政策引导、资金支持和技术援助等多个层面保障青少年财经素养教育的顺利开展。

政策引导的角色主要由政府部门承担。在资金支持方面，主要由官方组织与非官方金融机构共同承担。2005 年，澳大利亚政府从财政拨款中设立“财经素养基金”（financial literacy foundation），作为提高民众财经素养和理财能力的专项资金；2007～2009 年，澳大利亚政府在财政预算中划出一部分资金用于财经素养教育教师的专业发展；2011 年，澳大利亚联邦银行基金会赞助启动“智慧开启”项目（start smart program），并在项目发展过程中为其注资。技术援助包括中央支持和地方技术援助两种类型。中央支持为财经素养教育提供良好的硬件设施和技术指导，最为典型的是由澳大利亚证券和投资委员会建立的“智慧理财”财经素养教育的专门网站；地方技术援助是指地方性团体为特定人群（通常指社会弱势群体或低收入群体）制订个人理财计划或提供相关服务，包括为其提供财经咨询和基本的理财培训及为青少年理财实践提供信息和资源等。①

澳大利亚证券和投资委员会的“智慧理财”网站于 2011 年建立，并根据消费趋势的发展进行创新，现在已经发展成为包含一系列数字工具、移动应用程序、信息图表和社交媒体的网站。在 2015～2016 年，“智慧理财”网站有 610 万名独立访客，470 万次计算器使用，以及超过 140 000 次下载程序应用。这些数字表明澳大利亚公民和社区对独立和可信赖的财务指导的强烈需求。虽然澳大利亚证券和投资委员会提供的一些指导和资源几乎适用于每个人（如预算、退休金等），但澳大利亚证券和投资委员会仍然努力尝试对不同的受众和各种情况进行有针对性

① 佘妍文，朴钟鹤. 2015. 澳大利亚青少年理财教育及其对我国的启示. 教育探索，(6)：150-154.

的指导，以应对特定的问题和挑战。[①]

第二节　社会层面的推进

财经素养教育的顺利实施与推广离不开国家的数百个社区团体和企业的赞助，以及与政府或行业协会的合作。其中最值得注意的是世界银行和经济合作与发展组织，它们都在调查现有的国家财经素养教育计划，为国家财经素养战略方向提供指导。例如，经济合作与发展组织在 2012 年开展的一项比较国际财经素养的试点研究，还有通过 PISA 开发国际财经素养知识门户。

一、行业财经素养计划

行业财经素养计划[②]主要是由企业、商业基金会和商业协会为客户和其他人提供基金的计划。其中最著名的财经素养教育项目应属“储蓄+”（saver plus），它是由澳大利亚和新西兰银行与家庭、住房、社区服务和原住民事务部资助，由澳大利亚和新西兰银行与 Brotherhood of St. Laurence（圣劳伦斯兄弟会）发起，并与 the Smith Family（史密斯家族）、the Benevolent Society（仁爱社会）和 Berry Street（贝里街）合作推出。从本质上讲，“储蓄+”是一项综合匹配的储蓄和财经素养教育计划，旨在帮助低收入群体养成长期储蓄（用于支付教育费用）的习惯并实现其储蓄目标。

“储蓄+”被众所周知的一个原因是它是少数受到严格评估的计划之一。在大多数情况下，这些计划成果的报告不仅报告储蓄行为的积极改变，还报告有关退休金和投资、债务管理和个人福利及与社会关联的信息。其主要资助方澳大利亚和新西兰银行与家庭、住房、社区服务和原住民事务部一起参与了“金钱事业”（money business）项目，用于向偏远的原住民社区和一些市郊地区提供资金管理教育课程。

另外有两家银行，澳大利亚联邦银行（Commonwealth Bank of Australia，CBA）和西太平洋银行（Westpac Banking Corporation）也参与了财经素养计划。

“智慧开启”于 2007 年推出，最初旨在通过与日常生活相关的经验教授中学生财经素养知识，包括赚钱、储蓄、花销和投资等方面的技能。2010 年，它被

---

① Australian Securities and Investments Commission. 2016. Financial literacy：ASIC update. https://asic.gov.au/about-asic/news-centre/speeches/financial-literacy-asic-update/ [2018-10-30].

② Worthington A C. 2013. Financial literacy and financial literacy programmes in Australia. Journal of Financial Services Marketing，18（3）：227-240.

扩展至小学，通过青少年熟知的人物，如“超级美分船长”（captain super cents）、现金教练（coach cash）和狼吞虎咽钱包怪兽（gobbles the wallet monster）来引导年幼的孩子养成良好的消费习惯。在 2012 年 2 月，“智慧开启”推出了“通道”（pathways），这是一个以研讨会为基础的项目，旨在提高 18～25 岁青年的财务意识。

大多数其他澳大利亚金融机构也主持相关财经素养教育的活动并提供相关资源，包括本迪戈银行（Bendigo Bank）、昆士兰银行（Bank of Queensland）、澳大利亚花旗银行（Citibank Australia）、香港上海汇丰银行有限公司（HongKong and Shanghai Banking Corporation Limited，HSBC）和澳大利亚国民银行（National Australia Bank Limited，NAB）等。

二、社会团体财经素养计划

社会团体财经素养计划主要是指社会团体参与的计划，有时会与政府部门或企业进行资助或交付合作，其中包括澳大利亚新西兰姐妹会（Good Shepherd Ministries）的青年和家庭服务的“Dollarsn' Sense”计划，以及与其合作伙伴澳大利亚国民银行的“无息贷款”和社区“StepUp”计划一起提供财务咨询，旨在帮助低收入的个人或家庭提供免费和低息贷款。还有澳大利亚花旗集团和澳大利亚新南威尔士大学（the University of New South Wales，UNSW）的联合倡议——“Makecents”计划，旨在教授家长和教师在他们自己和孩子身上培养良好的财经素养。

另外，财经基础基金会在 2002 年 2 月与昆士兰银行和大天空信贷联盟（Big Sky Credit Union）合作开展了财经素养教育的实践活动，旨在帮助中学生负责任地进行财务管理。迄今为止，财经基础基金会制订并实施了两个与财经素养教育相关的计划。一项是“财经素养行动”，该计划为学校提供十大模块的免费教学资源。模块由澳大利亚的一些学校的商学院教师合力编写，包括财务规划、预算、信贷和借贷、金融保护和保险及储蓄和投资等主题。另一项是“金钱的收入、储蓄、花销和投资”，这是一种在线的财经素养游戏，使参与者能够在收入、储蓄、花销和投资领域了解财务管理的基本概念。

除了财经基础基金会外，另一项是由悉尼年轻女性组成的非营利性组织——“一万名女孩”提出的财经素养计划，旨在通过它的“个人理财计划”让女性制订财务计划，理解财务基础的重要性和获得长期利益。这是一个通过同行管理的女孩投资集团（Girl Investment Groups）提供的个人理财和投资原则的 12 个课程单元的互动计划。[①②]

三、工作场所财经素养计划

工作场所财经素养计划主要是由企业和其他工作场所为其员工提供的计划。[③]例如，澳大利亚国防军金融服务消费者委员会，西澳大利亚教育部的“进入您的舒适区”，和飞行中心的“全球聪明用钱”（moneywise global）等。

国防军金融服务消费者委员会是一个独立机构，致力于通过一系列的研讨会和在线指南等帮助正在服役的国防军和退役后的国防军及其家人开展财务实践活动。值得注意的是，该计划在2012年获得澳大利亚证券和投资委员会的“智慧理财周”（moneysmart week）工作场所类别中的“高度赞扬奖”（highly commended award）。

由西澳大利亚教育部开展的“进入您的舒适区”计划旨在通过培训使教师了解复杂的财务概念。例如，引入退休过渡政策和加强弹性工作政策，增加员工对财富创造策略的理解，让员工做出更好的财务决策，并改善他们的退休状况。

“全球聪明用钱”是飞行中心于1994年提出的一项倡议，旨在为其员工提供财务规划服务，同时提供有关投资、退休金、债务管理、社会保障和退休方面的信息。[④]

社会各个层面对财经素养教育的研究及推进使得财经素养教育得以顺利实施，与国家政府部门的合作及信息共享使得社会各行各业更好地了解财经素养知识并从中获益。

第三节　学校层面的推进

澳大利亚学校的财经素养教学以国家认可的教育学习框架《消费者和财经素养的国家框架》为指导，该框架为澳大利亚课程的发展提供了标准。

一、主要理念

虽然目前有多种渠道和方法可以提升财经素养，但通过系统的学校教育来提

① Worthington A C. 2013. Financial literacy and financial literacy programmes in Australia. Journal of Financial Services Marketing，18（3）：227-240.

② Good Shepherd Youth and Family Service. 2013. Dollarsn' sense. http://www.goodshepvic.org.au/[2018-10-30].

③ Worthington A C. 2013. Financial literacy and financial literacy programmes in Australia. Journal of Financial Services Marketing，18（3）：227-240.

④ Moneywise Global. 2013. Flight Centre. http://www.moneywiseglobal.com/[2018-10-29].

高公民的财经素养水平仍是主要途径之一。国际上普遍认为，从早期培养个体的财经素养是 21 世纪教育发展的基本要求。2005 年，经济合作与发展组织提出财经素养教育应该从学校开始，人们应该让学生尽早地了解财经事务。为了使青少年在变成活跃的金融消费者之前掌握关键的生活技能，在学校时期就对其进行财经素养教育比在成人期采取补救措施更有效。[①]为此，经济合作与发展组织出版了《学校财经教育指南和财经教育学习框架指南》。经济合作与发展组织的财经素养教育国际网络部门发起的评估活动表明，一些国家已经在不同程度上开展财经素养教育。亚太经济合作组织（Asia-Pacific Economic Cooperation，APEC）也指出，财经素养的获得是一个长期的过程，对于大多数人而言，该过程需要家庭之外的机构援助，而严格的、以学校为基础的系统学习及经过专门培训的教师是开展财经素养教育的基础。澳大利亚在财经素养国家战略中也指出，将财经素养教育有效地融入学校教育中是实现知识、态度和行为的长期代际变革的基石。[②]

二、总体框架

澳大利亚将财经素养融入国家课程始于 2005 年，当时澳大利亚出台了《消费者和财经素养的国家框架》，主要包括四方面内容：理解金钱（小学低年级）、消费者素养（小学高年级）、个人财务（初中）和金钱管理（高中）。该框架覆盖的学段从幼儿园到 10 年级，支持将财经素养整合进英语、数学、科学、人文学科（如商业、贸易、经济、技术与企业、城市与公民、信息与传播技术等学科）。2011 年澳大利亚又对该框架进行了修订，从知识和理解、能力、责任感与进取心三个方面对每个年级学生的财经素养提出了具体要求。

澳大利亚各州和地区在 2012 年开始分阶段实施财经素养课程。财经素养被纳入澳大利亚中小学课程，主要含在数学、人文和社会科学的学习领域和数字计算中。虽然财经教育是澳大利亚课程的一部分，但是州和地区的学校会根据国家课程确定其管辖范围内的课程。2012 年，澳大利亚证券和投资委员会与州和地区的教育部门合作推出了“智慧理财”教学计划，为符合澳大利亚教师专业标准的教师提供财经素养专业发展的机会，并为教师提供资源支持，所有与教师专业发展和课堂有关资源均可在澳大利亚证券和投资委员会的“智慧理财”网址（http://www.moneysmart.gov.au/teaching）免费获取。

---

① OECD. 2005. Recommendation on principles and good practices for financial education and awareness. https://www.oecd.org/finance/financial-education/35108560.pdf [2018-10-30].

② Australian Securities and Investments Commission. 2011. National financial literacy strategy – report 229. https://financialcapability.gov.au/files/national-financial-literacy-strategy-2011.pdf [2018-10-30].

三、教育教学

1. 小学财经素养教育

小学财经素养教育课程渗透在学科教育中，内容主要包括理解金钱（小学低年级）、消费者素养（小学高年级）等。例如，小学低年级的数学教材中包含一些要求学生计算各种生活花费的作业；小学英语读本中包括一些让学生进行消费记账或列清单的写作任务等。

2. 中学财经素养教育

2010 年，澳大利亚进行新课程改革，澳大利亚课程评估和报告局听取了教师专业团体的意见，在初中阶段的数学、英语和科学等主修科目中均增加了与财经素养相关的内容，其中最为明显的是数学科目增设“货币与财经数学”章节。新课程草案在基础教育阶段强化了财经素养与数学、英语和科学等主修学科的关联度，在中学低年级阶段注重培养学生的理财能力，中学高年级阶段注重培养学生的金钱管理能力。[①]以 8 年级为例展示《消费者和财经素养的国家框架》（表 3-1）和新课程草案中财经素养课程设置（表 3-2）。

表 3-1 《消费者和财经素养的国家框架》8 年级部分的内容

项目	课程要求
知识和理解	要求学生能够： 识别、阐释、跟踪和验证交易及进行财务收支记录的重要性 识别、讨论可以挣得收入的临时雇佣机会 识别社区中临时雇佣的角色及相关的权利、义务 解释为什么设定个人财务目标并做出轻重缓急的安排是重要的 研究、识别、讨论一系列现实生活情境下消费者的权利和义务 研究、识别、讨论企业在为消费者提供商品、服务方面有哪些合法的权利和义务 识别条款与条件的含义，如费用、处罚、利息和担保 识别、讨论信用的不同形式和涉及的成本 分析、解释影响消费者选择的一系列因素 识别何处可以获得有关消费者和企业权利、义务的可信信息与建议 识别消费者和财经领域中存在的风险，如诈骗，识别偷窃、欺诈交易，并了解避免的方法

① 徐星. 2014. 澳大利亚——致力将财经素养融入国家课程. 上海教育，（2）：38-41.

续表

项目	课程要求
能力	要求学生能够： 利用一系列方法、工具，在现实生活情境下记录财务情况 建立简单的预算和财务记录实现特定的财务目标 比较不同生活阶段的收入、支出及生活方式 准确填写一系列财务表格（包括在线交易的），并解释表格的目的 在购买商品和服务（如“买一送一”）时，判断“交易”的价值 判断、比较不同支付方式（现金、信用卡、借贷等）的实际成本 说明在各种现实生活背景下选择一系列商品和服务的合理性 在“现实生活”情境下将一种货币转换为另一种货币 发现各种支付方式（现金、借记卡、信用卡、直接借记、网上支付、预付、电话和电子转账）的优势和劣势 阐释安全、有保障的在线存取款和在线购物的程序 识别身份盗用，事先采取措施避免，并解释当这种事情发生时该怎么办 获取、评估解决消费者争议的策略方面的信息 识别、解释广告和社交媒体用以影响消费者决策的市场营销策略
责任感与进取心	要求学生能够： 阐释个体和集体消费者的决定如何影响更大范围的社区及环境 在一系列现实生活情境下应用消费者决策方法 讨论与向消费者进行商品和服务的广告宣传相关的法律和伦理议题 在有关的课堂和学校活动（如学生调查研究、慈善募捐、产品设计与开发、商业投机等）中应用消费者和财经知识与技能 通过参与相关课堂和学校活动，训练一系列进取的行为习惯 在线上的和数字化的消费者和财经情境下，实践安全、合乎伦理、负责的行为 认识到规划未来财务的重要性，以及意识到牺牲眼前的消费可以带来长远的利益 认识到人们的价值观和财务状况不同，因此生活方式不同，对生活的期待也不同 认识到做出明智个人财务和理财产品决定的能力是可以通过寻找、评估相关信息和获取可信建议的方式加强的 阐释银行和其他货币存取机构（如住宅协会、信用社等）在提供理财产品和服务方面的角色 阐释政府和社区志愿部门在帮助财务困难人士、挖掘经济的成本收益方面扮演的角色 意识到家庭、社区、社会文化价值观和习俗可以影响消费者行为及财务决策

资料来源：徐星. 2014. 澳大利亚——致力将财经素养融入国家课程. 上海教育，（2）：39

表 3-2　新课程草案中财经素养课程设置

年级	科目	章节标题	理财教育目标
7 年级	数学	我们如何减少消费	理财责任感与进取心
	科学	我应该饮用瓶装水吗	理财责任感与进取心
8 年级	数学	我们如何获得外币	理财能力与胜任力
	科学	点亮地球	理财责任感与进取心
9 年级	数学	我们如何获取更多的钱	理财能力与胜任力
	科学	我的生活可以更简朴吗	理财能力与胜任力
10 年级	数学	实现目标：涉及什么	理财知识与理解力
	科学	青少年谈论金钱	理财知识与理解力

资料来源：余妍文，朴钟鹤. 2015. 澳大利亚青少年理财教育及其对我国的启示. 教育探索，（6）：152

3. 中学后财经素养教育

较之于初等教育阶段与其他课程相整合的设置，澳大利亚的很多大学的财经素养课程更为专业化，如开设了国际贸易与金融、商务、会计学和基金管理等有关个人理财的专业，所学课程包括财政学、金融规划和抵押贷款等。澳大利亚国立大学（Australian National University）率先授予个人理财硕士学位。

四、师资力量

教师在青少年财经素养教育，尤其是学校教育中扮演着重要角色，对于青少年树立正确的价值观，形成批判性思维及建立灵活运用知识和技能的自信心起着关键作用。因此，对财经素养课程的任课教师进行培训并为其提供高质量的课堂教学资源是十分必要的。自理财教育纳入澳大利亚课程标准以来，澳大利亚教育部门在教师培训方面做出了许多新的尝试。①②

1. 中小学教师培训

2010 年，澳大利亚证券和投资委员会对全国教授理财相关课程的 6000 名中小学教师进行培训，培训内容覆盖了国家课程框架内的理财素养元素，课程初步分为核心课程、职能课程和领导力课程（表 3-3），采用由澳大利亚证券和投资委员会同步编写的培训课程目录；同时，开发了一套与新的国家课程相吻合的在线教师培训系统，以方便任课教师获取理财教育所需要的优质资源。培训期间，在

① 余妍文，朴钟鹤. 2015. 澳大利亚青少年理财教育及其对我国的启示. 教育探索，（6）：150-154.
② 徐星. 2014. 澳大利亚——致力将财经素养融入国家课程. 上海教育，（2）：38-41.

线学习、远程教育、研讨会、讲座和讲习班在内的多种授课方式同步进行，教师可根据需要自主选择。

表 3-3　理财教育教师培训课程一览表

课程类型	培训内容	培训对象
核心课程	基本的理财能力；金融法规	新入职教师；现任教师中新担任理财课程的教师
职能课程	理财课程教学法；教学目标；教学设计	具有理财课程教学经验的教师
领导力课程	如何进一步提升理财教育的地位；未来如何发展理财教育	理财教育教研室主管

资料来源：佘妍文，朴钟鹤. 2015. 澳大利亚青少年理财教育及其对我国的启示. 教育探索，(6)：152

2. *建立专业的财经素养教育网站*

建立专业的财经素养教育网站："智慧理财"。该网站一方面为广大中小学教师和教育工作者提供大量有关理财教育的教学模式及教学资源，同时为来自全国不同学校的教师提供了一个在线交流理财教育的教学经验与体会、解答教学过程中存在的疑难困惑的网络平台。

3. *启动领袖培训计划*

为了保证《消费者和财经素养的国家框架》的实施，2007～2008 年，澳大利亚教育委员会启动了"领袖培训计划"(train-the-trainer)。该计划旨在让中小学理财课程教师与联邦及各州教育部、非政府教育机构进行合作，以提高教师的教学水平。此外，澳大利亚证券和投资委员会还与相关的教师专业协会合作以考察教师的专业技能是否符合当前理财教育的标准。此举措有助于理财授课教师及时发现自身存在的问题，更加全面地了解青少年理财教育的教学目标、教学内容和教学方法。

五、教学资源

澳大利亚证券和投资委员会曾对澳大利亚学校财经素养的实施状况做过调查研究，其研究结果表明，虽然自《消费者和财经素养的国家框架》发布以来，澳大利亚的国家课程中融入了与财经素养相关的内容，但仍存在一些问题，如学校财经素养的受众群体仅限于在学校的中小学生，为数众多的非在校生无法接受正规的财经素养教育，且当前学校财经素养教育尚不规范，教学资源更新缓慢，所教内容也不完全实用。

为解决上述问题，澳大利亚证券和投资委员会开发了"智慧理财"教学资源包，即以网站的形式将丰富多样的财经素养教育资源根据接受对象(中小学教师、在职教育工作者、社区教育者、英才学生、学生家长）分门别类建立子目录，民众可根据自己所属的类别群查找所需资料（含文本、图片、视频）。该资源包最主要的目的是扩大财经素养教育的覆盖面，使更多的非在校生有机会获得财经知识和信息。

教学资源包是最具价值的“宝贝”，分为小学和中学两套，为基础教育的教师提供帮助，使财经素养在教学过程中作为英语、数学和科学课程的一种背景。

下面以中学资源包为例，内容框架如下：①简介；②教师指南；③助教指南；④7 年级数学——我们如何减少消费；⑤8 年级数学——我们如何获得外币；⑥9 年级数学——我们如何获取更多的钱；⑦10 年级数学——实现目标：涉及什么；⑧7 年级科学——我应该饮用瓶装水吗；⑨8 年级科学——点亮地球；⑩9 年级科学——我的生活可以更简朴吗；⑪10 年级科学——青少年谈论金钱；⑫家长研讨会；⑬家长焦点小组；⑭教师研讨会 1、2、3。

具体来说某年级的主题课程教学资源包里主要包括以下内容：①本资源与国家课程和《消费者和财经素养的国家框架》课程中间的联系；②主题课程单元介绍；③主题课程单元下可以实施的几大任务或活动；④教学过程中会使用到的工作表格模板、学生答案模板及评分标准。

任务或活动设定是主题课程单元的主体部分，从中可以最清楚地感知设计者是如何将财经素养融入国家课程之中的。下面以“7 年级科学——我应该饮用瓶装水吗”的任务设计为例作简要说明（表 3-4）。

表 3-4　“7 年级科学——我应该饮用瓶装水吗”的任务设计

任务 1：水世界中的议题（90 分钟）	
互动测试	美国广播公司（American Broadcasting Company，ABC）网站的线上互动测试“水即生活”包含 10 道选择题，能唤起学生对水的重要性的认识。在完成线上测试后，组织学生进行讨论
信箱测试	教室里放置多个信箱，每一个信箱顶部都贴了一个问题，还有一个入口供投入答案。学生在信箱之间移动，阅读问题，然后匿名地给出答案。教师通过整理学生的答案来判断班里有多少学生的理解较为领先
瓶装水使用调查	学生填写调查表，教师收集后组织班级讨论结果，以了解本班饮用瓶装水的学生数量和比例，并估算整所学校的学生每年消费掉多少瓶装水
任务 2：看、读并回答问题（90 分钟）	
2012 世界水日视频	学生观看联合国教育、科学及文化组织的 2012 年世界水日纪念视频“世界渴了，因为我们饿了”，阅读相关文本信息并回答问题。学生可以进行小组合作、分享答案
水，到处是水	学生阅读《悉尼先驱早报》2004 年的文章“ 水，到处是水”（本文讨论了产品差异化和对包装的强调），之后回答相关问题

续表

任务 3：了解澳大利亚的水资源管理（180 分钟）	
水循环	提供几个涉及阐释水循环的网站，学生可任选其一学习，之后教师检查学生是否理解“蒸发”“降雨量”“凝结”“蒸腾”“冻结”“融化”“地表水”等术语
	学生建构一个图表或模型，展现自己对水循环过程的理解，并标出、阐释可以找到饮用水的地方
	讨论澳大利亚的水循环和管理水循环的概念
	对澳大利亚面临的淡水供应问题进行头脑风暴，教师提出问题：“我们的自来水来自哪里？”
	学生写作一篇关于“澳大利亚的一粒水分子”的日志，并建构一个图表，展现水分子经过哪些地方
大自流盆地	将大自流盆地作为农村水管理的案例研究。教师强调地下水的运动和储存，以及为何有些泉水是热的，并将这一点与澳大利亚的水问题联系起来
	提供一个水循环的图表，学生在上面添加自己关于“人类如何通过挖洞和建大坝充分利用水循环”的观点
拓展	检查学生是否理解海水为什么是咸的（地表水为何有时也富含矿物盐）
任务 4：纯净水（90 分钟）	
教师展示	教师展示一种溶液的蒸饱过程，展现如何利用蒸发来净化水，讨论蒸馏水、大坝水和泉水的区别。修正质量和体积的测量，学生做质量和体积的单位转换练习
学生练习	给每个学生小组一烧杯泥浆水，告诉他们想象一下自己正处于必须喝掉这杯水的情境中，并提供一系列设备。学生计划并实施过滤泥浆水的调查研究。他们使材料变干，取出沉积物，看看哪组学生从水里取出泥的质量最大，并测量滤液的体积 如果需要从泥浆水里提取出 100 万升的清水，计算需要多少体积的泥浆水，以及从中产生的沉积泥的质量
拓展	发现不同种类的过滤器及其效果。班级讨论水循环中的哪些地方可能会发生“天然的”过滤或净化
	提出问题“水看起来是干净的，是否就意味着能喝？”“水经过蒸煮是否能确保安全？”，并讨论水中存在溶解性毒药和微生物的可能性，得出结论是需要进行科学分析以完全确保水是可饮用的
任务 5：自来水与瓶装水（90 分钟）	
	学生通过相关资源的学习，研究郊区的水供应是如何处理的
	学生画出关于如何保障郊区的水安全、可饮用的流程图
	学生阅读文章“自来水被当作瓶装水卖，价格提高了 180 000%”。班级讨论瓶装水可能有多种来源
	学生举出一些瓶装水品牌的例子，小组合作研究获得某种瓶装水的程序。教师示范如何计算瓶装水和自来水的成本
任务 6：我喝的水花了多少钱（120 分钟）	
	本任务主要对“我应该饮用瓶装水吗”这个问题做出解答。该问题有四个组成部分：①依据口味划分的各种水之间有明显可察觉的区别吗；②瓶装水和自来水对个体来说在成本方面有什么不同；③瓶装水和自来水对环境的影响有何不同；④归纳观点，回答问题。学生依顺序对上述四个部分进行研究、分析和解答

资料来源：徐星. 2014. 澳大利亚致力将财经素养融入国家课程. 上海教育,（2）：41

六、实施效果

《礼记·学记》中说“知不足，然后能自反也”，教育过程尤其如此。只有不断对财经素养教育进行合理评估才知道现有的教育内容和教学方法是否适用，以及能否达到预期的教育目标。澳大利亚财经素养评价体系由横向的四个维度和纵向的三个层级共同构成。

横向的四个维度主要从个体财经知识、个体财经行为、个体财经素养和群体财经素养这四个方面对澳大利亚财经素养教育的效果进行评估。个体财经知识是从认知层面考察青少年的财经素养，即青少年在学习了相关课程之后，是否掌握了金融和理财方面的相关术语及基本理论。由于小学低年级的财经素养教育主要是整合贯穿于其他课程中，因此评价青少年个体财经知识的掌握情况以其在数学、科学等科目中涉及财经知识部分的得分为依据来进行判断。个体财经行为的转变是指青少年在进行了理财学习后是否能运用于真实的生活情境中，是否能够做出科学的财务决策等。对这一维度的评价通过给学生布置实践任务（如让他们到银行办理业务、自主选择理财产品等方式），依据其对实际问题的处理效果给予评价。个体财经素养和群体财经素养分别指青少年个体及其所在的群体对财经理论知识的掌握及实践的应用能力。对这两个方面最常见的评估办法是澳大利亚证券和投资委员会每年以访谈和问卷等多种方式对全国青少年的财经素养做统一调研并发布调查报告。

纵向的三个层级是指课堂测试、国家考核及 PISA“财经素养”测试这三种依次递进的考试。课堂测试主要为了评估学校财经素养教育的教学效果，采用试卷考试和案例分析法。试卷考试侧重考查学生对概念、定义及原理的掌握情况，案例分析则是为了评价学生在实践中运用财经知识的能力。国家考核采用调查评估法，向学生、家长和社会人士发放调查问卷，根据问卷反馈的结果评估《消费者和财经素养的国家框架》的施行情况及财经素养项目的影响力。PISA 是由经济合作与发展组织组织的，自 2012 年起，该项目新增“财经素养”测试选项。①

其中，PISA 尝试回答与教育相关的以下几个问题：年轻人对迎接未来的挑战准备得有多好？他们能否有效地分析、推理和传达他们的想法？他们的技能能使他们适应快速的社会变革吗？是否有一些经组织的学校教育和系统学习的方式比其他方式更有效？学校资源的质量对学生成绩有何影响？什么样的教育结构和实践可以最大限度地提高弱势背景学生的能力？在一个国家和不同国家或地区提供

① 佘妍文，朴钟鹤. 2015. 澳大利亚青少年理财教育及其对我国的启示. 教育探索，（6）：150-154.

的教育的公平程度如何。

参加 2012 年 PISA 测试的 60 多个国家和地区中有 18 个国家和地区（包括中国上海）选择了参加“财经素养”这一领域的测试，澳大利亚也在其中，并且，澳大利亚也已参加 2015 年 PISA“财经素养”测试。在 2015 年 PISA 测试中，增加了评估财经素养和协作解决问题的能力。在澳大利亚，所有被 PISA 抽样的学生也被抽样进行了财经素养评估，有 14 530 名澳大利亚学生代表全国约 28 万名 15 岁学生参加财经素养评估。根据澳大利亚相关研究分析，澳大利亚学生在 2015 年 PISA 财经素养知识评估中的表现如下。

从国际比较的视角来看，澳大利亚学生的财经素养平均得分为 504 分，显著高于经济合作与发展组织 489 分的平均分。澳大利亚的表现明显低于 4 个国家，即中国（北京、上海、江苏、广东）、比利时、加拿大和俄罗斯。澳大利亚的表现与荷兰没有显著差异。澳大利亚的表现明显高于 9 个国家，包括 6 个经济合作与发展组织成员国（美国、波兰、意大利、西班牙、斯洛伐克共和国和智利）和 3 个伙伴国家（立陶宛、秘鲁和巴西）。澳大利亚的高分数比例（15%）高于经济合作与发展组织的平均水平（12%）。澳大利亚的低分数比例（20%）低于经济合作与发展组织的平均水平（22%）。平均而言，在澳大利亚，大约 29%的财经素养得分反映了与财经素养评估直接相关的技能，而其余的 71%的财经素养得分反映了学生在数学素养和阅读能力方面的评估水平。在澳大利亚，学生的财经素养水平显著低于数学素养和阅读能力。

澳大利亚学生群体内部的比较分析结果如下。

从性别来看，澳大利亚女性的平均得分为 510 分，明显高于澳大利亚男性的平均得分 498 分。在澳大利亚，高分数男性和高分数女性的比例相似（分别为 16%和 15%），而低分数男性（23%）的比例高于低分数女性（17%）。

从是否是原住民学生来看，澳大利亚原住民学生的平均财经素养得分为 411 分，显著低于经济合作与发展组织平均水平（489 分），也显著低于澳大利亚非原住民学生（508 分），原住民和非原住民学生之间的分数差距为 97 分。在调整了社会经济背景后，两组学生在数学和阅读方面的分数差距仅为 19 分，这一发现表明，需要专门制订针对原住民学生需求的财经素养计划。几乎一半（48%）的原住民学生和 18%的非原住民学生没有达到国际基础水平 2 级。

从学校所处区域来看，大都市学校的学生得分明显高于省立学校或偏远学校的学生，省级学校或偏远学校的学生的平均分数没有差异。大都市学校和非大都市学校的学生平均分数差异为 38 分，但考虑到社会经济背景的差异及阅读能力与数学素养的表现，这一差异减弱到无明显差异。

从社会经济背景情况来看，社会经济优势背景的和弱势背景的学生之间分数的差异为 107 分，高于经济合作与发展组织平均分 89 分。虽然与社会经济背景相关的许多差异可以通过数学素养和阅读能力的表现来解释，但是处于社会优势下学生和处于社会弱势下学生的平均分数之间仍然存在显著差异，表明确实需要制订针对社会经济弱势背景的学生的财经素养计划。

从学生是否有移民背景来看，第一代移民学生的得分显著高于澳大利亚出生或外国出生的学生。在比较澳大利亚出生的学生和第一代移民学生时，大部分差异可以通过学生在数学素养和阅读能力方面的表现来解释。第一代移民和外国出生的学生之间的差异主要是通过阅读能力方面的表现来解释的。①

2015 年 PISA“财经素养”评估对于参与 PISA 测试的所有国家和经济体提出了政策建议，其中包括：满足低分数学生的要求；尽早解决社会经济不平等的问题；为男孩和女孩提供平等的学习机会；帮助学生充分利用学校的学习机会；瞄向年轻人的同时瞄准他们的父母；为年轻人提供积累学校外知识的安全的学习机会；评估学校内外举措的影响。从上述分析结果来看，这些建议对于澳大利亚也是适用的。

2015 年 PISA 测试显示，澳大利亚有大约 84%的学生每月至少与父母讨论一次金钱问题；有 67%的学生表示，当他们没有足够的金钱去购买某样物品时，他们会选择省钱的方式去积累足够的资金（经济合作与发展组织平均水平为 63%）；社会经济弱势背景学生群体会用真正应该用于其他东西的钱购买他们真正想要的东西，社会经济优势背景学生群体会节省购买。这些数据信息表明，澳大利亚财经素养教育及其推进需要国家、组织机构、社区、家庭、学校和个人共同努力，只有经过漫长的实践改进过程，其效果才是显著的。②

七、家校合作

家庭教育是对儿童及青少年的健康成长不可缺少的一种教育，有学校教育和社会教育不可代替的作用。教育专家注意到，过去十年澳大利亚学生的财经素养知识水平呈下降趋势，并强调这些技能在不断变化的经济格局中对儿童及青少年未来成功的重要性。联邦政府在过去几年中为帮助儿童及青少年理解财务政策注入了数百万美元，其中包括澳大利亚证券和投资委员会的“智慧理财教学”计划，该计划为学校教师和家长提供了一系列资源来教授儿童及青少年财务知识。

---

① Thomson S，Bortoli L D. 2017. PISA 2015：financial literacy in Australia. https://research.acer.edu.au/cgi/viewcontent.cgi?article=1028&context=ozpisa [2018-11-01].

② OECD. 2015. Programme for international student assessment（PISA）：results from PISA 2015 financial literacy. http://www.oecd.org/pisa/PISA-2105-Financial-Literacy-Australia.pdf [2018-10-30].

父母可以通过简单的日常方式来培养儿童及青少年的财经素养技能。

第一，建立对金钱的积极态度和行为。教育专家卡尔利·萨瓦茨基（Carly Sawatzki）认为，财务决策本身就受到价值观、情感和家庭经历等复杂因素的影响。家长可以通过加强自身对金钱的自律态度来影响孩子的财务行为，如前瞻性思维，自我调节和批判性思维。

第二，不要回避与孩子谈论有关金钱的话题。由于数字银行和信用卡的普及与流行，现在金钱往往是一种很抽象的"看不见的"资源。缺乏实物现金可能会使儿童及青少年难以理解金钱不是无限的资源。另外，成年人不愿意与儿童及青少年谈论重大的财务问题，特别是在家庭存在收入较低或预算紧张的情况下。家长应注意不要回避与子女谈论有关金钱的话题，因为这种做法可以使年轻人更加深刻地理解勤奋、努力和价值的概念。

第三，鼓励儿童对家庭做出贡献，让儿童对金钱感兴趣的方式是为他们提供在家做出贡献的机会。给予零花钱的决定是非常主观的，它可以为父母提供了解孩子计划用钱做什么的机会。虽然许多家长认为孩子应该在不考虑津贴的情况下帮助做家务，但鼓励孩子努力工作的有效方法是给予他们额外的津贴或奖励，以换取他们为家务劳动做出更多努力，从而使他们对自己的付出感到更有意义。

第四，引导孩子设定个人目标。让孩子为实现目标而兴奋，并帮助他们通过图表或储蓄罐跟踪进度，让他们延迟性地产生满足感，并开始批判性地思考如何储蓄和花钱。例如，对于年龄较小的儿童，父母可以与孩子谈论如何将他们的零花钱放在储蓄罐里，直到他们有足够的现金购买一个垂涎已久的玩具。

第五，培养孩子的独立性。除了引导孩子设定财务基准并对他们的目标感兴趣外，父母还要逐渐开始培养孩子的独立性。父母应不要总是在孩子遇到挫折时立即伸出援手，而要培养他们遇到挫折时形成批判性思维并对事情进行计划的能力。①

第四节　基本特点与经验启示

澳大利亚坚持推进财经素养教育战略；为儿童及青少年开设专门的财经素养课程；结合实践教学创设应用情境；重塑全球化视野；注重缩小区域和不同群体

① Busby L. 2018. 5 ways to teach your kids about money and improve their financial literacy. https://www.intheblack.com/articles/2018/08/06/teach-your-kids-about-money[2018-11-02].

之间的财经素养差异。相比之下，我国受传统文化和理财观念的影响，各地区的理财教育仍面临多重阻力，且尚未形成完整的教育体系。澳大利亚较为成熟的财经素养教育理论和实践对我国未来财经素养教育的课程设置及推广都有较强的启示意义。

一、推进财经素养教育战略

澳大利亚将财经素养教育整合并纳入国家课程体系之中，提高了本国公民，尤其是青少年在实际生活中的财经技能，这是 21 世纪以来澳大利亚基础教育课程的显著特点。

现如今，财经素养已成为消费者和投资者的一项必不可少的核心技能，而我国中小学生目前并没有专门化的财经素养教育课程，相关内容仅零散分布于数学、科学、思想品德、经济与生活、政治等具体学科之中。因此，推行财经化战略，将财经素养教育纳入基础教育课程体系中刻不容缓。

第一，制定有关财经素养课程体系的国家战略框架，从国家层面引导财经素养教育的开展。鼓励政府及地方相关部门进行财经素养教育课程的实践研究与探索，颁发促进中小学校财经素养教育课程的相应政策文件与计划，开发并创建财经素养教育课程的网站，为构建与实施财经素养基础教育课程提供指导与便利。

第二，将财经素养教育整合融入中小学课程体系之中。从知识和理解、能力、责任感与进取心三个方面对各个年级中小学生的财经素养提出要求。明确各主题的课程单元介绍、实施的任务，活动、教学过程中会使用到的各种模板及评分标准等。①

二、为儿童及青少年开设专门的财经素养课程

澳大利亚为中小学生开设了财经素养课程，为小学低年级学生编写了生动有趣的财经素养教材，以提高小学低年级学生的学习兴趣；为小学高年级及中学阶段的学生编写了具有一定难度和深度的财经素养教材，以促进学生对于财经素养知识的升华。

当前，我国中小学财经素养教育的内容大多是渗透于小学数学和思想品德教育及中学的代数和政治等课程中，通过这些课程中与经济相关章节的学习引导学生掌握初步的财经常识。这些内容虽然可以使儿童及青少年学到一定的财经素养知识，但难以满足儿童及青少年在实际生活中处理财经问题的需要。鉴

① 光霞. 2014. 21 世纪的澳大利亚基础教育课程体系：政策、特点与启示. 现代基础教育研究，(4)：138-142.

于此，我国中小学校可以借鉴并学习澳大利亚财经素养教育的课程模式，开设财经素养教育课程，让财经素养教育成为一门独立的学科。[①]

三、创设应用情境结合实践教学

澳大利亚将基础教育课程结合情境教学，使情境与学生的日常经济活动相联系，以激发学生的学习动力，达到更好的教学效果。澳大利亚基础教育课程改革提倡“从做中学”，即通过开展实践活动来让学生获取知识。例如，在校园里开办模拟公司和拍卖会让学生学会对金钱的自主管理和经营，通过实际操作来提高学生的实践能力。

当前，我国对儿童及青少年的财经素养教育主要以理论教导为主，缺少相应的实践机会，而财经知识与技能只有应用在实际生活中才有价值，单纯地向儿童及青少年教授财经知识只能达到表面上的认知。因此，我国儿童及青少年财经素养教育可以借鉴澳大利亚课外活动的教育方式，将财经素养教育与学生的经济生活和社区生活联系起来，通过情景模拟或者现场观摩等方式开展实践活动。例如，帮助学生建立个人账户并对其零花钱进行合理规划、让学生记下某一周零用钱的使用情况，在教师的指导下让学生明白必需品和非必需品的区别，学会合理消费、自主理财，养成勤俭节约的品质。还可以组织学生实地参观银行、证券公司等，了解其基本的职能和运营情况。[②③]

四、建立全球化视野

澳大利亚基础教育课程高度关注课程体系中的全球和国际维度，并放眼世界推行了全球教育课程。我国目前的基础教育课程体系并没有明确提出全球教育课程这方面的内容。为了与国际接轨，我们必须重塑全球化的视野，建立健全全球教育课程体系。

首先，制订全球教育纲要规划，颁布并执行相关政策文件，确立国家层面的内容框架，吸取他国经验并广纳众言，不断完善全球教育课程体系的理论基础研究与实践探索。

其次，探寻中小学全球教育课程重点，架构基础教育全球化课程体系。开设全球教育正式课程，并纳入基础教育主流课程体系；也可以借鉴澳大利亚的做法，

---

① 佘妍文，朴钟鹤. 2015. 澳大利亚青少年理财教育及其对我国的启示. 教育探索，(6)：150-154.

② 佘妍文，朴钟鹤. 2015. 澳大利亚青少年理财教育及其对我国的启示. 教育探索，(6)：150-154.

③ 桂文玲. 2014. 加强财经教育提高财经素养——PISA 2012 财经素养评估结果分析. 世界教育信息，27(20)：43-47，52.

设置全球教育视点并将其广泛融入艺术、语文、政治、历史、社会等具体科目，完善全球教育非正式课程领域；加强中小学全球教育的课堂实践改革，重在引导学生理解全球化的观念并参与实践活动，关注当今世界各国的大事和现象，培养学生的全球责任感。

最后，组织与完善相应支持系统。组建各级全球教育研究机构，开发专业的全球教育课程网站，开展以全球教育为核心的主题实践活动，切实关注我国基础教育课程体系的全球教育走向。①

五、注重减小区域和不同群体之间的财经素养差异

PISA 财经素养测试强调了学生社会经济背景、移民背景和学校所处区域不同而引起的财经素养差异。例如，家庭经济背景好，尤其是父母从事金融行业的学生的财经素养水平较高，而有移民背景的学生往往缺乏必要的财经素养技能来参与到移入国的社会经济生活中。澳大利亚证券和投资委员会提倡加强对社会经济弱势背景学生的财经素养教育，通过作为学生接受公共教育的场所——学校，让学生在一定程度上享有公平的教育机会，并开设相关课程以减小由于社会经济背景不同而引起的财经素养水平差异。经济合作与发展组织在《有关开展财经教育、培养财经意识的原则与值得借鉴的做法的建议》中明确指出学校应该及早进行财经教育，个人应该及早接受有关财经事务的教育。②

在我国，为所有的学生提供平等接受财经素养教育机会具有重要的社会意义。倘若没有扶助弱势群体学生的政策介入，由于社会经济背景不同而引起的财经素养水平差异将进一步扩大，进而影响到这些人的社会经济生活，并将一代一代地复制下去，造成"金融文盲"的代际循环，从国家角度来看，这不利于社会的公平和稳定。虽然我国上海在 2012 年 PISA 财经素养测试中排名第一，但是这并不能代表我国学生总体的财经素养水平情况。就目前情况看，我国中小学财经素养教育非常薄弱，尤其是中西部偏远地区，国家要制定相关的财经教育政策，提高学生整体的财经素养水平。③

① 光霞. 2014. 21 世纪的澳大利亚基础教育课程体系：政策、特点与启示. 现代基础教育研究，(4)：138-142.

② OECD. 2005. Recommendation on principles and good practices for financial education and awareness. https://www.oecd.org/finance/financial-education/35108560.pdf [2018-10-30].

③ 桂文玲. 2014. 加强财经教育提高财经素养—— PISA 2012 财经素养评估结果分析. 世界教育信息，(20)：43-47，52.

第四章 韩国的财经素养教育

韩国于20世纪90年代后期开始探索财经素养教育。目前，韩国财经素养教育作为青少年综合能力教育的重要组成部分，主要以经济教育的形式在全国范围内广泛开展。通过教育部主导推进多次教育改革、各级各类学校建设课程体系、社会团体积极参与，多方协同构建了分学段“多维度全过程”的课程体系、“六位一体”综合评价体系、产学研相结合“共同体”的推进体系，形成了极具特色的财经素养教育体系。

第一节 国家层面的推进

一、基本背景及理念

1. 社会背景简介

韩国深受儒家思想的影响，大部分家庭都十分重视青少年教育。20世纪70年代后，韩国经济快速增长，由此带来社会、政治、文化等领域的重要变化，引发了教育领域的数次改革，使韩国在较短时间内建立了较为完善的教育体系，为经济增长奠定了坚实的基础。20世纪80年代，韩国政府开始强调人文教育，倡导民主自由经济背景下的教育公平和终身教育制度。韩国教育在发展中不断契合社会需求[①]，并且随着社会日趋多元化，教育重点不断向多角度培养学生的综合能力转变[②]。

20世纪90年代末亚洲金融危机爆发后，韩国秉承“教育立国”理念，反思了教育体系及政策在实施中的诸多问题，推出了一系列教育改革和创新举措，这

① Kim S B. 2005. 韩国教育模式的变革与发展.教育发展研究，(19)：29-34.

② 钱丽艳. 2013. 浅议韩国教育发展与变革. 才智，(33)：149.

在一定程度上成为韩国在亚洲金融危机爆发后迅速恢复经济并进入中速发展的推动力之一。这是韩国推进财经素养教育体系构建的重要社会背景。[①]

2. 必要性和教育目的

随着国民收入的不断提高，韩国物资越来越丰富，然而韩国民众过度消费的倾向也越来越严重，部分公民尤其是青少年群体的财富观和价值观出现不同程度的扭曲，甚至出现奢侈消费、浪费、信用卡危机、信用不良、购物中毒、个人破产、家庭解体等问题。青少年受经济生活影响的程度远比想象中要高。

处于不断提高个人生活质量并强调国家竞争力时代的韩国，青少年在日常生活中每天都在进行与金钱有关的经济活动。此处的经济是一个广义概念，指个人与社会和国家共同形成的综合性行为及现象。从经济学角度来说，韩国民众普遍认同的“经世济民”理念也反映出一般的社会活动都与经济有关。开展财经素养教育的理由是“经济是我们的生活，我们应该知道怎样才能好好生活”[②]，因此要学会理解经济现象，通晓经济原理，这也是韩国培养合格公民的重要内容之一。

虽然人们因各自的专业不同和兴趣不同会产生不同的观点，但不可否认和回避的是，财经素养教育在知识经济时代发挥着越来越大的作用。首先，以互联网技术产业发展为例，不可避免地面临着知识产权保护的问题，因此发展知识经济和创意经济教育是至关重要的。其次，人们对市场经济容易产生逻辑上的错误，市场经济奉行丛林法则，运行模式复杂多样，要正确理解市场经济则需要通晓其规则和相关制度条例。再次，为了发展股票市场，应通过不断规范不公平贸易和内幕交易及改善公司治理来建立投资者对股票市场的信任。最后，要贯彻落实国家经济政策以解决企业层面的劳工问题，各经济主体（包括领导成员等市场经济的决策者和管理者、工会领导人、工人等）对经济学的正确理解是十分必要的。因此，基于对提高公民财经素养重要性的认识，韩国借鉴美国、日本等发达国家的教育模式，以学校教育为主，教育部、企划财政部、中央银行等公共部门协同商业、学术界、市民团体等民间组织，积极开展对儿童、

---

① 1997 年 1 月，始于泰国的金融危机开始向亚洲各国蔓延，当时已经进入发达国家行列的韩国也没能幸免，韩国的外汇储备只剩下 39 亿美元。为渡过难关，政府不得不在当年 11 月向国际货币基金组织（International Monetary Fund，IMF）申请了紧急救助贷款，条件是韩国的经济政策必须接受 IMF 的干预和监督。从此，韩国进入了一个“IMF 时代”。接下来一段时间里，货币贬值、企业破产、公司裁员都给韩国人留下了惨痛的记忆。经过一系列的改革，韩国于 2001 年 8 月偿还 IMF 最后一笔 1.4 亿美元的贷款，这意味着韩国提前 3 年还清了高达 195 亿美元的紧急救助贷款，韩国经济至此告别了“IMF 时代”，成为亚洲第一个走出经济危机的国家。

② Choi J. 2017. Changes in the 2015 revised economic subjects curriculum. The Korean Journal of Economic Education，24（2）：75-99.

青年和成人的各种经济教育计划。

二、组织机构及保障

1. 国家教育部层面

韩国财经素养教育的推进主要依托于教育改革方案，如图 4-1 所示，教育改革方案的制订与实施由教育部主导。韩国教育部的前身是韩国教育科学技术部（Ministry of Education and Science Technology，MEST）。2008 年，韩国政府机构调整，将教育科学技术部改为教育部，原教育科学技术部的相关业务由教育部直接负责。韩国教育部开展财经素养教育的主要任务有：人力资源开发及政策制定、学校教育、终身教育、学术事务、基础科学政策研究、科学技术推广等。经济教育改革和课程设置包含在社会生活教育领域。在经济教育政策的制定和具体实施中，企划财政部等部门通过政策和法律法规制定、指派专门机构、学会、协会等方式发挥着重要的政策支持或协同指导的作用。

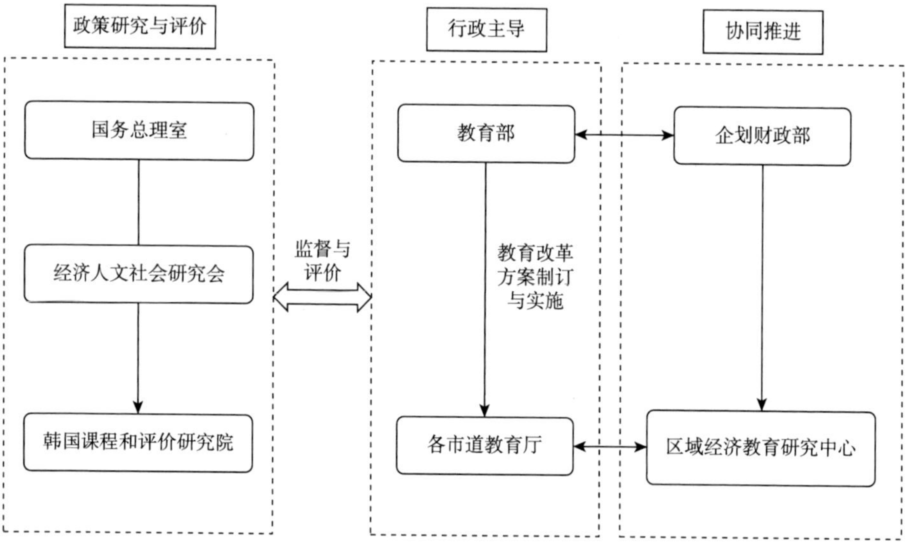

图 4-1 韩国财经素养教育体系涉及的主要组织机构

韩国财经素养教育政策研究与评价主要由韩国经济人文社会研究会（National Research Council for Economics，Humanities and Social Sciences，NRCS）负责。该研究会成立于 2005 年 7 月 1 日，隶属于国务总理室，是政府部门主管的经济和人文领域教育政策研究机构，其下属的韩国课程和评价研究院（Korea Institute of Curriculum and Evaluation，KICE），为教育方案实施尤其是课程教育方案的开发与实施提供了重要保障。韩国课程和评价研究院成立于 1998 年，致力于提高韩国学校教育质量和国民教育的发展。该机构的具体职能为：系统地研究和开发各种教学材料，包括高中及以下各级学校教育课程教科书的研发；系统地研究、开发和实施课程教育评估，提高教育评估的效率；研究高考试题，承担包括大学学业能力测试在内的各种考试和评估项目的研发与实施等。

2. 地方市道层面

除了教育部发挥着主导作用，韩国各市道在地方自治制度的背景下，在形成特色财经素养教育体系中发挥着重要的作用。一方面，各市道教育厅自行设立并建设多样化的经济教育项目。地方自治制度的推进在一定程度上释放了地方的活力，进一步加强了地方教育机构（各市道教育厅和学校）的自律性和问责性。2016年起，各市道教育厅可以自行设计并建设新的经济教育类项目。另一方面，各市道积极举办经济教育实践活动，提供特色的教育载体。2017年以来，围绕青少年招聘扩大方案、推进旅游观光业的相关方案、人口流入扩大方案、农业发展战略等现实经济问题，各市道积极举办以高中生为主的各类演讲比赛。这些活动既丰富了学生“第二课堂”，培养了学生各方面的兴趣，又锻炼了青少年思考并分析经济问题的能力。

2006年以后，韩国各市道在教育部、企划财政部等多个部门的协同推进下，陆续在各市道成立区域经济教育研究中心。值得一提的是，这类机构依据专门的与经济教育相关的法律法规而成立，主要职能是协调和管理各市道经济教育政策的实施与发展，尤其是除学校教育以外的财经素养教育机构的发展，包括公共机构、私人机构和组织（营利性和非营利性组织），这些机构在促进各市道经济教育发展方面发挥着重要作用。①

三、主要政策与举措

韩国从国家层面构建财经素养教育体系不过二十几年，却能在全国范围内迅速铺开，并朝着不断完善的方向发展，得益于其在一开始就受到国家高度重视并配套了相对完备的政策体系，不断推出相关举措。

第一，依托教育改革，构建全国性经济教育课程体系。这是韩国财经素养教育体系构建和不断发展的最重要的政策举措。韩国一般十年左右会进行一次重大的教育改革或教育过程修订，其中在1995年推出的第六次教育改革中，正式且较为完整地推出经济教育课程体系，并被纳入社会课程体系之中，这为全国开展公

---

① Cho T, Lee H. 2011. A case study of economic education out of school: focusing on the local economic education center. Gyeonggi Research Institute，13（3）：289-311.

民财经素养教育尤其是青少年财经素养教育提供了依据和保障。

第二，完善立法，为规范推进全国性财经素养教育提供法律保障。2009 年 1 月，《经济教育支持法》由国民议会全体会议通过，并于 2009 年 2 月 6 日正式发布执行，该法案由企划财政部提出，对韩国财经素养教育相关学会、研究机构、区域经济教育研究中心的成立提供了法律保障和功能指导。①

第三，以研、评促教，政策研究与评价不断推进财经素养教育发展。1994 年，韩国创立《经济教育研究》期刊，截至 2019 年 10 月，已刊发 1000 多篇财经素养教育相关文章，还有地方各市道也纷纷创办相关刊物或增设专栏。政策研究与评价构成韩国财经素养教育实践与推进中的重要一环。

韩国推进财经素养教育体系的主线是教育改革，尤以教育改革方案中的课程修订最能反映当前的教育理念及政策。迄今为止，韩国共经历了七次教育改革②，对教育的基本方向和具体课程做了多次调整。1995 年的第六次教育改革中，韩国政府启动教育改革方案，并积极推行地方自治制度。在此背景下，青少年经济教育课程体系得以构建并沿用至今。韩国教育改革方案是不断修订完善的，根据国家实际情况和需要不断融入新理念以适应国家发展的需要。21 世纪以来，韩国经济教育课程主要经历了两次修订，分别是 2009 年修订案与 2015 年修订案，其中 2015 年修订案对经济教育课程体系的修订较为明显，在教育内容中进一步体现了民族主义要素。下文重点分析影响韩国财经素养教育体系构建和实践推进的几次重要的教育改革过程。

1. 韩国第六次教育改革中构建的经济教育课程体系

虽然后来进行了多次修正和变革，但最基本的框架是在第六次教育改革中确立的。第六次教育改革中构建的经济教育课程体系，由资源的稀缺性、行业及经济生活、经济理论、消费、生产活动与企业行为、职业、货币理论、贸易与国际贸易共八个维度的内容构成，每个维度的具体课程被安排在不同教育阶段中。小学、初中、高一的课程均为必修课，高二、高三实行文理分科之后，所有课程以选修课的形式供不同类型学生选择。如表 4-1 所示，韩国青少年经济教育课程体系是多维度、分阶段层层递进的，二维层次结构特征明显。

---

① 韩国国家法律信息中心. 2016. 经济教育支持法. http://www.law.go.kr/lsEfInfoP.do?lsiSeq=180326# [2018-12-25].

② 韩国第一次至第七次教育改革分别始于 1955 年、1963 年、1973 年、1982 年、1989 年、1995 年、1997 年，虽然 2007 年、2009 年也提出一些改革，但是由于改革内容较少，遂不以第八、第九命名。因此，至今为止，教育部公认的教育改革共七次。

表 4-1　韩国第六次教育改革中构建的经济教育课程体系及内容

项目	小学	初中	高中	
			高一	高二、高三
资源的稀缺性		稀缺性的概念、稀缺性和权衡取舍的关系、资源的稀缺性、机会成本的概念	稀缺性、权衡取舍、机会成本	日常生活和经济行为、经济问题和选择、经济信息的应用、由经济决定的过程
行业及经济生活	行业分工		企业伦理的判断基准	经济生活的发展、世界各地的经济生活方式、经济活动和经济伦理
经济理论				经济理论的构成、理解经济变数、解释经济资料
消费	消费的概念、理性消费的过程及办法	消费的主题、需求的法则	消费者的理性决定	家庭的消费活动、消费的决定因素
生产活动与企业行为	理解生产活动、生产活动的分类	生产活动的主体、企业	企业的角色、企业角色的判断基准	供给的决定因素、企业的各个形态、产业发展和企业的角色
职业	职业的角色、职业的种类、理性职业选择			择业观和职业选择、经济发展和劳动的关系、劳资关系
货币理论	货币的需要性、金融机构的种类、金融机构的角色	货币的发展历史、货币交换单位、税金的制定和预算、通货膨胀的变化和物价		通货膨胀和金融政策、理解政府预算过程、物价变动的原因和对策
贸易与国际贸易		国际贸易的需要性、自由贸易和保护贸易、汇率		国民经济和贸易政策、国际贸易收支

资料来源：韩国教育课程和评价研究院. 1998. 基于国家教育课程的学生评价标准研究及课程内容开发（高中经济）. 清州：韩国教育课程研究院出版社，29-34

从纵向来看，对消费、生产活动与企业行为、货币理论这三个维度的教育贯穿小学及初高中，要求青少年自小学开始循序渐进地学习并理解与生产、消费及货币理论相关的知识；职业、行业及经济生活这两个维度，只在小学和高中设置课程；资源的稀缺性、贸易与国际贸易从初中开始设置课程；而经济理论这一维度的内容只在高中阶段以选修课的形式供感兴趣的学生学习。

从横向来看，针对小学生的经济教育课程并不涉及资源的稀缺性、经济理论、贸易与国际贸易这三个维度的知识，教育的具体内容为行业分工，消费的概念，理性消费过程及方法，生产活动及分类，职业的角色、种类及理性职业选择，货币的需要性及金融机构的种类与角色。该部分重点是让小学生接触并了解经济生活的方方面面。在初中阶段，共涉及五个维度的内容，学生开始学习资源稀缺性与国际贸易的相关概念，并进一步学习消费的主题和需求的法则、生产活动的主体，以及货币、税金、通货膨胀等相关的基础知识，而职业和行业及经济生活这两个维度的内容在初中阶段并不开设具体课程。高中分为两个阶段，即高一阶段和高二、高三阶段，高一必修课只涉及四个维度，课程内容围绕权衡取舍、企业伦理判断基准、消费理性决定及企业角色的判断基准等展开，重点是引导学生做出正确的判断和决定。高二、高三阶段，八个维度的课程全面开放，内容涉及宏观、微观、国际贸易等各方面内容。

从课程体系的设置来看，第六次教育改革一方面充分考虑了青少年认知和理解能力的变化过程，循序渐进地介绍自由民主经济背景下的各种经济现象，使青少年了解国民经济的构成及变化过程，知晓国际经济学原理；另一方面，第六次教育改革使大部分青少年在高中毕业后，对日常生活中的经济活动、经济问题、经济伦理、家庭消费活动、企业和产业发展、物价变化、国际贸易等有基本的认识，拥有正确的金钱观、价值观，并在经济生活中具备一定的做出正确财务决策的能力，以经济主体的身份为社会创造更多贡献。

2. 韩国第七次教育改革对经济教育课程体系的修订

1997 年开始的第七次教育改革对经济课程进行了修订，重点丰富和细化了初高中衔接课程及高中阶段的课程内容。高中教育作为中等教育的高级阶段，是提高劳动者素质，为更高学府输送人才的重要阶段[①]。第七次教育改革试行方案明确提出，高中经济教育课程的课程性质是“系统地学习经济知识，使青少年具有正确的思考力和价值观”。此次修订对标美国范式，针对经济学导论、微观经济学、宏观经济学、国际经济学方面的内容进行了修订，进一步补充并细化初高中衔接课程及高中阶段的课程，具体变化详见表 4-2。

表 4-2 韩国第七次教育改革及同期美国的青少年经济教育课程

项目	韩国				美国
	初三	高一	高一上学期	高二、高三	高中阶段
分类	社会	经济	生活经济		
经济学导论	基本经济问题、理性选择、经济生活的变迁、经济信息		经济信息、未来经济趋势	经济决策、经济体系、利润动机、竞争情报、经济伦理	稀缺性、机会成本、经济体系、经济制度、激励机制、货币互相依赖
微观经济学	市场经济、价格功能、需求·供给、公平竞争、经济伦理		家庭消费生活、储蓄·投资·投机、资产管理、创业、消费者权利·义务	理性消费、需求弹性·供给弹性、企业经营、公共选择、市场失灵、政府失灵	市场和价格、需求·供给、竞争与市场结构、收入分配、市场失灵、政府的角色

① 韩国青年高中毕业并进入高等教育后，家庭和个人需要承担高额的教育成本，因此大部分高中毕业的青年面临着暂时就业或直接就业的压力，积累基本的财经知识将有助于青少年在真实的社会生活中做出抉择并养成理性健康的金钱观和价值观。

续表

项目	韩国				美国
	初三	高一	高一上学期	高二、高三	高中阶段
分类	社会	经济	生活经济		
宏观经济学		国内总产出、通货膨胀、经济增长、经济问题（物价·失业）	工作与职业、雇佣、劳动市场、劳资关系、金融（储蓄·投资·信用卡等）、赋税	国民生产总值、经济变动、经济政策、经济发展·福利、均衡分配	国民生产总值、总供给、总需求、失业、物价、金融政策、财经政策
国际经济学		国际化、贸易、比较优势、汇率、国际收支、国际竞争力、经济协力、国际货币基金组织、世界贸易组织（World Trade Organization，WTO）	国际化、市场开放、环境和经济	比较优势、汇率、未来经济走向、韩国经济的统一	绝对优势、比较优势、贸易壁垒、国际收支、汇率

资料来源：Saunders P，Bach G L，Calderwood J D，et al. 1993. A framework for teaching the basic concepts. New York：National Council on Economic Education

第七次教育课程试行方案的内容开发基于两个基本原则，一是“生活的必要性”，二是“追求知识”，具体内容涉及社会和国家的需求、学生的心理情况、哲学体系等。[①]对比第六次教育改革的经济类课程，第七次教育改革主要做了以下三方面的改进。

第一，对标美国标准，补充了课程及教学内容。经济学导论方面，课程教育补充经济体系、竞争情报、未来经济趋势等内容；微观经济学补充公共选择、市场失灵、政府失灵、储蓄·投资·投机等内容；宏观经济学补充经济问题（物价·失业）、金融（储蓄·投资·信用卡等）等内容；国际经济学补充国际竞争力、经济协力、国际货币基金组织、世界贸易组织、未来经济走向、韩国经济的统一、市场开放、环境和经济等内容。新补充的这些课程内容进一步丰富了青少年经济教育的教育主题，更加贴近韩国当前的经济生活，符合社会发展需求。此外，第七次教育课程试行方案中还提出，韩国青少年经济教育需要添加以下一些内容：社会福利、道德风险、预算过程、税收规避、公共选择理论、自身利益（self-interest）、互投赞成票（logrolling）、成本–效益、地方财经调整制度、官员预算最大化动机、

① 韩国教员大学社会课教育过程改正研究委员会. 1997. 第七次社会课教育过程改正试案研究·开发（1997年度教育部委托研究课题达信报告书）. 清州：韩国教员大学出版社.

社会保险、失业保险、医疗保险、养老金等。①这为未来经济教育课程的进一步完善提供了方向。

第二，细化初三、高一的课程，增加财经知识教育的过渡性。从初三开始开设经济学导论和微观经济学方面的必修课，介绍基本的经济问题和相关概念。原本只在高二、高三阶段开设的经济伦理课，被安排到初三讲授。宏观经济学和国际经济学方面的经济课程，则细分到整个高中教育阶段，包括必修课和选修课。

第三，整个教育过程的逻辑体系进一步完善。改革后的课程体系更加注重国民经济的实际循环过程，遵循"企业的经营行为→劳动市场的生产活动→收入的消费·储蓄·投资→赋税·投票→国家服务的增进"这一国民经济循环过程开展教育，旨在培养能为该过程做出相应贡献的人才。

3. 2015 年经济教育课程体系修订方案

韩国第七次教育改革实施以来，课程修订制度不断变化，尤其是 2007～2009 年，课程体系经历了频繁的变化，这一方面反映了韩国教育改革在推进中的活跃性；另一方面也从侧面反映了经济教育领域出现一定程度的混乱局面。经济教育在实践过程中逐渐反映出来的问题包括：知识体系过于庞大使得教育更加侧重于理论学习；教育分工中随着地区之间的矛盾不断加深，分工趋于过度细化；中小学教育和教师培训体系往往被扭曲。基于这样的背景，教育部在 2015 年推出新一轮的修订，对比于前一次修订（2009 年修订），进一步改进了教学、学习及评价方法，使经济教育体系更加契合当前韩国国民教育发展需要。

1）政策变化

当前，韩国以 2015 年修订方案为指导，以培养所有学生的人文、社会、科学素养为基本教育理念，培养创新复合型人才，并与第四次工业革命的时代需要接轨，主要表现在教与学的内容和表现形式都发生了一定程度的变化，学习和评估方法进一步得到优化，并强调以学生为中心，开发更加有趣的高质量教材。

2015 年教育框架的修订是以 2009 年修订方案为基础进一步改进而来的。如表 4-3 所示，2009 年，韩国经济教育倡导以知识为导向，注重以下几个方面：①培养创新型人才；②增加创意活动，促进整体发展；③协调国家公共课程，加强学校课程开发与运作的自主性；④通过课程改革促进高考改革。但问题是 2009 年的课程开发缺乏明确的监管机制，对教科书的开发也未做明确的规定。因此，韩国在 2015 年进一步完善了经济教育课程体系。教育理念由知识导向转为以幸福学习为导向，注重以下几个方面：①培养创新复合型人才以适应第四次工业

① Choi B M, Kim J H, Lee M G. 2004. Analysis of economy-related textbook in the secondary school: focus on the public economy. The Journal of Curriculum & Evaluation，7（2）：227-248.

革命时代的需要；②通过适当培训来改进教学，学习和评估方法；③强调广义经济交易的理念，培养面向所有学生的人文、社会、科学的基本素养；④通过将课程与招生改革制度、教师培训联系起来，提高整体教育水平。区别于 2009 年修订方案的是，2015 年修订方案明确提出将自我管理能力、信息处理能力、创造性思维能力、审美能力、沟通能力和社交能力等六大核心能力，作为实施具体教育和“追求理想型人生”的六项核心能力，并强调需开发更加有趣和高质量的教科书。

表 4-3 2009 年和 2015 年经济教育课程的调整

项目	2009 年修订	2015 年修订
教育理念	以知识为导向的记忆教育	享受学习的幸福教育
课程修订方向	培养创新型人才	培养创新复合型人才
	增加创意活动，促进整体发展	面向所有学生的人文、社会、科学基本素养培养
	协调国家公共课程，加强学校课程开发与运作的自主性	通过适当培训来改进教学，学习和评估方法
	通过课程改革促进高考改革	通过将课程与招生改革制度、教师培训联系起来，提高整体教育水平
核心竞争力	对课程开发没有明确的监管制度	在“追求理想人生”中展示六项核心竞争力
教科书		开发有趣且高质量的教科书

资料来源：Choi J. 2017. Changes in the 2015 revised economic subjects curriculum. The Korean Journal of Economic Education，24（2）：75-99

2）经济教育目标的改革

当前，韩国经济教育的目标围绕理论知识、理性决策、价值观及态度三个层次展开。为了解实体经济的各种现象和波动、解决经济问题，青少年需要系统性地获取相关知识，学习实用的研究方法，具有解决问题的能力且形成正确价值观和生活态度，具体包括以下三个方面。

第一，运用系统的经济学知识，理解经济运行的原理，解释经济现象中固有的因果关系，预测未来的经济波动并能创造性地应对。

第二，具备获取、分析和评估国内外社会经济信息的能力，并能利用它进行理性决策，解决个人和公共经济问题，积极参与社会。

第三，基于正确的价值观和生活态度，发挥负责任的民主公民的作用，承担民主公民应有的责任。所形成的价值观和生活态度应立足于经济实体且有助于改善个人生活状况和发展国家经济。

第二节 社会层面的推进

随着教育改革的不断深入及地方教育自治不断深化，教育部门、地方政府和社会各界积极参与青少年财经素养教育，财经素养教育“共同体”初见雏形。韩国在社会层面上，公共机构、金融机构、学术界和民间团体积极参与各种经济教育活动，且形式多样，很好地支持和补充了学校教育。[①]社会层面的推进从以下三个方面展开。

一、私立教育研究机构和学术团体

私立教育研究机构和学术团体积极参与全国经济教育研究，包括教育评估、课程评价、实践推进等方面。韩国国内较为活跃的致力于经济教育研究的社会团体主要有以下三类。

1）韩国经济教育学会

韩国经济教育学会（Korea Economic Education Association，KEEA）成立于1994年3月，是韩国经济教育行业唯一的学会，在成立当年创办《经济教育研究》杂志，且每年举办夏季学术大会和冬季学术大会，在韩国公民财经素养教育体系中扮演着重要的角色。

2）经济教育研究所

经济教育研究所包括青少年财经教育协会、“希望”经济教育研究所、“希望”儿童经济教育研究所等。青少年财经教育协会致力于开展基础教育阶段的经济教育，制订各种经济教育计划，其内容体系丰富多样，旨在帮助学生成长为合格的社会成员乃至全球经济领袖。“希望”经济教育研究所是综合性的研究所，从对象上来看，包括幼儿、儿童、成年父母等人群；从内容上看，包括经济基础教育、职业教育等内容。

3）经济教育协会

经济教育协会主要指经营、金融类协会。首先，以韩国经营教育协会（Korea Management Education Association，KMEA）为例，该协会成立于1994年5月，根据《民法》第32条设立的，属培训机构性质。1999年1月，被劳动部指定为职业培训和就业保险培训机构，现为劳动部下属的非营利性公司。该协会旨在促

① Cho T, Lee H. 2011. A case study of economic education out of school: focusing on the local economic education center. Gyeonggi Research Institute，13（3）：289-311.

进工人终身技能发展，并支持企业培训。其次，韩国经济教育协会（Korea Association of Economic Education，KAEE）2016 年以前在扩大经济教育影响、加强经济教育机构之间的相互合作、发展民间经济教育等方面发挥着重要作用。该协会成立于 2008 年 12 月 5 日，是由企划财政部主动指派的用于促进经济教育的民间法人机构。该协会主要负责支持并促进韩国经济教育发展，调查经济教育状况等。但近几年来，经济教育协会因缺乏有效的监管机制，资金管理等问题，影响力急剧减弱，这也是韩国私立机构面临的主要问题之一。

二、社会精英（个人和团队）

韩国倡导“共同经济教育”理念，鼓励社会精英（个人和团队）进入校园。2010 年始，韩国实施一项新的教育政策，允许并鼓励不同领域的专家及团体走进校园开展公益演讲、培训等教育活动。政策一经颁布，就吸引了财经、法律、公共医疗等各个领域的专家纷纷到校园开展演讲、培训等公益活动，当年就吸引 340 多位社会精英及 50 多个团体到校开展校园公益活动。2011 年 12 月，到校开展经济教育活动的社会团体和个人数量就增长到 2010 年的 20 倍，之后数量一直呈稳步上升的态势。

三、银行等公共部门和企业

积极参与财经素养教育系统的公共机构主要有金融监督院、技术保证基金、区域经济教育中心、劳动教育院、小企业支持中心、邮政业务部、消费者协会、地方青年就业中心、韩国银行等，部分机构也受政府指派或监管（区域经济教育研究中心）。这些部门对地方、各市道经济教育发展发挥着重要的作用。2016 年起，各市道教育部门开始自行设计并开发新的经济教育项目。以 2016 年 9 月 21 日某市道与韩国银行签订的谅解备忘录合作协议为例，该合作协议中关于青少年经济教育的政策包含了韩国银行将为该区域的中小学生及高中学生提供职业体验活动，定期派遣在职员工到校内参与经济课程的教学，并与学校共同开发经济教育类教材及项目等，具有地方特色的这些项目将更加迎合地方教育发展的需要。

企业方面，一方面主动为学生提供实习机会，配合各市道教育部门设立并共同建设多样化的经济教育项目；另一方面，校企共建校外“第二课堂”。近年来，在基础教育阶段，特别是高中阶段，新增了经济主题演讲比赛等多种形式的教育载体。高中教育阶段学生自主选择教育课程，培养学生的兴趣成为各个学校的关注点。2017 年以来，围绕青少年招聘扩大方案、推进旅游观光业的相关方案、人口流入扩大方案、农业发展战略等现实经济问题，各市道联合地方企业积极举办以高中生为主的各类演讲比赛。这些活动既丰富了学生的“第二课堂”，培养了兴趣，又锻炼了青少年思考并分析经济问题的能力。

第三节 学校层面的推进

一、基本背景及理念

韩国财经素养教育的实践依托于教育部主导推进的教育改革，而教育改革的核心就是课程体系的修订与完善。学校经济类课程教育是韩国开展财经素养教育的主要载体。当前，学校普遍认为经济教育并不是单纯地要求学生背诵经济概念，而是要提高理性和创意兼具的经济思维能力。学校开展经济教育的目的是通过对经济知识和价值的教育，培养学生利用经济学原理进行理性决策的能力。总的来说，韩国经济教育的目的是培养对经济体制持积极态度且能够为国家发展做出积极贡献的公民。①

韩国认为在学校尤其是高中阶段大力推进经济课程教育是十分重要的，主要基于以下三个理由。

第一，在资源有限的情况下，经济教育对于实现国民消费的合理化是必要的。经济活动旨在满足人类的需求，人类对经济活动感兴趣的根本原因是人类的需求是无限的，而作为生产资料的资源数量非常有限，任何制度下的经济必须面对选择问题的根本原因就是资源稀缺。因此，“经济”一词本身就意味着“理性消费”，经济教育对于实现国民消费的合理化是不可或缺的。

第二，有必要培养合理解决未来经济社会所遇到的经济问题的能力。学生是未来经济社会的主体，将作为生产者或消费者发挥独立作用。因此，迫切需要经济教育来帮助他们提高理性思考和解决经济问题的能力。

第三，有必要提高经济学知识在现实生活的实用性。对大多数韩国学生来说，接受系统而实用的经济教育的最后一次机会是高中经济教育，这意味着在学校开展经济课程教育并在现实生活中对年轻人继续开展经济教育是必不可少且相辅相成的，这一方面可以促进他们终身学习；另一方面有助于他们将知识应用于实际生活中。

总之，由于周围环境的影响，社会往往受到不合理决策的影响。通过教育使人们对经济现象有准确的认识和判断，是提高国家竞争力和促进经济发展的必要

---

① Kim E S，Jeong S S. 2017. An analysis on determinants of effectiveness in youth economic education. Journal of Social Science，(19)：1-40.

条件。通过加强经济教育，提高个人生活质量，有助于培养理性且负责任的韩国公民。因此，经济教育被认为是学校教育必不可少的一部分。

二、分维度课程体系

当前中小学的课程教育框架基本延续着第七次教育改革中的课程体系。2007年以来，韩国经济教育在幸福教育理念的指引下，更加注重对知识体系的构建和强化，对不同维度的内容进行不断整合和调整，以2015年的修订最为显著。以高中阶段的课程框架为例（表4-4），当前韩国经济教育课程体系从五个维度展开，分别为：经济生活和经济问题、市场经济活动、国家经济活动、世界市场与贸易、经济生活和金融。每个维度下设置3～5个内容要点，共21个要点，较2015年以前的27个减少了6个要点，降幅为22.2%。

表4-4　2015年修订的经济教育课程体系框架（高中）

领域	内容要点
1. 经济生活和经济问题	1.1 稀缺、理性选择 1.2 成本和收益、经济激励措施 1.3 市场经济体制的特征 1.4 家庭、企业和政府的经济活动
2. 市场经济活动	2.1 需求、供应 2.2 劳动力市场、金融市场 2.3 市场均衡 2.4 资源配置效率、盈余 2.5 市场失灵、政府干预、政府失灵
3. 国家经济活动	3.1 经济增长、韩国经济的变化 3.2 国民经济的流通、GDP 3.3 失业、通货膨胀 3.4 总需求和总供应量 3.5 财政政策、货币政策
4. 世界市场与贸易	4.1 贸易原则 4.2 贸易政策 4.3 外汇市场、汇率 4.4 国际收支
5. 经济生活和金融	5.1 收入、支出、信贷、储蓄、投资 5.2 资产和负债管理 5.3 财务规划

尽管近几年韩国国内不断提出要摆脱原有知识体系的束缚，以追求幸福教育为理念，但当前的框架仍是以理论为中心，短期内可能无法摆脱对经济学原理学习的传统教育方法（表4-4），因此课程改革中提到的不断减少理论“填鸭”，转变

为以学生为中心的课堂教学还有较长的路要走。

韩国教育课程体系中，五个维度是有一定层次结构的，并非简单的知识并列结构，从日常生活到市场、国家、世界，从范围上来说是有递进关系的，这更有助于学生理解并学习有关经济的知识。第五个维度“经济生活和金融”是在2009年修订中新增的，是一些学者和强调实用经济学的金融界人士强烈要求的结果。这个维度要求理解合理规划个人金融生活的重要性和了解各种金融产品的特征，以帮助实现财务的合理规划的目标。

三、课程目标体系

根据“五维”框架，教育部对经济教育课程体系设置明确的教育目标。2009年共设置了28个目标。2015年在此基础上进一步修订，将目标总数减至19个，减幅相当大。部分目标进行了合并或删除。下文分维度阐述2009年和2015年对教育具体目标的修订情况。

1. 维度一：经济生活和经济问题

如表4-5所示，最重要的特征是2009年修订版维度二中的内容已经被整合到2015年修订版的维度一中，目的是减少学生的学习量。具体整合内容如表4-6所示。第二个特点是删除了原1.3目标“可以通过分工和比较优势的专业化来解释个人、企业与国家对利益的追求”，该目标与2009年修订版维度五和2015年修订版维度四的内容存在重复现象。

表4-5　维度一教育目标体系修订情况

2009年修订	2015年修订
1.1 可以理解理性选择的必要性和资源稀缺造成的经济问题	1.1 知晓人们经济生活中存在资源稀缺性，并理解理性选择的必要性
1.2.1 可以理解，在决策过程中应该考虑成本和收益及边际成本的理性选择 1.2.2 在选择过程中，可以解释人们对经济激励的反应	1.2 可以理解，在决策过程中应该考虑成本和收益及边际成本的理性选择，并可以解释人们对经济激励的反应。（原1.2.1和1.2.2的合并）
1.3 可以通过分工和比较优势的专业化来解释个人、企业与国家对利益的追求	已删除
1.4 能介绍各种经济体系的优点和缺点，并解释市场经济的基本原则和支持它的社会制度	1.3 比较各种解决经济问题的方法的优缺点，了解市场经济的基本原则和支持它的社会制度 1.4 了解家庭、企业和政府等经济实体在国民经济中的基本作用。（这部分内容来自于2009年版本中维度二的内容）

资料来源：Choi J. 2017. Changes in the 2015 revised economic subjects curriculum. The Korean Journal of Economic Education，24（2）：75-99；韩国教育部官网（2015-74号公告）

表 4-6　2009 年框架中维度二具体目标被整合情况

2009 年修订	2015 年修订
2.1 可以用商品消费者和生产要素供应者理论来解释家庭的经济作用	包含在 1.4 中
2.2.1 可以解释劳动对社会和经济的重要性 2.2.2 可以预测和解释由于社会变化引起的职业变化	已删除
2.3 可以用商品供应商和生产要素的消费者来解释企业的经济角色 2.4 可以解释政府的经济作用（理解有效资源分配，收入再分配，经济增长和稳定的基本作用），侧重于金融活动	1.4 了解家庭、企业和政府等经济实体在国民经济中的基本作用

资料来源：Choi J. 2017. Changes in the 2015 revised economic subjects curriculum. The Korean Journal of Economic Education，24（2）：75-99；韩国教育部官网（2015-74 号公告）

2. 维度二：市场经济活动

对于维度二，如表 4-7 所示，主要变化如下。

第一，在 2009 年框架修订中虽未提及“需求·供给弹性”，但是这部分内容由于学生出错率太高，现已不作为目标内容之一。

第二，2015 年教育课程修订中，将“可以说明劳动市场和金融市场的供求原理的特征”与“可以说明市场价格由供求决定和变动”合并到第一个目标中。

第三，2015 年修订的教育课程中明确指出了影响市场失败的因素。

表 4-7　维度二教育目标体系修订情况

2009 年修订	2015 年修订
3.1 可以说明市场价格由供求决定和变动	2.1 了解市场价格的决定和变动原理，把供求原理运用到劳动市场和金融市场等方面
3.2 可以说明当市场竞争趋于均衡时，资源实现有效的分配（总剩余价值的最大化）	2.2 可以说明当市场竞争趋于均衡时，资源实现有效的分配（总剩余价值的最大化）
3.3 可以说明劳动市场和金融市场的供求原理的特征	合并到 2.1
3.4.1 可以说明因市场失败而引起的问题和解决方案	2.3 掌握竞争的限制，外部效果，公共财产和共享资源，信息不对称等造成市场失败的因素
3.4.2 可以说明因政府失败而引起的问题和解决方案	2.4 为改善市场失灵现象，了解政府对市场介入和由此可能出现的问题，并寻求补救方案

资料来源：Choi J. 2017. Changes in the 2015 revised economic subjects curriculum. The Korean Journal of Economic Education，24（2）：75-99；韩国教育部官网（2015-74 号公告）

3. 维度三：国家经济活动

如表 4-8 所示，国家经济活动方面的教育目标基本保持不变。

表 4-8　维度三教育目标体系修订情况

2009 年修订	2015 年修订
4.1 可以理解经济增长的意义和影响因素，并说明韩国经济的变化和成果	3.1 理解经济增长的意义和因素，从均衡的视角评价韩国经济的变化和经济成果

续表

2009年修订	2015年修订
4.2.1 在经济循环过程中，可以说明经济主体的作用 4.2.2 可以利用经济主体的支出和收入来说明国民经济发展水平	3.2 了解经济的循环过程，用经济主体的支出和所得来说明国民经济发展水平
4.3 可以说明失业和通货膨胀的原因及其对经济的影响，并提出解决方案	3.3 可以说明失业和通货膨胀的原因及其对经济的影响，并提出解决方案
4.4 可以通过总需求和总供给的关系了解经济变动，提出经济稳定政策	3.4 利用总需求和总供给理解经济变动，通过财政政策和货币政策探讨经济稳定化方案

资料来源：Choi J. 2017. Changes in the 2015 revised economic subjects curriculum. The Korean Journal of Economic Education，24（2）：75-99；韩国教育部官网（2015-74号公告）

4. 维度四：世界市场与贸易

该维度的名称由“世界市场和韩国经济”改为“世界市场和贸易”。在具体内容上，框架明确指出贸易原理的核心在于比较优势；删除了“可以提出全球化和信息化对韩国经济产生的影响和应对方案”的这一具体教育目标（表4-9）。

表4-9 维度四教育目标体系修订情况

2009年修订	2015年修订
5.1 可以说明贸易原理和贸易政策的经济效果	4.1 以比较优势带来的特色化和贸易为核心，理解贸易原理、自由贸易及保护贸易政策的经济效果
5.2 可以说明汇率的决定和汇率变动过程，及其对国家经济和个人经济生活产生的影响	4.2 可以说明外汇市场上汇率的决定和汇率变动过程，及其对国家经济和个人经济生活产生的影响
5.3 可以说明国际收支的主要构成和国际收支对国家经济的影响	4.3 理解商品，服务及资本流动带来的国际收支变化
5.4 可以提出全球化和信息化对韩国经济产生的影响和应对方案	已删除

资料来源：Choi J. 2017. Changes in the 2015 revised economic subjects curriculum. The Korean Journal of Economic Education，24（2）：75-99；韩国教育部官网（2015-74号公告）

5. 维度五：经济生活和金融

经济生活和金融维度方面的教育目标基本保持不变，如表4-10所示。

表4-10 维度五教育目标体系修订情况

2009年修订	2015年修订
6.1 理解金融的意义和重要性，可以说明收入、支出、储蓄、投资、负债、信用的意义和作用	5.1 在现代经济生活中，要认识到金融的意义和重要性，理解为了现在和未来的生活，收入、支出、信用、储蓄、投资的意义和作用
6.2 了解影响收入和支出的因素，并说明管理资产和负债的方法	5.2 了解影响收入和支出的因素，了解个人资产和负债合理管理方法

续表

2009 年修订	2015 年修订
6.3 可以理解资产管理的原则，并说明多样的金融商品的特性	5.3 适当发挥管理资产的能力，要掌握资产管理的原则，了解并比较各种金融商品的特性
6.4 了解生命周期，可以制定长期财务目标，制订财务计划	5.4 考虑到个人的一生，设定健全的金融生活目标，制订自己的财务计划

资料来源：Choi J. 2017. Changes in the 2015 revised economic subjects curriculum. The Korean Journal of Economic Education，24（2）：75-99；韩国教育部官网（2015-74 号公告）

如上所述，五个维度的具体目标数量从 2009 年的 28 个降到了 2015 年的 19 个。从数量上看减幅相当大，其中被合并的目标有 7 个，实际被删除的目标有 4 个，其他 3 个是由于目标合并或名称改变造成的。具体而言，2009 年修改版的第二维度被合并到 2015 年修订版的第一维度后，“经济主体的作用和议事决定”中有关“经济主体议事决定”的 2 个目标被删除，第四维度中有关全球化和信息化的目标从“世界市场和韩国经济”中被删除。第一维度中“可以通过分工和比较优势的专业化来解释个人、企业与国家对利益的追求”一项目标被删除。

总体而言，2015 年修订的经济课程的教育评价标准在内容上与 2009 年修订没有特别大区别，而且都非常抽象。但是，在第一维度中，学生理解相对困难的“可以通过分工和比较优势的专业化来解释个人、企业与国家对利益的追求”等相关目标被删除，而且对现实经济关系相对较低的弹性方面的目标也被删除，进一步体现了韩国在简化理论知识，侧重学生体验方面做出的努力。

四、课程教学方法

韩国经济教育课程主要集中在高中阶段。2015 年经济教育课程修订方案中第一次提出分维度教学与学习方法。这是近三年来韩国学校经济教育课程的最大特色。

如表 4-11 所示，在教育改革方案中，韩国经济教育的教学方法多样，包括概念学习、案例研究、模拟学习、活用报纸、辩论等方法，具体的评价方法也相应有所不同。这种分维度教学方法体现了韩国公民财经素养教育框架的进一步细化。

表 4-11 韩国不同维度经济教育教学方法和评价方法的主要内容

维度	内容要点	教学方法	评价方法
1. 经济生活和经济问题	1.1 稀缺，理性选择 1.2 成本和收益，经济激励措施 1.3 市场经济体制的特征 1.4 家庭、企业和政府的经济活动	模拟学习 概念学习（使用原型模型） 案例研究	撰写报告 完成成本效益分析任务

续表

维度	内容要点	教学方法	评价方法
2. 市场经济活动	2.1 需求、供应 2.2 劳动力市场、金融市场 2.3 市场均衡 2.4 资源配置效率、盈余 2.5 市场失灵、政府干预、政府失灵	活用报纸的课程 游戏课程 问题辩论等	分组演示 撰写报告 画报/书签展示
3. 国家经济活动	3.1 经济增长、韩国经济的变化 3.2 国民经济的流通、GDP 3.3 失业、通货膨胀 3.4 总需求和总供应量 3.5 财政政策、货币政策	合作学习（管辖模式等） 活用报纸的课程 利用统计数据和可视材料	合作学习、写作 个人短文写作 由宏观经济指标绘制图表
4. 世界市场与贸易	4.1 贸易原则 4.2 贸易政策 4.3 外汇市场、汇率 4.4 国际收支	辩论问题类，讨论类 活用报纸的课程	评论论文 撰写文章摘要
5. 经济生活和金融	5.1 收入、支出、信贷、储蓄、投资 5.2 资产和负债管理 5.3 财务规划	合作学习（法理学模型） 模拟投资游戏 排除类故障	撰写报告 财务分析公告

资料来源：韩国教育部官网（2015-74 号公告）

除了从不同维度开展教学活动以外，学校教育开始不断强调跳出理论知识框架，注重提高学生经济教育的实践能力。其教学与学习方法重点强调了以下十个方面。①理论与实践相结合。学习经济方面的基本知识和原理，掌握主动探究的技能，培养正确思考和解决问题的能力，树立正确价值观，培养实践能力。②学生自主学习能力的培养。培养并提高学生对经济现象和经济问题的认识和理解，提高创造性自主学习的能力。③兴趣培养。通过使用与学生实际生活经历密切相关的案例，扩大其对经济现象的兴趣，进而发现经济现象的原理，并最终将其应用于实际生活中。④鼓励并培养学生正确分析经济现象的能力。认知和分析经济现象时，鼓励学生通过观察和分类经济现象或经济事实来加深对相关原理和概念的理解。⑤灵活运用和分析各类经济信息。学习如何阅读、分析和预测各种类型的经验数据，如经济图表、统计数据、报告和年度数据，并可以通过报纸、杂志和互联网等各种媒体识别和分析各种经济信息。⑥积极引导学生探究真相并做出决策。利用有争议的经济问题来探讨经济问题，区分事实和价值观，检查相关数据的可行性和可靠性，提出替代方案，并做出合理的决策。⑦价值观培养。研究确定与经济现象相关的各种价值观，培养社区成员所需的民主价值观。⑧活用材料以加深理解。利用各种类型的材料，如文学作品、报纸文章、广播、电影和历史记录，以便了解与其他社会现象相关的经济现象，并从整体上全面地理解它们。

⑨根据教学内容选择合适教学方法。最有效的教学方法是根据学习内容的性质，切实开展各种教学方法，如讨论、演讲、论文、调查、案例研究、访谈和经验等。⑩开发实体经济类模拟游戏。为了激发学生的兴趣，拓宽其对实体经济的理解，在学习中可以体验与实体经济相关的各种模拟游戏，如供需博弈和模拟投资博弈等游戏。

五、综合评价体系

1. "六位一体"财经素养综合评价体系

1991 年出台《地方教育自治法》后，韩国正式拉开地方教育自治的序幕。地方教育自主权的加强促进了教育领域的分权化和自律化，形成地方教育多样化和特性化局面，但在一定程度上也导致各地区教育水平差距两极化等问题。为加强教育机构的自律性和问责性，韩国政府从 1998 年起实施中小学定期评价制度，参考评价机构对学校的评价结果并对不同学校施以援助，以评价-竞争为主导的模式激发了学校提高教育质量。[①]这种模式要求评价结果必须符合客观实际并具有较高的质量，因为评价体系的设定、实施与利用将直接关系教育资源的合理分配与未来教育改革的进一步实施。

经济类课程教育的实施成果评价基于对学生财经素养的评价。实施第七次教育改革之前，采用单一的选择题来评价学生对经济知识的掌握程度，缺乏对学生理解能力及参与程度的考察。而新的考评方式大大降低了选择题的比例，新增了叙述和论述类等题型，鼓励学生做财经报告并观察学生对经济问题的理解程度，同时参考老师评价及同学之间的相互评价。韩国教育评价机构逐渐建立报告类评价、论述类评价、叙述类评价、单答题类评价、选择题类评价及同学相互评价"六位一体"的综合评价体系（图 4-2）。多样化的评价方法充分考虑到学生的理解程度与参与程度。

2. 分维度评价体系

对应于分维度教学方法，韩国学校对经济教育课程的评价方法也是对应分维度的（表 4-11）。对应于不同维度的经济知识，分别采取撰写报告、演示、绘制图表等评价方法，但是事实上学校在实际开展教学和评价过程中，考虑到经济教育内容体系的庞大，往往还是集中利用数学能力测试和学校记录簿。[②]表 4-11 所展示

① 金红莲. 2014. 韩国多层级教育机构评价制度及其特点. 外国教育研究，41（8）：109-120.

② Choi J. 2017. Changes in the 2015 revised economic subjects curriculum. The Korean Journal of Economic Education，24（2）：75-99.

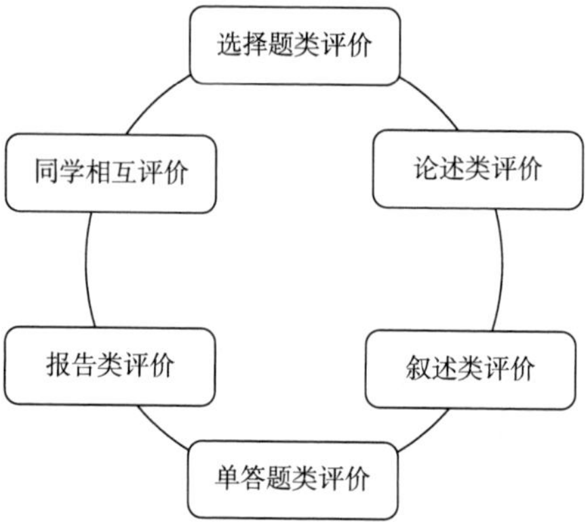

图 4-2 韩国“六位一体”的财经素养综合评价体系

的分维度开展的教学方法和评价方法要实际应用于教育领域被普遍认为还需要一段时间。

2009 年以后，各学段课程教育提出在开展教学评价时应注意以下九个方面内容：①评估教学内容和方法与课程标准中提出的经济教育的目标是否一致；②实时跟踪了解学生在学习过程中达成的成就水平，并帮助其持续提高；③不断评估教学内容和教学方法的适当性并反过来改进教学和学习过程；④经济主体的评价应以教育框架中提出的教育目标为基础，评价内容不仅应包括知识内容评价，还应均衡价值、态度方面的内容；⑤对经济知识方面的评估侧重于经济概念，解决经济问题所必需的经济概念，以及对复杂原理的理解；⑥注重评估学生收集、分析和利用知识要点等相关信息的能力，它侧重于评估对经济现象和经济问题的认知、决策及参与能力；⑦对价值观、生活态度的评估侧重于在个人和国家及社会方面内化理想价值的能力，并基于此分析评估与经济现象相关的价值问题；⑧灵活运用行为观察、自我报告、访谈、听写、讨论、态度考察、论文评述等各种方法；⑨收集和评估定量数据，量化跟踪学习者思维能力和价值态度取向上的变化。

六、当前面临问题

韩国学校在贯彻落实经济课程教育改革中取得了许多成就和有益经验，但也面临着诸多问题，主要表现在以下四个方面。

第一，中小学经济教育的主要问题是过于注重理论教育而忽视了现实体验。韩国经济教育涉及知识面较广，知识体量庞大是当前经济教育面临的一大“尴尬”，且短期内可能无法取得实质改变；此外在评价体系中对课程和学生的评价往往局限于知识领域内的评价，缺乏考查学生是否切实提高思考力的评价方法。

实践证明，对经济概念或经济现象的理解，一定要通过体验、灵活应用课堂教育或实习教育的方法，但这种理念与现在以应试升学为主的教育大环境存在一定矛盾。

第二，教师在开展教学的过程中，自身的经济知识储备和教育方法仍有待提高。根据近期韩国开发研究院（Korea Development Institute，KDI）经济信息中心的某项调查结果显示，当被问到“在教学过程中是否认为自己缺乏经济知识？”时，几乎所有教师都给出肯定的回答。从具体内容上看，认为自己缺乏“汇率与国际经济领域”相关知识的教师占比 35%，股票、债券等投资领域（32.5%）排第二。而认为缺乏经济理论（17%）、消费生活（10%）、经济思想发展（3.8%）等方面知识的教师相对较少。这是由于教师自身也面对着日益变化的经济环境，需要不断加强培训以应对当前因经济全球化而引起的国际贸易、风险、国际通商等方面经济知识的贫乏。

第三，经济教育课程在学校课程教育中的地位相对较低。以 2008 年、2009 年的统计结果为例，2008 年，在所有 2190 所高中学校中，开设经济科目的高中有 685 所，也就是说，全国约 31%高中生在学校学习经济科目。经济课课时占社会课课时的比重仅为 1/16，而这一现象在这几年并未得到实质改变。不仅如此，介于庞大的教育内容体系，当前学校里用的经济教科书大部分都是《经济学原理》，该书包含了很多内容，很难在课堂上完成全部内容的教学。而且课堂内容与实际经济生活存在较大距离，导致学生的关注度和兴趣度不断降低，这是中学经济教育里最大的问题。

第四，贯彻落实国家战略提出的教学和评价方法仍需一段时间。当前，经济教育课程提出了分维度教学和评价方法，较 2015 年以前取得了突破性的进展，但是面对当前知识体系，学校对学生学习内容和效果的评价仍主要集中在数学能力测试和学校记录簿，应用于实际教学与落实落地不同维度教学、评价方法仍然任重道远。

第四节 经验启示

财经素养教育是促进个人理性适应现实社会生活，养成良好价值观和财富观的重要手段，也是培养适应未来挑战的人才的重要一环。20 世纪 90 年代以来，韩国在经济教育的课程体系改革、评价体系构建、产学研结合等实践中，为正在探索起步中的其他国家提供了若干启示。

一、做好顶层设计是关键

在经济全球化的背景下，财经素养教育不仅关系到国民个人的素质，也关系到国家人力资源的竞争力。据不完全统计，目前已有五十多个国家将财经素养教育纳入国家战略。我国需要在借鉴国际经验的基础上，制定具有全球视野和自身特色的财经素养教育的实施战略。在这个战略中，明确财经素养教育的目标、任务和举措。目前中国财经素养教育协同创新中心牵头制定的涵盖幼儿园至大学五个学段的《中国财经素养教育标准框架》就是一项极为关键的顶层设计，而如何科学制定适合各学段财经素养教育的发展模式，将是全社会尤其是教育部门和各级各类学校的一项任重道远的任务。

二、建设课程体系是基础

课程是教育的核心部分。要根据经济社会发展和对个人财经素养的要求出发，依据各学段的教育标准，对生产、销售、消费、投资、储蓄、贸易等日常经济生活中最基本的经济现象和规律进行梳理与总结，设计出相关维度及每个维度中各学段的具体课程体系和教材内容。为各学段设计科学合理的课程是开展财经素养教育的一项重要的基础工作，循序渐进、逐步深入的课程体系和教学安排，将有效帮助青少年正确理解经济现象并应用财经知识去解决现实中遇到的问题。

三、完善评价体系是手段

评价体系是财经素养教育体系建设的重要一环，关乎教育资源的合理分配及财经素养教育的可持续发展。单一的评价方法不足以全面反映个人的财经素养水平，应设计一套角度全面、手段丰富并且易于统计的考核指标体系。一方面应具备评价基本知识掌握程度的选择型测评指标，也要有论述、讨论、口头或书面报告等反映青少年理解、分析和表达能力的测评指标；另一方面应丰富统计手段，既包含易于实施与结果收集的应试测评，同时要参考教师及同学之间的相互评价用于补充和佐证评价结果。此外，深入推进政府管理、学校办学、教育评价相分离，科学引入第三方评估，以提高教育评价的客观性和可信度。

四、营造协同环境是途径

作为一项系统工程，财经素养教育需要社会各界力量的协力推动。在现阶段，需要大力推进中国财经素养教育协同创新中心的建设，充分调动各类教育研究机构的力量，开展财经素养教育的相关课题研究，为构建和完善财经素养教育体系出谋献策。首先，加强与银行、证券、保险等金融机构和实业部门的合作，鼓励行业精英到校以演讲或开课的方式传授财经知识；其次，加强与财经院校的合作，为中小学培养相关专业师资；最后，加强与财经类博物馆的合作，努力将其办成财经素养教育的实践基地。只有政产学研用诸领域的相互协同合作，才能有效加快财经素养教育事业发展的进程。

第五章 新加坡的财经素养教育

新加坡位于马来半岛的最南端，面积 724.4 平方公里，截至 2018 年 12 月，总人口约 564 万。新加坡是世界上最小的 20 个国家之一，一城即一国，自然资源极其贫乏。1965 年，新加坡退出马来西亚联邦正式独立，此时，新加坡的经济极为落后，经济结构单一，依赖转口贸易，工业及其他行业基础非常薄弱。[①]在独立后的短短 50 余年时间里，经济发展迅速，人民生活水平大幅度提高，2007 年新加坡的人均 GDP 高达 34 152 美元，居世界第 21 位，是东南亚最发达的国家，可谓创造了一个经济奇迹。[②]因为经济基础薄弱，早期发展时市场远远没有达到“正常运作”的程度，为了推动经济的正常发展，新加坡政府不是采取校正市场失灵的措施，而是直接参与市场的形成和运作。[③]因此，新加坡经济被认为是典型的政府主导型，政府具有强烈的经济建设意识，将推动经济发展作为政府的工作重心，通过谨慎地实施干预政策促进人力及资本的迅速积累、资源的有效配置及技术水平的迅速提高，从而实现经济的高速增长。通过强权政府和法治手段稳定社会秩序及经济秩序，进而提供了一个和谐的社会发展环境。

亚洲金融危机爆发后，世界经济发展失衡。在世纪之交，新加坡经济出现了剧烈的波动。1997 年东南亚国家爆发了严重的金融危机，使东南亚各国经济受到重创。新加坡虽以其稳固的经济基础、充足的外汇储备及良好的国际收支状况，将金融危机的冲击力降到最低。但是，在世界经济紧密联系的背景下，受相邻国家经济倒退的影响，新加坡最终还是受到了影响。1998 年，新加坡经济严重衰退，经济增长率仅为 0.1%。这一时期带来的经济困境，对新加坡公民的工作和生活造成巨大的冲击。尤其没有经历过经济困难考验的年轻一代，他们对国内经济形势并不看好，也缺乏应对的理性分析能力和毅力。

---

① 张青. 2004. 新加坡——创造经济奇迹. 香港：香港城市大学出版社：31.

② 张超. 2008. 加快中国—东盟自由贸易区发展的对策. 现代商贸工业，(09)：118-119.

③ 赵一红. 2004. 东亚模式中的政府主导作用分析. 北京：中国社会科学出版社：321.

随后，政府、社会层面有关财经教育、财经理论教育的改革在新加坡各地兴起。这一波改革浪潮不仅是对市场上既有的理财投资理念的宣传，更是对财经素养教育的宣传，不仅为当前的新加坡金融形势绘制了蓝图，且有助于帮助已具备一定投资意愿和投资敏锐性的新加坡公民对金融市场做出更为理性的判断与投资决策。

第一节 国家层面的推进

一、基本背景及理念

1. 基本背景

1）国家经济的需要

新加坡独立之初的经济取得举世瞩目的成就的一个重要原因在于其能巧妙地将政府的宏观调控与自由经济结合起来，保证国民经济的协调快速发展。新加坡政府对经济的“照顾”可谓无微不至，凡是与国计民生有重大关系的事项，如资源的分配、土地的使用、城市的建设、外资的吸收、教育的发展等，政府都制定明确的政策，并在宏观经济层面对其引导、调节，力求各方面都与经济发展高度配合，为经济发展创造最佳环境。

经历了 1997 年的金融危机后，新加坡进入一个重要的转折阶段，国内经济的结构性矛盾亟待解决，产业机构调整与升级乏力，国内外投资持续低迷，国内工资居高不下，失业率增加等问题突出。1998 年全国的失业率高达 4%，这是新加坡自 20 世纪 90 年代以来从未有过的情况，处于政府宏观调控下的“全民就业”的好景不再。2000 年新加坡总储蓄占 GDP 的比重为 49.5%，到 2001 年，这一数据下降到 46%。高储蓄是新加坡经济长期高速增长的动力之一，储蓄比重的下降使新加坡政府产生了很强的危机感。

2）公民个人的需要

新加坡公民收入的增长和投资意识的增强使财经素养教育成为公民个人发展的需要。新加坡统计局统计，以新加坡公民或新加坡永久居民家庭为例，家庭中至少有一人参加工作，平均每个月的收入中位数已从 2016 年的 8846 新元上升至 2017 年的 9023 新元，增长率为 2%；2017 年每名家庭成员月中值收入达 2699 新元，折合人民币约 13 204.83 元。

21 世纪初，随着新加坡经济的复苏和发展，金融服务业和金融机构也在改革的大潮中推出形式多样的理财和投资产品。一份来自花旗银行发布的消费者财富报告显示，1993～2003 年，新加坡公民的财富增加了 1140 亿美元，年复合增长率为 8%。在此期间，新加坡公民的现金和存款增长 4.4%，占资产总额的 24%；交由专家管理的资产以 10.5%的比率增长，占资产总额的 46%。作为国民人均收入处于较高水平的国家，新加坡公民的投资意识较强，这奠定了新加坡公民财经素养发展的基础。

为了在众多的市场产品中做出明智的选择，公民需要利用与财经相关的知识和技能武装头脑，成为理性的“经济人”。加强对公民的财经知识和技能的培养不仅对个人及家庭资产的分配日益重要，对新加坡国内经济结构转型和宏观经济的发展也至关重要。

2. 基本理念

随着人口老龄化的速度加快的形势日益严峻，新加坡政府转变传统管制思维，由全方面服务老年人的养老保障体系转变为强调个人对自己未来养老负责的“助人自助”的理念。

在新加坡，每个人都要靠自己养活自己，政府不会给个人发放养老金，个人所能花的钱就是自己年轻时积存的公积金，而公积金的多少完全取决于自己的工资收入。工资收入越高，公积金的存款越多；工资收入越低，公积金的存款相应也越少。在这种机制下，每个人都要为自己的养老负责，因此年轻时就必须努力工作，为自己的老年生活做好储蓄准备。该制度不仅有效地解决了新加坡的养老难题，而且为新加坡社会经济的稳定发展提供了重要的保证。

二、组织机构及保障

新加坡的财经素养教育之所以能获得较快的发展，除了国家战略的推动外，新加坡金融管理局（Monetary Authority of Singapore，MAS）、中央公积金局（Central Provident Fund Board，CPFB）、教育部（Ministry of Education，MOE）等机构也为财经素养教育的实施提供了保障。

1. 新加坡金融管理局

新加坡金融管理局是新加坡推广财经素养教育的主要部门，是新加坡的中央银行，成立于 1971 年，也是政府部门开展金融业务的机构。新加坡金融管理局在维护金融市场秩序的同时提供监管的制度保障，进行国家的金融机制改革，发布金融政策等。新加坡金融管理局还负责与财经相关的事务，财经素养教育自然也在其中。

2. 中央公积金局

新加坡的中央公积金局为中央公积金制度落实和雇员退休养老提供独具特色的社会保障，是专门负责公积金管理的政府部门，成立于1955年。起初，中央公积金制度只是为雇员提供退休保障的强制性储蓄项目，后开始扩展其功能。目前，中央公积金制度已经发展成为包括退休保障、医疗保障、住房保障和家庭保障在内的综合保障体系。中央公积金制度及其提供的保障是新加坡财经素养教育的重要内容，中央公积金局也成为重要的财经素养教育支持机构。

3. 教育部

新加坡教育部是新加坡全国财经素养教育的核心执行者之一，是新加坡政府的一个下辖部门。新加坡教育部的职责是制定和执行教育政策。它管理新加坡国内政府创办及资助的小学、中学、大学及一个中央研究所。教育部通过管理或政策引导等方式从小学、初高中到大学全面开展学校层面的财经素养教育。

除此之外，新加坡财政部（Ministry of Finance Singapore，MOF）为国家财经素养教育的开展提供财政支持，新加坡金融管理局还与国内外私人金融机构合作，搭建社会层面财经素养教育的桥梁，这些机构也为财经素养教育的推行提供了支持。

三、主要政策与举措

1. 全国财经素养教育计划

2003年新加坡金融管理局、教育部、中央公积金局等部门联合推出一项全国财经素养教育计划——“存钱有方，理财有道”（MoneySENSE），该项目致力于提升新加坡公民作为消费者的基本财经素养。

全国财经素养教育计划以“存钱有方，理财有道”为宗旨，围绕培养基础金钱管理、财务计划、投资技巧三种核心能力展开，通过举办各种讲座、文艺表演和发行出版手册等形式，向新加坡公民介绍最基本的理财方法，教会公民如何做长期财务规划，并让他们认识不同的投资商品和投资策略。通过新加坡政府中央公积金局、新加坡金融管理局及当地银行、保险公司等机构协同配合，在全国范围内举办各式各样的有关家庭理财的宣传教育活动，使家庭理财观念深入人心。

为了推动该项计划的持续发展，金融业发展基金连续三年每年提供100万新元资助全国财经素养教育计划项目的实施与运转。除了政府以外，产业商会、社区组织、消费团体等也逐渐加入各种项目活动中。新加坡金融管理局还与新加坡理工学院（Singapore Polytechnic）合作，在学校内开办财经素养学院（Institute of Financial Literacy）。财经素养学院免费向公众提供财经教育项目，这些项目都是为了发展核心财经能力：了解金钱；了解自己的权利和义务；管理日常金钱；计划优先；选择适合的金融产品。

2. 中央公积金制度

新加坡的中央公积金制度是一项具有本国特色的社会养老保障制度，该项制度始建于 1955 年，最初是为退休及失去工作能力的会员建立的一种养老保障制度。随着财经素养教育的兴起，中央公积金制度的内容也丰富起来，如“公共组屋计划”“医疗储蓄计划”等，涉及住房、医疗、教育、投资增值等多个方面，成为财经素养教育的重要组成部分。

新加坡中央公积金制度的具体内容主要如下。

第一，退休计划。中央公积金制度最主要的部分是公积金最低存款计划，规定会员在 55 岁领取公积金存款时，必须把一笔钱留在退休户口中，以保障晚年生活。

第二，医疗计划。中央公积金计划积蓄可用于支付会员及其家属的住院费用和经过允许的医疗费用。

第三，购房计划。中央公积金账户存款可用于购买政府建造的组屋（相当于国内的经济适用房），或者私有居住性财产。

第四，家庭保障计划。包括中央公积金制度提供的“家属保障计划”和“家庭保护计划”。前者是定期人寿保险，为会员及其家属提供应急资金；后者则是强制性保险，保证会员具备归还建屋发展局（Housing and Development Board，HDB）贷款的能力。

第五，资产增值计划。中央公积金制度的宗旨是鼓励会员通过投资房地产和金融债券等途径管理其中央公积金账户存款。但是，会员的投资对象必须得到批准，投资也有限额，出售投资所得及投资所得的股息、利息等必须存回公积金投资账户。

四、质量标准与内容

新加坡财经素养以“能力+知识+行为”为衡量标准，在 2005 年开展的全国国民财经素养调查中，就采用了这一标准对新加坡公民的财经素养水平进行衡量。作为一种综合能力，新加坡公民的财经素养是理性判断和有效决策的总和，两者均是管理钱财方面的能力，而这种能力是在知识与行为的共同作用下形成的，是基础金钱管理、财务计划和投资技巧的知识与行为的综合体现。质量标准框架如图 5-1 所示。

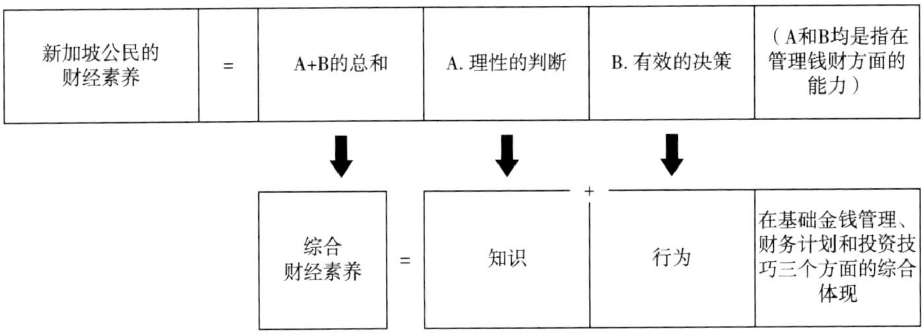

图 5-1　新加坡国民财经素养质量标准框架

具体来说，行为是指新加坡公民在基础金钱管理、财务计划和投资技巧三个方面是否已经能采取行之有效的财务决策；知识是指国民是否具备能辨识普通的理财产品和服务的知识，并能够在基础金钱管理、财务计划和投资技巧三个方面做出较为理性的判断。具体的衡量指标如表 5-1 所示。

表 5-1　新加坡国民财经素养质量衡量指标

项目	财经素养质量衡量指标
行为	采取了哪些措施对钱财进行管理 为日后的经济需要或退休需要制订了哪些计划 有过投资经验的人是如何深入了解他们的投资产品，以及他们通常会采取何种措施定期对投资产品进行管控
知识	对以下几种常见类型理财产品的风险和影响的认识程度如何： 借贷型 保险型 投资型

五、实施效果及评价

2003 年推出的全国财经素养教育计划，标志着新加坡政府开始从顶层设计推动全国财经素养教育的发展，如今无论是横向的跨组织或跨机构还是纵向的义务教育或成人教育，都可以看出国家发展战略对教育导向的重大影响及政府在全民财经素养教育中的重要位置。通过顶层设计，围绕着自独立以来新加坡在教育改革中所一直秉持的“实用主义”理念，带动社会各个层面投入到财经素养学习中，推动家庭理财观念深入人心，促进理财市场得到进一步发展，使财经素养教育更好地为现阶段经济发展的需求服务。

财经素养教育的推行成效显著，在 2005 年新加坡政府开展了一项全国国民财经素养水平调查，调查结果显示，在 2023 名被调查者中，平均财经素养（综合考虑行为＋知识）为 67 分，其中基础金钱管理层面财经素养综合得分较高，达到

74 分，而财务计划层面财经素养得分相对较低为 62 分，投资技巧层面财经素养得分最低 58 分（表 5-2）。可见全国财经素养教育计划的推广对广大新加坡公民的基本金钱管理能力提升有明显的作用，对制订理财计划、投资技巧等方面能力的提高也有一定效果。

表 5-2　2005 年新加坡全国财经素养调查分数统计表

项目	行为维度	知识面维度	财经素养得分（两个维度综合）
第一层面：基础金钱管理	72	76	74
第二层面：财务计划	64	61	62
第三层面：投资技巧	67	59	58
总计	70	65	67

第二节　社会层面的推进

2007 年在新加坡教育部协助下，新加坡国立教育学院（National Institute of Education，NIE）与花旗银行合作为教师成立了财经素养中心。2012 年，新加坡金融管理局支持并建立了新加坡财经素养学院。这标志着新加坡财经素养教育开始全面迈向大众化，并形成了从学生到教师再到民众的教育体系。财经素养教育的普及，对国家全面提升公民财经素养起到了巨大的推进作用。社会多方力量也在助力财经素养教育的发展，为财经素养教育提供各方面的支持与保障。

一、教育机构与教育形式

1. 财经素养学院

2012 年，新加坡金融管理局与新加坡理工学院联合创办财经素养学院。该学院旨在通过演讲和座谈会的形式为工作中的成年人提供“免费的和中立的”的财经教育服务。财经素养学院的课程不仅免费，而且不推荐任何金融产品，立场中立。

免费的财经教育项目主要涵盖了基础金钱管理、财务计划和投资技巧三大块的内容。所有这些项目的目标是发展国民核心财经能力，国民核心财经能力包括以下五个方面：了解金钱；了解自己的权利和义务；管理日常金钱；计划优先；选择适合的金融产品。

为了方便新加坡公民，财经素养学院可以在工作场所以研讨会或座谈会的形式开展财经素养教育。研讨会及座谈会的主要内容如下（表 5-3、表 5-4），完整清单见附录。

表 5-3　财经素养学院研讨会内容清单

研讨会内容	内容概要
理财趁现在（financial planning begins now）	如何明智地拟定财务目标 学习估算个人的财务状况是否健康并妥善处理您的资源以实现您的财务目标
如何规划退休（building your nest egg）	退休规划的程序 如何估算您所需要的退休金 可供您退休需要的选项 如何增加您的退休储蓄
了解遗产规划（introduction to estate planning）	了解遗产规划的重要性 如何缓和在未立遗嘱前死亡所可能导致的意想不到的后果 遗产规划的步骤 什么是持久授权书
丰富你的黄金岁月（enrich your golden years）	无忧和充实的退休生活应具备的条件 如何为退休生活做好准备
掌管公积金，为退休生活做好准备（managing CPF for your retirement）	了解公积金户头的用途和在 55 岁时的改变；学习如何增加退休储蓄；理解什么是公积金终身入息计划，有哪些选项及在选择您的公积金终身入息计划时应考虑的因素 （1）普通户头、特别户头、保健储蓄户头和退休户头的用途 （2）年龄满 55 岁时公积金户头有什么改变 （3）年龄满 55 岁时您需要预留多少退休存款和什么是房产抵押 （4）如果在 55 岁之后卖出房产和公积金投资计划将怎么办 （5）什么是公积金终身入息计划，作用是什么

表 5-4　财经素养学院座谈会内容清单

座谈会内容	内容概要
对金钱的认知（making sense of your money）	如何明智地拟定财务目标 拟定预算案的方法 如何削减开销 做一个明智的消费者
如何储存养老基金（options to build your retirement income）	能提供退休收入的选项 如何增加您的退休储蓄
了解人寿保险（understanding life insurance）	理解不同类型的人寿保险及它们的用途 评估您是否需要更多的保险 如何选择合适的保险计划
了解公积金保险计划（CPF insurance schemes）	理解公积金健康保险计划如何保障您和您的家人 终身健保与综合保险计划该注意的事项
提防欺诈手段（beware of scams）	常见的欺诈手段 什么是钱骡

2. 财经素养中心

2007 年，在新加坡教育部协助下，新加坡国立教育学院与花旗银行合作为教师成立财经素养中心。该中心指导学校教师将财经素养融入核心课程当中，其目的是使教师在教学上更吸引学生的注意力，主要的教学方法是每天通过相关的案例和实践学习来提高年轻人的财经能力。

2008 年，新加坡的多数学校在财经素养的基础教育有超过 6000 名学生和上千位教师参与。该中心将教育学生成为“理财能手”，帮助他们在私人财务方面做出多样性的决策。此外，财经素养中心还会组织教师研究并发表一定数量的关于财经素养效力的且具有影响力的研究报告，以及有关教师与学生对于财经素养的态度与看法的相关研究报告，这些报告有助于财经素养教育者对改变态度和行为产生的影响进行持续的研究。该中心在保障项目高质量的同时，通过科研的方式不断提高财经素养课堂的实践教学能力。

二、质量标准与内容

1. 质量标准

无论是财经素养学院还是财经素养中心，其基本内容不仅围绕着“存钱有方，理财有道”计划方案中规定的基础金钱管理、财务计划、投资技巧三个层次来制定教育内容，还依据核心财经能力框架认定五个核心财经能力。这些能力将有助于个人通过运用不同层次的财经素养知识和技能来做出财务决策。核心财经能力框架如图 5-2 所示。

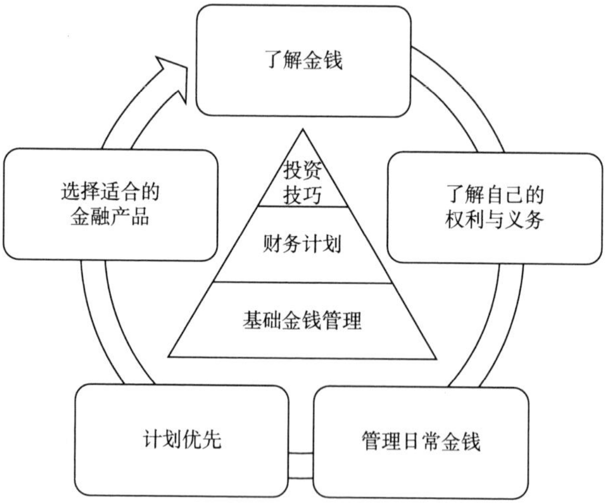

图 5-2　核心财经能力框架图

五个核心财经能力分别是：①了解金钱——拥有评估选择成本与收益的计算能力，即了解经济条件如何影响个人；②了解自己的权利与义务——了解个人情况如何影响个人财务决策（如个人收入，年龄，拥有几个孩子等）；③管理日常金钱——学会预算，学会在生活中对个人财产做出预算和使用信用工具（如买房）；④计划优先——集中制订财务计划，慎重地管理资源（如收入、债务、储蓄和投资）；⑤选择适合的金融产品——了解公共金融产品的用途、特点、风险和成本（如借记卡和信用卡、贷款、保险和投资），在决定是否持有产品之前的关键是考虑并提出疑问。

2. 质量保障

1）网络课程

新加坡的财经素养学院开发免费的网络课程用以保障教学质量，学生可以根据自己的时间安排在任何地方学习与财经素养相关的知识，每节课时长 40～60 分钟，每节课细分为逻辑单元和迷你演讲，学生只需要注册账号即可登录并观看网络课程。网络课程最大限度地解决了时间和空间的矛盾，有效避免了因为时间冲突和地点冲突造成的无法听课学习的问题，网络课程的设立也体现了财经素养学院为保障教育教学质量所做出的积极努力。

2）微课视频

财经素养学院收集并制作微课视频用以帮助学生获取一些有用的财经技巧，学生只需简单的选择相应标题的视频即可观看视频进行学习。

微课视频同样秉承了财经素养学院“免费的和中立的”宗旨。所有微课视频均是免费观看，并规定任何组织或个人不允许利用这些学习视频获取利润。

免费的微课学习视频资源能够激发学生的学习热情，同时视频内容是一些非常有用和实用的财经技巧，这些小技巧是吸引学生持续学习和促进学生运用知识解决财务问题的有效手段。

微课视频的主题有控制支出与信用使用、常见的诈骗类型、信封预算系统、金融净值、如何避免不良债务、如何先养活自己、精明的管理债务、需求与欲望、节约每一分钱、信用卡规则与不安全信用设施的案例研究、通过省电存钱、通过节水存钱、吸烟是昂贵的、掌管提前计划、投资的“做”与“不做”、通货膨胀的影响、72 条、了解财务比率、婚礼小技巧等。

3）SPIFL（St.Peterburg International Legal Forum）手机应用

SPIFL 手机应用可通过应用商城（App Store）或谷歌播放（Google Play）下载。这个应用为用户提供四种实用的财经计算器，它们分别是存款计算器、目标存款计算器，还款计算器和贷款期限计算器。计算结果将通过电子邮箱发送给用户。

手机应用同样提供与“存钱有方，理财有道”项目相关的信息，还免费提供新加坡理工学院有关财经素养的节目。手机应用可以帮助用户准确地计算出相关数据及结果，这有助于他们更加准确地为自己的财务状况做出决策。免费的财经素养节目可以让用户随时随地的掌握和了解最新的财经素养知识，帮助他们不断地更新知识，不断地学习。

三、资源与合作

1. 财政支持

虽然财经素养学院由“存钱有方，理财有道”项目和新加坡理工学院共同管理，但是为了表示对财经素养教育的支持，新加坡政府在 2012 年 7 月通过新加坡金融管理局向财经素养学院提供资金支持，财经素养学院也利用政府拨款开展了“免费的和中立的”财经教育活动。财经素养学院所有的收入来源依靠政府经费，而不是通过推销和销售金融产品来获取。

2. 合作与支持

1）合作

创立“存钱有方，理财有道”项目工作组（MoneySENSE Industry Working Group）是为了促进与私人组织的对话交流。“存钱有方，理财有道”项目工作组成员来自若干个财经组织。工作组负责制定新加坡官方意义上的财经教育工作：①新加坡消费者协会——非营利消费者宣传组；②新加坡银行协会——拥有 153 名会员的非营利商业银行产业组；③三个保险协会——新加坡保险联合总会、新加坡保险和金融从业者协会、新加坡人寿保险协会；④三个金融管理协会，它们分别由不同资产等级的金融公司组成，包括了金融顾问协会、新加坡金融方案协会及新加坡投资管理协会；⑤新加坡交易所有限公司。

2）支持

“存钱有方，理财有道”项目为财经素养学院和财经素养中心提供教育和管理方面的支持。财经教育指导委员会（Financial Education Steering Committee，FESC）则为“存钱有方，理财有道”项目指明战略方向。

财经教育指导委员会是由卫生部、社会及家庭发展部（Ministry of Social and Family Development，MSF）、教育部、人力部（Ministry of Manpower）、中央公积金局、新加坡金融管理局、国家图书馆委员会和人民协会（People’s Association）八个部门组成。财经教育指导委员会于 2003 年 2 月组建，其职责范围包括以下三个方面：为新加坡财经教育提供战略方向和监督；评价当前新加坡财经教育水平和辨别财经教育项目中重叠与差异部分；确定和审查全国范围内财经教育项目的实施情况。

四、效果与影响

1. 消费教育成效显著

新加坡消费教育情况可以证明新加坡财经素养教育达到的效果。新加坡的消费教育形成了以积极健康的消费理念为目标，以学校、家庭和社会合力为形式的特征。随着社会层次的推进，新加坡公民已经具有一定的财经素养。①

从学校教育方面来看，小学起开设消费教育的相关课程，大学直接开设个人投资理财的相关课程。

从家庭教育方面来看，新加坡公民认为消费教育必须从小开始，所以父母在孩子小的时候就经常给他们灌输“如何用钱”之类的观念，并教会他们应该“如何以钱生钱”，这实际上就是对孩子进行消费习惯和理财观念的培养。

从社会方面来看，新加坡政府经常通过各种媒体，如报纸、广播、电视、网络等形式向大众宣传健康的消费观念，并规范和完善相关制度，为消费教育做出保障。新加坡通过立体的消费教育让新加坡公民养成积极健康的消费理念，并自发地、自觉地使他们的消费行为合理化。

虽然消费教育并不是财经素养教育的全部，但从新加坡公民已经形成的积极健康的消费理念和自发地、自觉地做出合理的消费行为来看，新加坡的财经素养教育已经影响到每一个人。这种影响不是表面的影响，而是深层次的、能够改变意识和行为的影响。

2. 影响

经过多年的财经素养教育，新加坡公民已经养成了投资理财的习惯，投资理财在新加坡十分火热。新加坡“小富”人群数量增加，根据新加坡星展银行（Development Bank of Singapore，DBS）的一项调查显示，拥有超过 20 万新元可投资资金的“小富”客户数量日益增加，年平均增长率达到 6%，而且年龄呈年轻化趋势，平均年龄从 10 年前的将近 50 岁降低到目前的 35 岁。这些人群通过特惠银行业务为银行带来的盈利是普通客户的 25～30 倍。因此，许多银行瞄准这些“小富”人群，大力发展特惠银行业务。

一方面，“小富”人群数量的快速增加和年龄的年轻化说明了财经素养教育深深地影响和改变着年轻人，让年轻人懂得如何管理自己的财务，如何“存钱有方，理财有道”；另一方面，“小富”人群依靠自己掌握的财经知识，合理地规划自己的财富，为银行带来高额利润，同时促进新加坡金融理财行业的大发展，最终促

---

① 白洁. 2013. 新加坡消费教育对我国大学生消费教育的启示. 北京教育（德育），（4）：78-80.

进新加坡国家经济的发展。

第三节　学校层面的推进

新加坡推出全国财经素养教育计划以来，新加坡政府看到了国民财经素养提升的空间，同时认识到财经素养教育的时限问题。在“存钱有方，理财有道”项目十周年巡回展示中新加坡副总理兼财政部部长尚达曼提出，要针对初中生启动财经素养的相关教育工作，帮助他们尽早养成消费和储蓄的正确态度。自此，针对青少年财经素养的空缺，新加坡政府推出全国财经素养教育计划。从青少年开始，尽早地将财经素养教育融入基础教育的学校课程中。

一、主要理念

财经素养教育在学校层面的推进以新加坡政府提出的“助人自助”理念为核心，并融入 SMS 理念，即“除了要节省（save）和理财（manage）之外，还要懂得分享（share）”。尽早开始接受财经素养教育，使儿童及青少年尽早接受理财能力的培养，有助于其成年后财经素养的形成与能力的提高。

二、总体设计及形式

财经素养教育由国家顶层设计，从小学、中学到大学全面铺开。从小学 1 年级启动，开设消费教育相关课程，帮助 1 年级学生了解货币与金钱的基本常识；初中阶段加入金钱管理技巧等相关内容，帮助初中生养成正确的消费和储蓄行为习惯；大学则直接开设个人投资理财等相关课程，并将财经素养教育与德育结合，帮助其树立正确的价值观、消费观及人生观。具体形式如下。

1. 形式一：小学生的财经教育课堂

在 2014 年，新加坡将财经素养教育全面纳入学校教育之前，已有少数学校做了先行探索，如立伟小学（Rivervale Primary School）。该校以培养负责任的公民和有激情的学习者为使命，认为学生必须具备财经素养才能成为合格的公民。因此，学校积极将财经素养理念融入课程，在财经素养中心的指导下，编写了本校的财经素养课程指导。小学 1 年级的第一课为“货币的起源”，具体的财经教学特点详见表 5-5。

表 5-5　立伟小学财经素养第一课教学设计[①]

授课对象：小学 1 年级　授课内容：第一课《货币的起源》　教学时长：60 分钟（2 课时）

编号	项目	额外的信息
1	课前必备知识 学生有能力辨别新加坡货币的“元”和“分”，并清楚认识到元的价值比分高	解释“金钱” 教师告知学生，数钱和数数其实是相同的，只不过钱的数额前面或后面多了一个货币符号
2	课程目标到学期末，学生将能 （1）解释在新加坡历史上，货币是如何演化的 （2）说出新加坡唯一一个制造货币的地方 （3）区别不同新加坡币的面额（外观和价值）	
3	收看视频 教师给学生播放一段关于经济领域易货与交易的视频（3 分钟）	解释（播放视频后） 工具：幻灯片 这段视频会告诉你货币是如何产生的，我们在课上将学到更多关于货币在过去是怎么使用的，它在当代正发生什么改变，或将来会如何变化的知识
4	活动 A（班级/个人）货币的历史 看完视频后，播放幻灯片来引出关于货币历史的讨论，在新加坡货币是在哪里制造的，以及新加坡货币的历史 注意：教师要求学生注意幻灯片上出现的他们不理解的文字，并做好记录。因为这些文字将会被纳入课后巩固作业之中，活动记录纸 A 评估：活动记录纸 A 工具：活动记录纸 A，答题纸 A，幻灯片	时长：15～20 分钟 一些在展示中能提出的问题 （1）如果使用一头奶牛作为货币会产生哪些问题? ——不易饲养/携带，交易小物品时不能公平交易（如一条巧克力） （2）用大米作为货币会产生哪些问题? ——时间久了大米会变坏 （3）除了纸币和硬币，还能用什么来购买物品? ——支票、信用卡
5	活动 B（小组）：新加坡硬币 （1）将班级分为 3～4 个小组 （2）给每个小组一张活动记录纸 B 和一个盒子 （3）每个小组检查所给的硬币，拓印并根据要求简单的在活动记录纸 B 上记下细节，每个学生至少要拓印一枚硬币 （4）在所有学生都完成后，教师和学生核对活动记录纸 B 的答案 工具：盒子（盒子里包括真的硬币 1 元、50 分、20 分、10 分、5 分各一枚）、活动记录纸 B、答题纸 A、幻灯片	时长：30～35 分钟 （说明：8 分钟；活动：15 分钟；答案：8～12 分钟）
6	巩固：回顾学过的术语和概念 工具：幻灯片	时长：5～10 分钟
7	课后巩固练习：活动记录纸 A	

① 邱旻玮，徐星. 2014. 新加坡 年轻人是财经教育下一步的重点. 上海教育，（2）：44-45.

续表

编号	项目	额外的信息
8	教师反思 (1)展示的幻灯片是否吸引学生？学生是否积极听讲并记笔记？如果备课还不够充分，没有吸引学生，你该如何改进你的展示 (2)大多数学生知道怎样完成活动记录纸 A 吗？你怎么确认完成情况 (3)在活动，观察小组里学生是否积极参加活动，如果学生态度不积极，你能想到什么方法来鼓励学生积极地参与	自带答题纸 A 和教师评分标准（教师专用）

2. 形式二：中学生的财经素养课程

从 2014 年开始，新加坡教育部在所有中学推出“食品和消费者教育”（food and consumer education，FCE）课程。该课程是一个非考试科目，旨在向中学 1 年级和 2 年级学生灌输正确的理财观念，让他们尽早掌握理财技能，踏入社会工作后能更有效地管理个人财务。

学习理财不是为了考试，而是为了教导学生掌握重要的生活技能，让他们能在往后人生道路上受用无穷。理财教育不仅是传授知识，也是帮助青少年树立正确的价值观，并鼓励他们积极主动地做好财务规划。

3. 形式三：大学生财经素养的培养

新加坡管理大学（Singapore Management University，SMU）和花旗银行联合实施面向 17～30 岁人群的财经素养教育项目，该项目于 2013 年全面展开，花旗银行允诺在项目实施的第一年投入 278 000 美元。项目的课程由新加坡管理大学和花旗银行内部专家共同研究制定，项目的参与者将会学习基本的财经知识和技能，并能将重要的财经知识和技能应用到他们的生活中。新加坡管理大学挑选部分学生，将他们培养成培训者，向更大范围的年轻人群体（特别是低收入群体）传授财经知识和技能。

2012 年是项目开展的第一年，有至少 20 名新加坡管理大学的学生接受了项目培训，之后学生和教职员工一起培训更大的团体。除此以外，学生还以给民众传授财经知识作为社区服务工作的内容之一。

新加坡管理大学的校长阿尔努·德·梅耶尔（Arnoud de Meyer）对此评论说：“尽管新加坡已经有为其他年龄段人群开展的财经素养项目，但我们很高兴能有机会为年轻人的财经素养——这个目前正缺乏研究和行动的领域做出努力。”

三、师资力量

1. 专门的教师培训机构

为了让教师在培养学生的财经素养上得心应手，在新加坡教育部协助下，新加坡国立教育学院与花旗银行合作建立了财经素养中心，向广大教师提供培训服务。通过该平台，教师可参加财经素养教育学研讨会，学习将财经素养整合进学校课程和活动的理念与方法中。同时，研讨会引导教师通过多种不同的模式激励学生掌握财经知识和技巧。通过使用学生认可的故事和案例，打破他们认为成年人才需要理财的观念束缚。

此外，财经素养中心可以为学校组建一支称为特别工作小组的教师队伍，培训他们在学校内规划和执行财经教育政策的能力，通过规范、专业的指导过程，向教师提供帮助，结合培训、咨询和有计划的支持促进教师自身财经素养的提高。财经素养中心会提供必要的基金、资源和人力支持，协助学校实现预期结果。

财经素养中心还为学生的团体活动提供资金、资源和创意，学生可以参与一些基于财经素养的趣味户外活动，通过体验式学习、露营或竞赛的形式学习财经知识和技能。当学生返回学校或是自己家中时，他们将作为“大使”来传播财经素养的重要性和学习的乐趣。

2. 教育试点

新加坡政府还把理财教育的对象扩大到社工和辅导员，拓展他们的财务知识，以便为那些面临严重财务问题的家庭提供更好地辅导与援助。自 2014 年起，除了在中学推广理财教育外，新加坡全国财务教育计划也与社工和辅导员合作，通过财经素养学院开展一项试点计划，教授约 80 名社工和辅导员基本的理财知识，让他们能更好地帮助有经济困难的家庭。

第四节　基本特点与经验启示

一、基本特点

1. 国家高度重视

新加坡政府高度重视财经素养教育，早在 1997 年亚洲金融危机爆发后就意识到新加坡公民普遍缺乏财经素养，于是在 2003 年由教育部牵头推出全国财经素养教育计划，并在实施一年后开展新加坡公民财经素养情况调查，于 2005 年发布新加坡第一份国民财经素养情况报告。新加坡金融管理局也对新加坡财经素养教育高度重视，每年提供“存钱有方，理财有道”项目资金用于财经素养教育。

从国家教育部牵头成立国家项目“存钱有方，理财有道”到新加坡金融管理局对该项目的财政支持，体现了新加坡政府对于财经素养教育的重视程度，对于提高新加坡国民财经素养的重视程度。在成立“存钱有方，理财有道”项目之后，新加坡政府同“存钱有方，理财有道”项目一同开展各式各样的宣传活动，旨在通过形式多样的活动激发公民学习财经知识的热情，潜移默化的影响公民财经意识。新加坡政府开展的各式各样的宣传也体现出了国家想要办好财经素养教育和提高国民财经素养的决心与信心。

2. 教育体系完整

新加坡的财经素养教育不仅在国家层面上成立国家项目“存钱有方，理财有道”，同时在学校层面积极努力地开展财经素养教育的活动。

“存钱有方，理财有道”项目作为新加坡的财经素养学院管理方之一，为国民提供“免费的和中立的”财经素养教育。其他学校更是形成了从小学到大学的完善的财经素养教育体系，教学内容设置科学、合理，教学形式丰富多样，全方位拓展学生财经知识，提升学生个人财经素养。

新加坡不仅有专门培养学生财经素养的体系，还有专门培养教师财经素养的体系，通过提高教师的专业知识水平、技能，进一步提高教学的质量。与学生教育和大众教育不同，教师教育主要是以科研和发表研究报告的形式进行。

通过一整套完善的体系，已经形成了以学校、家庭和社会合力进行财经素养教育的局面，新加坡整个国家从上至下都在自发地开展财经素养教育。

3. 政策精准

为了顺利地开展财经素养教育，新加坡政府制定了一系列相关的配套政策，这些政策内容与财经素养教育的内容息息相关。此外，这些政策还具有引导作用，引导新加坡公民摒弃旧理念、旧思想，合理投资，理性消费等。这些政策总是能精准地抓住新加坡公民最为关切和关心的民生问题，所以这些政策的执行效率很高，也更容易获得公民的接受与喜爱。

政策中还加入了奖惩机制，采取奖罚结合的手段严格规范新加坡公民行为，对严格遵守者予以奖励，对违反规定者予以处罚。这些政策保障财经素养教育的同时兼具了警示和鼓励作用，一视同仁的奖惩措施逐渐提高了新加坡公民的自觉性，也强化了公民的国家意识和社会意识。

4. 社会积极响应

财经素养教育得到社会各界的广泛响应。政府与若干个私营财经组织联合设立“存钱有方，理财有道”项目工作组以促进与私营企业的对话交流，更好地为新加坡财经素养教育工作制订工作计划。

“存钱有方，理财有道”项目工作组下设的 4 个协会和 1 个有限公司均得到了社会各界的积极响应与支持。所有协会与公司均由社会中若干组织、企业等联合成立，成立的协会性质均为非营利性。这 4 个协会和 1 个有限公司所构成的“存钱有方，理财有道”项目工作组对“存钱有方，理财有道”项目的工作提供可参考意见与建议。银行金融行业也纷纷响应，推出具有自身特色的理财产品引导新加坡公民合理、理性的投资。

社会媒体也通过传统媒体、互联网、自媒体等手段开展财经素养教育宣传活动，以传播财经知识，充分激发和调动新加坡公民学习财经知识的积极性，助力财经素养教育的全面推行。

二、经验启示

1. 抓住历史机遇

新加坡财经素养教育改革兴起于 1997 年亚洲金融危机爆发之后，其目的是让没受过经济困难的年轻一代更理性和更有毅力的面对国内经济形势的变化。新加坡财经素养教育改革对我国财经素养教育的开展有着重要的经验启示。

受 2008 年全球金融危机和 2012 年欧债危机的影响，全球经济目前正在缓慢的复苏中。我国经济高速增长时期已经过去，随之而来的是中高速增长和经济结构的调整与转变，经济结构的调整给我国经济带来一定的冲击。

过去，由于经济体制机制的不完善和经济结构的不平衡等问题，许多人靠着非理性的投机大发横财，这其中的多数人并不具备相应的财经知识，对自身财富没有长远规划，靠着投机当时火热的产业获得巨额的收益。随着我国经济结构的调整，人们依靠投机获利的机会越来越少。然而长期以来，我国的金融投资产品相对缺乏，投资者能够利用的投资工具也不多，再加上财经知识在我国的普及程度不高，因此许多投资者在做决策时多存在跟风心理。

我国可以借鉴新加坡财经素养教育改革的历史经验，在当前国际、国内经济形势的大背景下加强财经素养教育的推进力度，普及财经知识，增强国民财经意识，让国民对我国经济有更理性的认识，对金融市场的判断更为理性，对投资决策的制定更为科学合理。

2. 引导国民转变储蓄观念

储蓄通常是指存款储蓄或银行储蓄，储蓄的定义是收入中未用于消费的部分，也可以理解为当下未用于消费的部分或将来消费的部分。在消费水平一定的情况下，收入越高储蓄越高。我国国民习惯于把用于消费之外剩余的钱存入银行以备不时之需，且在传统观念中，银行存款越多越好。

然而银行存款真的是越多越好吗？在经济大发展的今天，把收入只放在银行储蓄已经难以抵挡通货膨胀带来的货币贬值，因为存款利息低于通货膨胀率，换句话说，大量的钱存在银行中的结果是这些货币越来越不值钱。既然不是所有收入都用于消费，那么那些未用于消费的部分就可以用来进行投资。根据我国财经素养标准框架“五维三标”中的第二个维度“储蓄与投资”可以知道，储蓄与投资同处于第二个维度。投资是一种长期发挥作用的行为，是货币的另一种储蓄形式，而且是更高效和更保值的储蓄形式。储蓄与投资维度基本结构中的储蓄与贷款恰恰是考察一个人是否具有一定财经素养的一项。投资所获利润不仅可以增加储蓄，还可以用于新的投资。当然，虽说投资相当于储蓄，但是投资也不是任性地想投资什么就投资什么，投资也需要对投资产品进行可行性分析，分析未来前景和计算预期收益。这一系列的行为都需要具备一定的财经素养才能完成。

我国政府可以通过制定政策等形式引导国民进行投资活动，转变国民的储蓄观念，降低我国过高的储蓄率，这样既可以促进经济的发展，也可以使国民财富保值。

3. 建立具有前瞻性的制度

我国财经素养教育可借鉴新加坡财经素养教育的经验，形成从国家到学校到社会再到家庭共同推进的多层次教育体系。国家层面进行总体的顶层设计；学校层面负责对各级学生进行系统的、专业的财经素养教育，培养学生财经意识等；社会层面负责对除学校之外的其他人员进行财经素养教育，帮助他们增强财经素养意识；家庭层面则着重培养孩子日常生活中的财经意识，引导他们形成健康的、良好的消费习惯和钱财意识等。

在财经素养制度的设计上，不仅要紧密地结合我国当前的实际情况，还要为将来经济和社会发展考虑，要设计出一套在时间和内容上超前的财经素养制度用以适应经济和社会快速发展所产生的新的问题。超前的制度，特别是超前的制度内容能够前瞻性地预测出新出现的问题并且有效地解决问题，超前的制度能够帮助我国财经素养教育可持续发展。

4. 形成强有力的机构保障

财经素养教育是一项系统工程，需要各方力量的紧密配合、优势互补，合力完成。在全国范围内推行财经素养教育，必须依靠强有力的机构对其提供保障。借鉴美国、英国、澳大利亚和日本等先行国家的经验，建议金融、教育、财政等相关部门联合成立专门机构，具体负责促进中小学校财经素养教育相关工作的开展，学习、分享和交流相关的做法与经验。

其中，机构保障涉及教育保障、质量保障，资金保障和监督保障。我国已成立中国财经素养教育协同创新中心，为教育部直属单位，建议在此基础上联合多部门成立财经素养教育质量保障中心和财经素养教育监督中心，并对中国财经素养教育协同创新中心、财经素养教育质量保障中心及财经素养教育监督中心的职责进行细分。中国财经素养教育协同创新中心负责制定财经素养教育标准、制订教育规划、设定中长期目标等，并督促各分中心遵照实施。财经素养教育质量保障中心要制定质量考核指标，并专门负责对各分中心、财经素养教育机构、学校财经素养教育质量考核评估。财经素养教育监督中心专门针对各分中心、财经素养教育机构及学校的财经素养教育教学内容进行监督检查，确保其不违反国家的方针政策，意识形态等。

除此之外，还应联合财政部和其他机构成立资金中心，每年下拨专款经费给财经素养教育协同创新中心用以开展各类财经素养教育活动，同时资金中心需要对资金的使用情况进行监督与监察，避免出现资金违规使用的情况。

由此便形成了以教育部为指导，以财政部为主要资金支持，财经素养教育协同创新中心为主导的，其他各机构协同合作的强有力的机构保障，为我国财经素养教育的科学化、规范化、可持续化提供有力支持和保障，如图 5-3 所示。

5. 制定符合国情的相关政策

在有了完整体系、超前制度及强有力的机构保障后，为了更快速、有效地推行财经素养教育，鼓励大众学习财经知识，提升个人财经素养，相关的配套政策不可或缺。国家必须认识到提升国民财经素养对国家金融安全和社会发展的重要意义，国家应当成为推动国民财经素养教育的核心力量，通过出台财经素养教育国家战略和方针政策，为社会层面及学校层面开展财经素养教育工作提供战略框架体系与财政、法律、组织等保障与支持。而政策的制定一定要有针对性、灵活性，要结合我国实际，借鉴国外经验，不能生硬地照搬照套他国经验。政策的目的是鼓励民众学习财经知识，提升财经素养，因此政策在关于财经素养教育方面应给予学校、社会甚至是个人更多的支持，鼓励开展财经素养教育，提升财经素养。

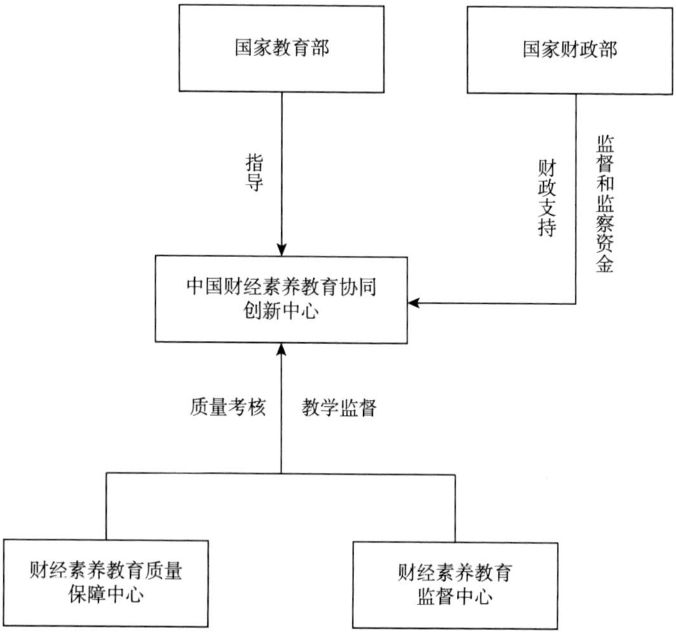

图 5-3 机构保障架构图

6. 逐步将财经素养课程纳入国民教育体系

财经素养教育是一门全新的教育项目，应积极动员社会各方协助建立一个多元化体系来支持中小学财经素养教育，社会各方包括高校、教育研究机构、国际教学培训机构、金融机构、出版社、青少年教育及公益基金等社会资源，多维度推动青少年财经素养教育理念的形成；为学校和个体提供课程、资源和交流平台；建立实践考察和活动基地，配合学校教学和教材使用；通过整合、引进、研发等方式，扩充学术资源；根据学校实际情况，为学校提供教学支持服务，如开展定制课程和社团活动。

我国国内各地区的经济和教育发展极不均衡，东部地区的经济和教育发展走在全国前列，其中，以长三角地区和珠三角地区为龙头。建议在长三角地区和珠三角地区发达省份率先开展财经素养教育试点，既有利于积累财经素养教育的各种素材、案例和方法，也可以为在全国推广财经素养教育积累宝贵经验。财经素养教育进入中小学校主要可以采用两种方式：一是分学段与现有课程融合，采用财经素养专题的方式加强财经素养教育与宣传；二是采用编写地方课程或校本课程的方式，把财经素养教育纳入学校正规教学范畴。建议在不同区域采用不同方式进行试点，探索以这些方式开展财经素养教育的优势与不足，逐步将财经素养教育纳入国民教育体系。

第六章 马来西亚的财经素养教育

马来西亚国土面积为 330 345 平方公里，是世界上面积第 66 大的国家。马来西亚位于太平洋和印度洋之间，全境被南中国海分成马来西亚半岛（半岛）和沙巴砂拉越（沙砂）。马来西亚半岛位于马来半岛南部，北与泰国接壤，西濒马六甲海峡，东临南中国海，南濒柔佛海峡与新加坡毗邻，海岸线长 4192 公里，是东南亚国家之一。从人口的结构来看，马来西亚统计局 2016 年数据显示，马来西亚的总人口为 3166.07 万，其中，马来人占 50.1%，华人占 22.6%，而信仰伊斯兰教的占 61.3%。语言使用方面，马来语为国语，通用英语，华语使用较广泛。伊斯兰教为国教，其他宗教有佛教、印度教和基督教等。

自 1957 年独立以来，马来西亚的国内政局基本稳定。马来西亚发挥内部优势，加强与其他国家的合作，经过 50 多年的发展，实现了国家现代化，从一个贫穷落后的农业国家发展成为东南亚地区经济相对发达的国家。2017 年马来西亚的 GDP 达 3147.07 亿美元，同比增长 6.05%。马来西亚的主导产业是棕榈油和橡胶产业，目前马来西亚被公认为棕榈油和橡胶的主要生产国和出口国。另外，制造业、建筑业和服务业的增长速度也比较快；电子产品占马来西亚出口额的 50% 以上，其中专业电子产品占近 50%，电子零件占 40%，消费类电子产品占 10%。马来西亚已经建立起比较完善和成熟的市场经济制度，该国的商业、贸易、投资和金融制度均比较完善，使该国经济充满活力。根据美国传统基金会（The Heritage Foundation）的评价，2015 年马来西亚的经济自由度指数为 70.8 分，居全球第 31 位，在亚太地区的 42 个经济体中排名第 8，属于“经济自由度最高”的国家。①

2010 年 10 月 25 日，马来西亚政府提出了新的经济模式，其中经济发展的目标是努力将马来西亚转型成为可持续发展的高收入经济体。马来西亚政府承认金融体系在马来西亚经济可持续发展中扮演着重要的角色，为了实现这个目标，促进

---

① 许培源，陈乘风. 2016. 马来西亚在“海上丝绸之路”建设中的角色. 亚太经济，（5）：70-74.

金融市场的健康发展，马来西亚政府开始集中将资金投资于人力资源方面的发展，重视对本国公民的财经素养教育，如财经知识、财政管理技能、财政投资技能等，从而激发年轻人的创新能力。根据马来西亚国家银行（Bank Negara Malaysia，BNM）[①]的数据，92%的马来西亚成年人有一个以上的存款账户，99%的成年人经常通过代理银行或银行分支机构使用正规银行的服务。[②]目前，马来西亚金融市场充斥着金融机构推出的各种金融产品，因此对马来西亚消费者来说，掌握金融知识可以让消费者理解金融的基本概念，拥有处理日常财务问题的能力，它可以使每个消费者具备良好的财经素养，从而做出明智的财务决策。实际上，财经素养很大程度上影响个人、家庭的经济稳定，甚至影响整个国家的经济发展。与前几世纪相比，现在马来西亚人民的生活水平发生了巨大的变化，马来西亚公民的消费观念和消费行为也有所变化。自 2011 年以来，马来西亚已有 2 万多名马来西亚人宣告破产，令人惊讶的是，他们中的大多数都没有储蓄。2016 年 9 月，马来西亚国家银行发布的《金融包容性与能力研究报告》（*Financial Inclusion and Capability Study*）称，在没有收入来源的情况下，只有 18%的马来西亚人能够存活三个月，6%的马来西亚人能够存活六个月以上。[③]根据马来西亚政府的主权财富基金研究院的第四次报告，2010 年以来，马来西亚的家庭债务增长一直在缓和（2015 年同比为 7.3%），但家庭债务占 GDP 的比例仍然很高，2015 年为 89.1%，而 2014 年为 87.4%。2016 年 5 月 25 日，马来西亚财政部副部长拿督蔡智勇指出，马来西亚 62.6%的家庭债务源自向银行长期贷款、购买产品和金融投资。他表示，自 2010 年起，马来西亚政府已经采取数项措施来遏制家庭债务上升。他认为，教育人们养成健康的消费习惯和树立正确的财务管理观念，是保持较低的家庭负债的关键。[④]意识到加强国家财经素养教育的迫切性，马来西亚政府委托马来西亚国家银行与马来西亚教育部合作将财经素养教育纳入学校的课程里，该项目的主要任务是对年轻人（其中包括小学和中学阶段）进行财经素养教育，提高他们对

---

① 马来西亚国家银行是一个法定机构，于 1959 年 1 月 26 日开始运作。马来西亚国家银行的作用是维持马来西亚的货币和金融稳定，为马来西亚经济的可持续增长提供有利环境。马来西亚国家银行的货币政策立场是维持价格稳定，同时保持对经济增长的支持，该行也负责维持金融体系的稳定。该银行在深化和加强金融市场（包括外汇市场）改革方面发挥着重要作用。马来西亚国家银行就宏观经济政策和公共债务管理提供建议。马来西亚国家银行也是发行马来西亚国家货币和管理国家储备的唯一机构。

② Bank Negera Malaysia. 2015. Malaysia’s financial inclusion framework. https://www.bnm.gov.my/documents/fi/publication/research [2019-01-12].

③ Ahmad N W，Mawar M Y，Ripain N. 2018. Scale and determinants of financial literacy in kolej university Islam antarabangsa Selangor students. Reports on Economics and Finance，4（3）：125-137.

④ 中华人民共和国商务部. 2016. 马来西亚家庭债务占 GDP 89%. http://www.mofcom.gov.cn/article/i/jyjl/j/201605/20160501326484.shtml[2019-01-13].

金融基本知识的认识。另外，在马来西亚国家银行的推动下，财经素养教育不断地进入马来西亚人们的生活中。就短期而言，马来西亚财经素养教育政策还没有获得显著的成效，但是从长期来看，财经素养教育的实施将有助于马来西亚的经济发展目标得以实现。

第一节　国家层面的推进

一、基本背景及理念

1. 基本背景

1）马来西亚经济不稳定

1997 年亚洲金融危机的爆发使马来西亚的经济严重受到影响，主要表现为四个方面。①汇率：马来西亚货币——林吉特[①]与美元的汇率发生变化，1997 年 7 月 2 日 2.52 林吉特兑 1 美元，到 1998 年 1 月 7 日 4.88 林吉特才能兑 1 美元（比金融危机爆发时贬 48.4%，达到最低点），而后反弹，8 月再降过 4 林吉特时，政府采取固定汇率措施，定在 3.80（贬 33.7%）。②股市：吉隆坡综合股指 1997 年 2 月 25 日为 1271 点，1998 年 9 月 1 日为 262.7 点，市值损失约 6000 亿林吉特。③国内生产总值：从 1997 年的 2754 亿林吉特（979 亿美元）下降到 1998 年的 2647 亿林吉特（675 亿美元）。1986～1997 年平均增长率为 7.8%，但是在 1998 年平均增长率为−7.4%。④人均国民生产总值：1997 年为 4284 美元，1998 年为 3018 美元。马来西亚政府对危机的应对和治理经过初期的调整后取得一定成效，但是危机对策并不完全适合恢复期的经济发展要求。因而，从遭受危机的打击到目前基本恢复，马来西亚经济一直在持续地调整，但实际上基本发展趋向并没有大的变化。2010 年，马来西亚政府提出了新的经济模式，其中经济发展的目标是努力将马来西亚转型成为可持续发展的高收入经济体。然而，在 2015 年 9 月 2 日 1 美元可以兑换 4.34 林吉特，这是自 1998 年来林吉特首次跌破 1 美元兑 4 林吉特大关。经过政府的努力，2017 年，马来西亚经济恢复基本稳定的状态，林吉特与美元之间的汇率保持在 1 美元兑换 4.17 林吉特的汇率。另外，根据 2017 年美国一项最佳投资地点的调查报告显示，马来西亚以其优越的亲商环境和稳健的经济增长方式成功击退全球近 80 个国家，成为 2017 年全球最佳投资地点。[②]因此从总体上看，

---

① 林吉特是马来西亚的货币名称，按照 2018 年 12 月 14 日的数据，1 马来西亚林吉特=1.6482 人民币。

② 瑞投咨网海外房产. 2017. 马来西亚击败 80 多个国家，成为 2017 年最佳投资国. http://www.sohu.com/a/129440137_407168[2018-11-20].

马来西亚的经济存在着比较大的波动性。

2）个人与家庭债务高

马来西亚的经济波动大，金融市场复杂，金融产品的数量和种类众多且良莠不齐，生活成本增高等因素使马来西亚消费者对个人和家庭的财务管理的需求不断增加，如何消费、储蓄、投资和风险管理成为马来西亚人日益关注的问题。在2003～2012年间，马来西亚的家庭债务水平以每年12.7%的速度增长，2013年12月家庭债务已占GDP的86.8%，这使马来西亚成为亚洲地区家庭负债水平最高的国家。马来西亚家庭的偿债率已达到43.5%，高于可接受的30%，这意味着马来西亚家庭平均每月可支配收入的2/5用于偿还贷款。[①]导致个人及家庭经济困境的原因有很多，如不良的财务行为通常伴随着个人财务问题，[②]高债务、低收入和低财经知识水平等财务问题的组合都可能对个人及家庭的财务产生不利影响。这些影响个人与家庭财务的因素不仅存在于低收入和中等收入的个人身上及家庭中，对高收入人群的影响也很显著。为了不断实施有效的消费者金融教育，马来西亚国家银行开展了一项调查，以衡量几年来马来西亚消费者的财经能力及水平。[③]

3）财经素养水平低

放眼全球，财经素养教育已经成为人们熟知的概念，特别是在发达国家，如美国、加拿大、澳大利亚等。然而，在亚太地区，财经素养教育尚未得到广泛的发展。2016年经济合作与发展组织的《亚太地区财经教育政策报告》（*Financial Education Policies in Asia and the Pacific*）对亚太地区部分国家的财经知识认识情况进行了分析。马来西亚人民的财经素养水平较低，影响个人和家庭的财务状况。马来西亚的受访者对复合利息和存款期相对了解，但对于财经的基本知识，如多元化、利率、通货膨胀、金融和银行产品、风险多元化等基本不太了解。

2. 基本理念

马来西亚推动财经素养教育的初衷在于解决马来西亚金融危机中出现的问题，推动金融市场的重置，缓解马来西亚人民面临的个人与家庭的经济困境，将马来西亚建设成为一个高收入的可持续发展的国家。马来西亚国家银行强调财经素养有利于人们终身的财富保值与增值。财经素养教育的最终目的是让消

---

① The Star. 2014. Malaysia's rising household debt hits new record of 86.8% of GDP. https://www.thestar.com.my/business/businessnews/2014/03/20/rising-household-debt-it-hits-new-record-of-868-of-gdp-on-loans-for-properties-and-motor-vehicles/[2018-11-20].

② Lusardi A，Tufano P. 2009. Teach workers about the perils of debt. Harvard Business Review，87（11）：22-24.

③ Bank Negara Malysia. 2016. Financial stability and payment systems report 2015. http://www.bnm.gov.my/files/publication/fsps/en/2015/fs2015_book.pdf [2018-11-20].

费者掌握必要的财经知识、财务管理技能和工具，使他们在消费的时候能够做出明智的财务决策，并且通过长期积累使健康的消费行为及有效的财务管理成为其生活理念和生活习惯，提高其社会地位。当受到金融服务机构的不公平待遇时，具备财经知识的消费者可以保护自己免受不良市场行为的影响，向金融服务机构要求更好、更公平的金融服务。消费者有意义地金融行为，有助于提高金融服务业的效率、提升金融包容性，从而提高人们的生活水平，稳定国家的金融市场。[①]

二、组织机构及保障

马来西亚的财经素养教育是由马来西亚政府提出来，2010 年纳入马来西亚经济发展的战略中。在落实方面，马来西亚的财经素养教育由马来西亚国家银行、马来西亚教育部、马来西亚各个社会组织的共同努力推动。其中，为了有效实施财经素养教育，财政部下属的马来西亚国家银行被指定为推动马来西亚财经素养教育的主导部门。

1）马来西亚政府与马来西亚国家银行

马来西亚政府将财经素养教育开展的任务交给了马来西亚国家银行。马来西亚国家银行的任务为：①制定关于财经素养教育的国家政策；②制定财经素养教育的战略方向；③确定财经素养教育的目标群体和优先领域；④制定马来西亚财经素养教育的标准与内容。马来西亚国家银行将与国内各行业、机构共同合作开展财经素养教育，同时与国际财经素养教育的组织合作推广财经素养教育，其中，和经济合作与发展组织的合作最为突出。马来西亚国家银行和经济合作与发展组织的合作主要通过研讨会、财经素养调查、研究报告等形式开展。在经济合作与发展组织的支持下，马来西亚的财经素养教育取得了不少成果。

2）马来西亚教育部

马来西亚教育部的主要任务为：①接受和了解财经素养教育对年轻人的重要性；②通过课程学习的形式将财经素养教育纳入学校教育；③提供开发财经素养教育所需要的教具；④开展教师培训。

马来西亚国家银行在财务、技术、师资、教材等方面支持教育部的财经教育工作，协助教育部将财经素养教育推广至各学校。

---

① Gunardi A，Ridwan M，Sudarjah G M. 2017. The use of financial literacy for growing personal finance. Jurnal Keuangan dan Perbankan，21（3）：446-458.

三、主要政策与举措

1. 将财经素养教育纳入国家经济发展的战略中

2010 年 10 月 25 日，马来西亚总理开始推行经济转型计划（economic transformation programme，ETP）。推行经济转型计划的目的是将马来西亚打造成一个更具活力的可持续发展的新型经济体，将人均收入从 2009 年的 6700 美元提高到 2020 年的 15 000 美元，达到世界贸易组织所定义的高收入国家水平。[①]在这个项目中，马来西亚把金融服务定位为实现高收入经济体目标的基础。经济转型计划提出了影响马来西亚金融市场良好发展的因素，低水平的财经素养是其中一项。经济转型计划提出，随着消费观念与期望的改变、收入增长，马来西亚的消费者要提高自己的财经素养，从而更好地管理自己的财务，这有利于国家向高收入经济体的转变。马来西亚国家银行将领导建立一个基于公私合作伙伴关系的协调一致的国家财经素养教育计划。

另外，在《2011—2020 金融领域大蓝图》（简称《蓝图》）（*Financial Sector Blueprint 2011-2020*）中，财经素养教育被纳入促进马来西亚经济发展的建议中。通过将财经素养教育融入正式课程，从小培养本国国民的财经能力，并将财经素养作为一项基本生活技能。《蓝图》明确财经教育有三个主要目标，包括支持财经素养教育的总体发展议程，解决财经教育的具体需求和当前消费者的脆弱点（包括高额家庭负债，年轻人陷入财务困境），支持与鼓励教师向学童提供财经素养的教育，并提出财经素养学习是一项终身的学习。[②]

2. 制定法律规定保证财经素养教育的开展

马来西亚政府于 2013 年分别颁布了《金融服务法》（The Financial Services Act）和《伊斯兰教金融服务法》（The Islamic Financial Services Act），这两个金融服务法向马来西亚国家银行提出明确的任务，马来西亚国家银行有责任制定相关政策，以保护金融消费者的合法权益，并将其作为促进金融稳定议程的一部分。为了完成该任务，马来西亚国家银行将财经素养教育列为维护金融稳定和提升金融包容性的方法之一。2006 年下半年建立的消费者和市场行为框架标志着马来西亚国家银行注重提高消费者的财经素养，促进健全和公平的市场实践，为保护消费者建立必要的基础设施。

---

① Bank Negara Malaysia. 2012. Malaysia's financial inclusion framework. http://59.80.44.50/www.bnm.gov.my/documents/fi/publication/research/Malaysia's%20Financial%20Inclusion%20Framework.pdf [2018-11-24].

② Bank Negara Malaysia. 2011. Financial sector blueprint 2011-2020. http://www.bnm.gov.my/files/publication/fsbp/en/BNM_FSBP_FULL_en.pdf [2018-11-25].

3. 指定财经素养教育实施部门，并且呼吁社会组织积极参与财经素养教育

马来西亚政府将财经素养教育的工作委托给马来西亚国家银行与马来西亚教育部，其中，马来西亚国家银行扮演着领头的角色，马来西亚教育部则是实施者。另外，马来西亚政府也呼吁私营部门和其他金融机构积极参与马来西亚国民财经素养教育的项目。2010～2018 年，不少金融机构和私营部门也发挥了作用，通过各自有关财经教育计划的课外活动来加强财经素养教育的课堂学习。

4. 利用信息通信技术传播马来西亚的金融知识

随着信息技术的发展和计算机的日益普及，马来西亚国家银行与教育部合作，于 2004 年 10 月创建了一个财经教育互动网站，以丰富学生的金融知识。学生可以参与金融互动游戏、内容、测验、财务计算及与个人财务管理相关的其他活动。截至 2018 年末，该网站吸引了超过 85 000 名会员。信息技术和通信技术更便于向青年传播金融知识，运用信息通信技术传播金融知识有助于增加青年对财经事务的了解，有助于青年形成正确的消费观念，从而使他们在个人理财方面做出最佳的规划。

5. 发起了“消费者教育计划”

马来西亚国家银行于 2003 年为包括年轻人在内的成年人发起了“消费者教育计划”（consumer education programme，CEP）。这些计划旨在促进消费者对金融产品和服务有更多的理解，使消费者能够做出更明智的财务决策，能够更好地获取可靠的财经信息，能够对其财务问题承担更多责任。根据该计划，青少年要接受财经素养教育，从而掌握必要的知识和技能，以有效地管理财务。该计划的组成部分是根据每个目标群体的理解水平量身定制的，包括以下知识和技能：①规划（储蓄和预算）；②消费（购买和选择金融产品）；③金融产品，包括金融产品和服务（银行、伊斯兰银行、保险/伊斯兰教保险）的特征，涉及的风险和责任，清晰明确的条款和条件及作为金融消费者的权利与义务；④信贷和债务（借款和债务管理，以及作为借款人和担保人的权利与义务）；⑤风险管理（基本保险和保险计划）；⑥市场意识（补救、非法计划、货币相关事宜，金融机构和信贷局的角色和职能的途径）。

四、质量标准与内容

马来西亚的财经素养教育的对象分为两类：学校的财经素养教育（financial education in school）和成人的财经能力项目（adult financial capability programme）。在总体的财经素养教育上，马来西亚政府要求 2016 年要达到以下五个预期目标：

①将财经素养提升成为国民的一种生活技能；②成人财经能力项目适用于所有生命阶段；③建立一个有效的财经素养教育效果的评估框架来支撑财经素养教育的有效实施；④获得可靠和及时的财经教育信息；⑤通过财经教育网（financial education network，FE 网）来协调和推动国家层面的财经素养教育计划的实施。[①]马来西亚国家银行作为推动马来西亚财经素养教育的主导部门，制定了关于国民财经素养教育的内容框架（表 6-1）。

表 6-1　马来西亚财经素养教育的内容框架

序号	因素	具体内容
1	金钱、收入来源和职业选择	金钱与收入来源的定义 影响收入的因素 支付工具的类型 收入与支出的决定
2	财务责任和决策	做出个人财务决策 财务信息的使用 消费者保护法 合同的定义
3	资金管理和策划	确定需求 设定财务目标 创建并记录财务计划 财务决策的替代性和后果
4	储蓄和投资	储蓄/投资的好处包括建立财富，实现财务目标，财务福利 投资定义和类型 风险和回报的概念 存款人和投资者的保护
5	信贷和债务管理	信用工具的定义和类型 负责任的信贷管理 作为借款人的权利和义务 避免债务陷阱并解决信用问题
6	风险管理、财富保护和保险	保护身份 常见的风险类型和基本的风险管理 保险/伊斯兰教保险的目的和重要性 非保险类型

五、实施效果及评价

1. 制定了财经素养教育的内容框架，明确相关部门的工作责任

为了落实国家在财经素养教育方面的政策，马来西亚国家银行设立了财经教

① 财经教育网（financial education network，FE 网），是指财经素养教育的一系列网站，通过在线资料及在线教育向消费者推广财经知识。

育网和信贷咨询与债务管理机构（Credit Counseling and Debt Management Agency）两个机构。财经教育网将与相关政府部门、行业协会、消费者团体和其他利益相关方合作，制订财经教育的计划、监控和衡量财经教育的实施效果，其管理小组包括马来西亚国家银行、马来西亚证券委员会（Securities Commission Malaysia）、马来西亚存款保险与雇员公积金公司，其中财经教育网的指导委员会代表由马来西亚国家银行来担任。马来西亚国家银行行长穆罕默德·易卜拉欣（Tan Sri Muhammad Ibrahim）关于财经教育网的作用做出了评价：财经教育网将利用不同机构的财经教育的资源和创造力，最大限度地发挥这些资源的作用，为马来西亚个人与家庭带来更好的财经教育，从而有利于他们的财务状况“健康”。信贷咨询与债务管理机构是马来西亚国家银行为了提高公众的财经知识和健全财务管理制度所设立的机构，该机构专门设计针对成年人（从接受高等教育的年轻人到退休的老年人）的财经教育内容。

随着信息技术的发展和计算机的日益普及，马来西亚国家银行与教育部合作，于 2004 年 10 月创建了财经教育互动网站，以拓展学生的金融知识。学生可以在网站上参与金融互动游戏、金融知识测验、财务计算及与个人财务管理相关的其他活动，截至 2018 年末，该网站吸引了超过 85 000 名会员。另外，马来西亚国家银行与教育部合作，将财经素养教育纳入学校课程的核心科目。2013 年，财经素养教育的内容被写进了小学 3 年级的马来西亚语文课程和数学课程的教科书；财经素养教育的内容被纳入小学 4 年级核心科目的教科书，并于 2014 年出版；4 年级和 5 年级的英语课程以“世界的故事”为主题体现出相关的金融知识；中学阶段的数学标准文本和商务与经济学课程的标准文本出现有关财经素养教育的内容。对于马来西亚职业教育，马来西亚教育部规定职业学校要设计 40 个小时强制性的财经素养教育课程，并将其作为马来西亚职业教育软技能模块的一部分。①为了提高财经素养教育的质量，马来西亚通过“力量”项目让 1429 名教师接触个人财务管理，另外，教师还要通过 14 个小时的财经素养教育项目的学习来掌握财经技能。

总体来看，马来西亚财经素养教育的相关机构基本上定型，主要是金融机构与教育机构。其中，金融机构除了向公众组织财经素养培训外，还向教育机构提供财经素养教育的资源，包括教师的培训与课程的设计。马来西亚财经素养教育已经落实到教育系统的中小学阶段与职业教育中。从社会的角度来看，在马来西亚国家银行的推动下，财经素养教育基本上已经渗透到社会中。

---

① Ibrahim D I D，Harun R，Isa Z M. 2009. A study on financial literacy of Malaysian degree students. Cross-Cultural Communication，5（4）：51-59.

2. 通过参与国际性的财经素养测试，掌握了马来西亚人民财经素养的基本现状

建立财经素养测试体系是马来西亚财经素养教育重要的工作，财经素养的测试能够帮助财经素养教育的相关机构检查财经素养教育工作的实际效果。目前，马来西亚财经素养测试主要根据经济合作与发展组织提供的PISA财经素养测试标准进行。金融知识衡量是经济合作与发展组织国际金融教育网络的前三个优先事项之一，该组织通过制定衡量金融知识的一系列问题来跟踪各国财经素养教育的进展。该项目的工作始于2009年，在国际金融教育网络金融知识衡量专家小组的指导下开展，随后通过经济合作与发展组织网站开发、测试并提供了核心调查问卷和支持工具包。国际金融教育网络的金融知识和金融包容性衡量工具包已被广泛认为是为财经教育政策提供信息的重要工具。2010 年以来，30多个国家使用国际金融教育网络的调查问卷收集了关于国民财经素养的数据。马来西亚从 2010 年就参与了该调查项目，马来西亚国家银行负责该调查问卷的发放、收集和统计。该调查项目总体上概括了马来西亚消费者的财经素养现状，根据该调查的数据（2011 年的调查数据），马来西亚的被调查者关于金融知识的调查结果如图 6-1 所示。

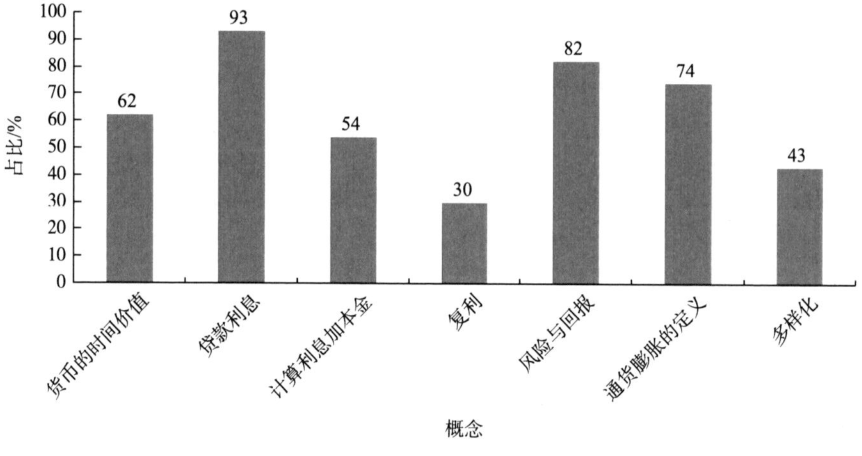

图 6-1 马来西亚金融知识调查

资料来源：Measuring financial literacy：results of the OECD / International Network on Financial Education（INFE）pilot study[①]

① Atkinson A B，Messy F A. 2012 .Measuring financial literacy：results of the OECD / International Network on Financial Education（INFE）pilot study. OECD Working Papers on Finance Insurance & Private Pensions，19（5）：1019-1031.

图 6-1 的数据显示，马来西亚大多数人都了解风险与回报之间的基本关系，也能掌握关于通货膨胀和贷款利息的定义。这组数据在一定的程度上可以反映出马来西亚的经济发展情况，可能由于国家宏观经济不乐观而导致人民对风险与回报、通货膨胀、贷款利息的了解比较多。该调查问卷另外设计了关于消费者财经行为的问题，如表 6-2 所示。

表 6-2 马来西亚消费者的财经行为

问题	选项	百分比/%
对财务行为的态度	支持：在我买东西之前，我仔细考虑是否能负担得起	76
	支持：我支付账单准时	55
	支持：我经常关注我的财务问题	63
	支持：我设定了长期财务目标，并且努力实现它	59
选择金融产品得分	自己做出明智的决定或寻求别人的建议	56
	使用过独立信息或建议	11
对短期消费的态度	不应该只活在今天	41
	不会为了满足消费而想方设法	31
	钱不是只用来花的	24

资料来源：根据《OECD/INFE international survey of adult financial literacy competencies》的数据进行整理[①]

表 6-2 的数据显示，大部分马来西亚人（76%）在购买东西之前都会认真考虑是否负担得起。然而，只有 55% 的受访者同意他们准时支付账单，在参与该调查项目的国家中，仅高于南非。数据也显示，63%的马来西亚消费者比较关注自己的财务问题，但是只有 59%的消费者设定了长期财务目标并努力实现它。对于各种金融产品的选择，只有 11%的消费者使用过独立信息或者建议。另外，只有 56%的消费者在购买金融产品前自己做出明智的决定或寻求其他人的建议。马来西亚消费者对短期消费的态度倾向于支持，调查数据显示，马来西亚消费者支持“不应该只活在今天”的想法（41%）。通过经济合作与发展组织的调查，我们可以看出马来西亚人财经素养的意识不强，他们的消费观念也隐藏着较多的经济风险。

① OECD. 2016. OECD/INFE international survey of adult financial literacy competencies. http://www.oecd.org/daf/fin/financial-education/OECD-INFE-International-Survey-of-Adult-Financial-Literacy-Competencies.pdf [2018-12-03].

第二节 社会层面的推进

一、主要机构

1. 金融机构

除了政府监管的机构推动外，马来西亚的社会组织也积极参与马来西亚财经素养教育的推广工作。如果说马来西亚政府更注重年轻一代的财经素养培养，那么，马来西亚的社会组织的目标群体则较为广泛，覆盖年轻人、成年人、退休人员等群体。在社会组织中，银行、信用机构、投资机构等金融机构成为社会群体财经素养教育的核心力量。下文介绍一些得到马来西亚公民认可的财经素养教育的机构。

1）信贷咨询和债务管理机构

信贷咨询和债务管理机构是由马来西亚国家银行于2006年4月成立的机构，旨在帮助个人管理他们的财务状况，同时帮助消费者做出明智的财务决定。信贷咨询和债务管理机构的业务分为理财教育、财务管理咨询、债务管理计划三个内容。与银行信息、保险信息两个网站不同，信贷咨询和债务管理机构除了网上信息推广外，还向消费者提供线下服务（包括组织财经素养培训班及在线财经咨询）。在马来西亚国家银行的支持下，信贷咨询和债务管理机构于2008年出版了《钱感》（*Money Sense*）和《力量!》（*Power!*）两本有关财经素养教育的教材，这两本教材成为马来西亚财经素养教育的重要教材。在过去的五年中，超过30万马来西亚人从该机构的各类项目中受益。

2）英国保诚保险有限公司马来西亚分公司

英国保诚保险有限公司马来西亚分公司（Prudential Assurance Malaysia Berhad，PAMB）于1924年在马来西亚成立。作为领先且创新的保险公司，英国保诚保险有限公司马来西亚分公司通过其45家分行和银行保险分销提供全方位的金融解决方案，满足马来西亚人的储蓄、保护和投资需求。英国保诚保险有限公司马来西亚分公司拥有1700多名员工，致力于帮助人们实现更加光明和财务安全的未来。在马来西亚的财经素养教育方面，英国保诚保险有限公司马来西亚分公司提出了具体的目标，即让学校和社区中的5万人接触财经素养教育，为他们提升资金管理技能，并从长远角度帮助他们建立财务弹性。为了实现这个目标，英国保诚保险有限公司马来西亚分公司开展了针对不同年龄阶段的三个项目：①茶清（Cha-Ching）[①]和茶清狂欢节（针对 7～12 岁的消费者）；②Duit Right（针对 13～15 岁的消费者）；③成人计划。

3）马来西亚德意志银行

德意志银行（Deutshe Bank）于 1967 年首次在吉隆坡设立办事处。如今，德意志银行在马来西亚雇用了 230 多名专业人员，并在吉隆坡和纳闽联邦直辖区设有办事处。

2014 年 3 月 14 日，马来西亚德意志银行聘请了专门从事金融知识普及的“马来西亚金钱树”（Moneytree Malaysia）公司，为该行的员工提供培训和协助，为 134 名小学生（1～6 年级的学生）提供金融课程。小学 1～3 年级的学生受益于“与凯蒂猫寻宝”计划，其中包括“计划购买以避免超支”“消费前先省钱”“将钱存入银行以让其增长”等主题。4～6 年级小学生受益于“正确的金钱习惯”计划。另外，该项目还能够帮助学生了解财务管理的概念及其对日常财务生活的影响，培养正确的金钱习惯——“尽早保存，经常保存”“始终先付费”和“花钱前计划”。通过一些实际的行动，如帮助学生从环保艺术材料中赚钱，帮助学生形成关于如何赚到钱的基本认识。

2. 教育与培训机构

1）财经教育网

马来西亚国家银行于 2016 建立财经教育网，以协调和推动马来西亚的国家财经教育战略。财经教育网是一个向马来西亚人提供网上财经素养教育资源的平台。目前财经教育网建立了三个在线的财经素养教育网站，即银行信息网（bankinginfo.com.my）、保险信息网（insuranceinfo.com.my）和金融知识教育网站（duitsaku.com）。其中，金融知识教育网站是针对 7～12 岁的儿童及 13～17 岁的未成年人。该网站向不同年龄阶段的未成年人提供最基本的财经知识，如银行卡的使用、电子钱包、计算、外币等。银行信息网和保险信息网主要针对成年人设计，这两个网站的设计内容主要是财经领域的相关知识，如银行与保险的产品、个人财务管理（包括个人金钱管理、债务管理、投资）等。

2）边缘教育基金会

边缘教育基金会（The Edge Education Foundation，TEEF）是边缘媒体集团（The Edge Media Group）的一个慈善基金会，该机构主要侧重于教育领域。边缘教育基金会通过两项主要举措来推动两项教育：一是英语熟练程度，二是财经

---

① 茶清是音译，源于马来西亚的一部有关财经素养教育的动画片，茶清是动画片中一个乐队的名称，该乐队通过有趣的歌曲教育儿童如何管理自己的金钱、如何合理消费，同时介绍银行、银行卡、利息等金融相关的概念。

素养教育。该机构的目标受众是年轻人，尤其是中学生。这两个教育项目旨在帮助年轻人提高英语水平并使他们具备基本的金融知识，让他们有能力和信心来改善自身财务状况。在这两个项目中，“金钱与我：青年财经赋权计划”（简称“金钱与我”）（money & me：youth financial empowerment programme）是集中培养财经素养的项目。这是一项新的金融扫盲计划，旨在教导学生储蓄和投资的重要性。“金钱与我”是由边缘教育基金会在花旗基金会（Citigroup Foundation）的支持下开展的免费金融扫盲项目，并被教育部批准为学校的联合课程。“金钱与我”包括两个内容：①让财经素养教育成为年轻人的基本生活技能；②为低收入和中低收入的青年拓展基本的创业技能，帮助他们改善经济状况，并具备足够的知识建立小企业。该项目旨在解决马来西亚年轻人对债务、破产、失业问题的担忧。

该项目由八个课程和一个创业新兵训练营组成，它包括五个模块，即“储蓄”“花费”“赚钱”“成长”“给予”，帮助参与者理解储蓄的重要性，鼓励他们养成良好的消费习惯，促使他们开始思考职业、工作和创业，告诉他们投资的重要性和增加财富的方法，并培养他们的奉献精神。

3）马来西亚财务规划委员会

马来西亚财务规划委员会（Malaysian Financial Planning Council，MFPC）成立于2004年，是受马来西亚政府委托提供财务规划服务的教育机构。首先，马来西亚财务规划委员会为了传播财务规划知识，推出培养注册财务规划师（Registered Financial Planner，RFP）的计划。该计划针对从事理财规划的人及想要进入理财规划行业的应届毕业大学生。注册财务规划师计划于2002年启动，通过专业教育和卓越实践培养人才。

其次，包括与马来西亚开放大学（Open University Malaysia）合作开发和提供财务规划执行硕士教育项目，以及与马来西亚思特雅大学（University College Sedaya International，UCSI）合作开发财务规划和管理的执行硕士课程。最后，马来西亚财务规划委员会还举办讲习班、研讨会和讲座，向马来西亚财务规划委员会成员、公务员、公众和年轻的马来西亚人宣传合理的财务规划的重要性。马来西亚财务规划委员会发起的这些计划和活动对填补金融知识和规划方面知识的空白起着至关重要的作用。①

① Malaysia Financial Planning Council. 2008. Shariah registered financial planner-a premier financial planning designation of MFPC. https://mfpc.org.my/education/shariah-registered-financial-planner-shariah-rfp [2018-12-21].

二、主要形式

1. 形式一：动画片宣传教育

英国保诚保险有限公司马来西亚分公司推出的“茶清”乐队项目主要通过视频宣传来加强小孩子对财经知识的了解。该项目的核心内容为一系列以六个活泼角色为特色的三分钟音乐视频，帮助孩子学习赚取收入、储蓄、消费和捐赠的基本理财概念。节目中的六个角色是“茶清”乐队的成员，每个人都有不同的资金管理方法。茶清音乐录像带是附有歌词和字幕的朗朗上口的歌曲，孩子们可以一起唱歌，帮助其理解金融知识。目前茶清节目主要在中国香港、印度尼西亚、中国台湾、马来西亚、菲律宾、新加坡、泰国和越南的主流儿童卡通频道播出。

2. 形式二：网上财经教育

（1）金融知识教育网站，该网站由马来西亚国家银行与教育部联合建立。该网站的主要功能是为未成年的小孩提供交互式财经教育工具，以便提高学生的金融知识水平，学生可以在网站上参加比赛、游戏、测验、财务计算和其他与个人财务管理相关的活动。该网站于 2004 年 10 月推出，截至 2018 年末，吸引了超过 85 000 名会员。由于金融知识教育网站是针对 7～12 岁的儿童和 13～17 岁的未成年人两类人群，所以采用不同的动漫画面设计，在每个部分都用比较简单易懂的语言来解释与财经相关的知识，或将相关的链接放在每个问题的下边，方便学生查看。同时，该网站介绍了其他财经素养教育的平台，如学生财经俱乐部（students financial club）、学生收养计划（school adoption programme）、口袋钱包（pocket money book）等。

（2）保险信息网，关于保险/伊斯兰保险的消费者教育计划被称为“保险信息”（insuranceInfo），是由马来西亚国家银行与保险/伊斯兰保险行业共同建立的。“保险信息”作为一项长期计划，主要提供教育信息，使消费者在购买保险/伊斯兰保险产品时做出明智的决定。“保险信息”希望消费者能够选择最能满足其需求的保险/伊斯兰保险产品，并了解自己的权利和义务。“保险信息”不仅向消费者提供关于保险/伊斯兰保险的信息，还与马来西亚国家银行共同举办在线培训，内容包括资金管理、电子支付意识、预算技能意识、虚假就业计划、使用马来西亚国家银行的“家庭财务规划手册”进行财务规划、意识到虚假投资、存款方案、银行的基本业务知识、基本保险知识、不同市场参与者的角色等内容，同时包括消费者对保险公司或伊斯兰保险经营者的服务不满意时，消费者如何寻求补救的建议。“保险信息”的网站上还直接提供一些计算的方法，方便参与者使用。

3. 形式三：财经素养培训

（1）马来西亚财经规划局开展了由马来西亚人力资源发展基金会（Human Resources Development Fund，HRDF）举办的教师培训（train-the-trainer 2018）、财经规划工作室—金钱与我（Financial Planning Workshop – my money and me）、伊斯兰教法律财务规划意识项目等财经素养教育培训项目。其中，教师培训专为管理人员、培训师、教师、团队带头人、组织监督人员而开展，目标参与者包括理财规划师、法律执业者、财务规划顾问、保险/伊斯兰教保险顾问、监管机构、法律执业者、学者和行业专业人士等。课程内容包括成人学习计划、进行培训需求分析、设计能力的培训、开展能力素质培训、评估参与者的能力。课程采用短期讲座、小组讨论、小组演示、角色扮演和技能练习等方式开展。该培训项目的培训目的是培养领导者的技能，包括演示、解释、提问和有效执行等技能。伊斯兰教法律财务规划意识项目主要针对大学生和财经相关行业的从业者及公众（尤其是伊斯兰教徒），培训内容为：①伊斯兰教法律财务规划；②规划的基本原则；③风险/伊斯兰教保险计划；④伊斯兰教教育投资规划；⑤札卡特和税务规划；⑥伊斯兰教法规划；⑦退休计划；⑧伊斯兰教法律财务；⑨规划中的应用。

（2）边缘教育基金会与花旗基金会合作，推出了“金钱与我”计划，这是一项新的金融扫盲计划，旨在教导 4 年级大学生储蓄和投资的重要性，包括“储蓄”“花费”“赚钱”“成长”和“给予”五个内容，帮助参与者理解储蓄的重要性，鼓励他们养成良好的消费习惯，促使他们开始思考职业选择、寻找工作和创业，告诉他们投资的重要性和增加财富的方法，并培养他们的奉献精神。

（3）“力量”项目：该项目是由马来西亚国家银行建立的财经素养教育培训项目。该项目主要针对年轻人和年龄在 18～30 岁的借款人，为他们提供有效的技能及知识来管理他们的财务。该计划还强调了现实生活中做出不同的财务决策的不同结果，侧重于普通金融产品，如信用卡、租用购买和住房贷款。“力量”项目的培训内容设计为六章：现金流量管理、借用基础知识、使用信用卡、买车、买房子、管理债务的重要性。

三、质量保障

1. 利用国内和国际权威的社交网与媒体频道合作推广财经素养内容

财经素养教育内容在马来西亚通用的社交网站及权威的媒体频道上推广。目前，马来西亚财经素养教育视频，如茶清系列的动画片、“小富翁学理财”（Cash

Ville Kidz）电视节目分别在少儿频道、卫星电视频道（Astro TVIQ）（马来西亚最受欢迎的儿童频道播出）。“小富翁学理财”获得了马来西亚银行（该国主要金融机构之一）和英国文化协会支持，并得到马来西亚教育部的认可。在很短的时间内，“小富翁学理财”在Facebook上拥有150万名观众和超过90 000个社区的关注。

为了保证财经素养教育在最短的时间内被消费者接受，马来西亚政府支持与鼓励社会组织举办公益性的财经素养教育培训，以及免费向消费者提供财经咨询，其中最受欢迎的培训项目为“金钱与我”。另外，消费者如果遇到如推迟还款日期、银行信用、银行担保、无法偿还借款等财经问题，他们可以来到马来西亚的信用咨询和债务管理机构寻找帮助，该机构向消费者提供理财教育、财务管理咨询、债务管理计划等方面的免费服务。如果消费者债务管理出现问题，通过信用咨询和债务管理机构启动相关程序后，信用咨询和债务管理机构负责人将会与银行讨论，并延长欠贷人偿还贷款的期限。

2. 将金融知识生活化并将实际操作步骤纳入财经素养的教育项目中

为了让不同人群都能掌握基本的金融知识，马来西亚政府将金融知识生活化，将实际操作步骤纳入财经素养的教育项目中，帮助消费者了解他们身边的财经活动，使他们更容易掌握金融知识，这就是马来西亚财经素养教育的质量保障的本质。在这部分我们用“金钱与我”项目的金融扫盲计划作为具体的案例，该计划在开展财经素养教育过程中设计了接近生活的课程教学活动，如为了让孩子了解金钱、投资等相关概念，老师以有趣和难忘的方式教育学生如何赚钱、消费和投资。培训者给孩子们安排工作，并明确他们的工作范围和所有权，就像在现实世界中一样，根据他们的表现可以升职、降职甚至被解雇，课堂活动成为“现实生活中的彩排”经验。另外，教师还为中学生设计电子商务的课程，教学生如何建立网上商店，做网络营销等。在培训期间，学生将参与经营一个网店，他们要通过社交媒体进行营销，这种教学方法与传统的教学方法有很大的不同，是课程生活化的一种表现。

3. 财经素养教育的场地比较灵活，根据不同的教育对象选择不同的培训场地

马来西亚财经素养教育机构针对不同教育对象选择不同的教育场地，保证财经素养教育的顺利开展。对于校园里的教师和学生，财经素养教育机构基本上都选择在校园设置场地；针对社会人群，社会组织开展财经素养教育项目时，一般都选择当地一些财经机构为培训场地，如银行大厅、商场等。

4. 根据不同年龄的对象设计不同的网络画面

网上教育是马来西亚财经素养教育的重要组成部分，跟线下财经素养教育活动一样，网上教育也根据不同年龄段的学习者设计不同的内容及画面，保证不同的人群能够最快、最容易地了解财经素养教育的内容。

四、资源与合作

1. 马来西亚国内外财经素养教育机构间的合作

在财经素养教育结构中，马来西亚国内外财经素养教育机构间的合作对财经素养发展起着重要作用。在马来西亚的外国财经素养教育机构几乎都来自财经素养教育发展较为成熟的国家，如新加坡的“金钱树”、英国保诚保险有限公司马来西亚分公司等，这些国外的财经素养机构主要为马来西亚的学校及金融机构提供财经素养教育。国内外财经素养教育的合作方式主要为国内合作机构提供场所和学生，外国机构提供教学教材、师资及进行课堂管理与教学效果评估。

2. 马来西亚政府与社会组织间的合作

在教育领域上，政府与社会组织资本的合作是较为普遍的合作模式，马来西亚的财经素养教育也运用了该模式。马来西亚国家银行被政府指定为推动财经素养教育的机构，马来西亚国家银行与马来西亚证券委员会、马来西亚存款保险与雇员公积金公司等其他金融机构一起合作开设各类财经素养教育的子机构；另外，马来西亚政府还直接委托给专业的财经素养教育机构开展财经素养教育；马来西亚政府还积极和经济合作与发展组织合作，在经济合作与发展组织的帮助下推动本国财经素养教育的开展。

五、效果与影响

1. 效果

1）从覆盖面的角度

从财经素养教育覆盖面的角度来看，马来西亚的财经素养教育已经推广至社会的各个群体，包括高收入、中等收入、低收入、无收入等人群。如果按照年龄阶段分类的话，马来西亚财经素养教育将人群分为未成年人与成年人两种人群。目前马来西亚针对不同年龄的人群已设计了不同的财经素养教育方案，如针对未成年人的人群主要通过学校的课程、视频教育等方法推动财经素养教育；针对成年人的人群主要采取培训的形式来传递与财经相关的知识。

2）从数量的角度

从财经素养教育项目实施的效果来看，英国保诚保险有限公司马来西亚分公司与国际少儿频道合作推出的“茶清住在马来西亚”和 “茶清狂欢节”的项目，截至 2018 年末，已经成功地接触 57 所学校和 24 个社区与家庭的 15 213 名学童及成人。Duit Right 项目也已接触到马来西亚 35 所学校和社区的 4803 名学生。英国保诚保险有限公司马来西亚分公司未来的目标是要继续将“茶清”系列项目和 Duit Right 的项目带到不同的学校和社区，并吸引 50 000 名学生参与其中。自从 2011 年开始运行至今，由信用咨询和债务管理机构设立的“力量”项目已经吸引了 16 万人参加，另外“力量 2”项目（power 2）也将会启动。“力量 2”项目除了加强学员的财务管理活动外，还关注人们的债务管理意愿。财经素养教育的一系列网站也获得了不错的成绩，银行信息网和保险信息网已分别出版了 24 本和 25 本关于财经知识的小册子，作为财经素养教育的教材。自 2004 年以来，这两个在线学习网站吸引了 95 000 多名会员注册，2009 年已有 5754 名学生参加金融知识教育网网站的财经知识比赛。

2. 影响

1）家庭债务占 GDP 比重进一步下降

在政府的大力推广下，马来西亚财经素养教育对该国的家庭债务产生了一定的影响。根据全球经济指标数据网（trading economic），马来西亚的家庭债务占 GDP 比重从 2016 年达到 10 年来最高比例 69.6%之后到 2019 年 1 月份一直控制在 66.2%左右的比例。马来西亚国家银行 2018 年的金融稳定与支付系统报告指出马来西亚的家庭债务增长速度较慢，而且与收入增长更为一致；债务偿还继续受到收入和就业增长的支持。家庭维持的金融资产总额超过债务的两倍。[①] 消费者信心指数从 2016 年 7 月的 73.6 指数点在 2018 年 7 月份已经提高到 132.9 指数点，这个数据证明马来西亚消费者对马来西亚的经济形势、经济前景、收入水平看好，以及他们的消费心理状态相当好，同时证明他们的财经素养也有了一定的提高。

2）消费者对财经知识有了初步的了解，然而在一些方面仍然处于比较低的水平

经过六年的财经素养教育，马来西亚财经素养教育的效果评估成为热点研究问题。2015 年马来西亚国家银行曾经对消费者进行了较为全面的财经素养调查，

① Bank Negara Malaysia. 2019. Financial stability and payment systems report 2018. http://www.bnm.gov.my/files/publication/fsreview/en/2018/en_fs_01.pdf [2019-03-27].

3/4 的马来西亚人发现很难为紧急情况筹集 1000 令吉（相当于 1700 人民币）①；此外，不到 1/4 的人具有较好的投资项目。调查还显示，大多数马来西亚人的消费倾向于即时满足，而不是长期规划。尽管马来西亚人的预期寿命在稳步增长，但只有 40%的马来西亚人认为自己已经准备好退休。调查结果还显示，在接受调查的 3000 多名马来西亚人中，大多数人没有适当的预算计划，也没有实行财务纪律来管理他们的支出和债务。

努拉迪巴·莫赫塔（Nuradibah Mokhtar）等人 2018 年对 2000 名马来西亚消费者进行了一项财经素养教育的问卷调查。这是继马来西亚国家银行 2015 年调查后的规模较大的财经素养教育调查，该调查对马来西亚的财经素养教育进行了初步的评估。与 2015 年的财经素养结果对比，在信用管理方面和现金流管理方面，大部分受访者具备了比较正确的认知，如 81.4% 的受访者知道信用卡持有人不能无限制消费；81.3%的人了解中央信用参考信息系统的功能；93.5% 的人都同意购物清单有助于控制开支，并且在消费前需要节省开支；81.5% 的人都能够清楚地意识到不是所有的投资都是有利可图而且投资的风险都比较高；74.3% 的人知道并非所有投资都是合法的；88.7%的人认为需要 10%的缓冲基金作为紧急事件的分配。②在退休计划、风险管理、金融产品购买、财经情况掌握等方面，回答正确的受访者仍然占比较高，但是回答错的受访者的实际数量也不少，因此这组数据证明马来西亚的财经素养教育还需要加强宣传教育的力度。

第三节 基本特点与经验启示

一、基本特点

1）问题导致性的财经素养教育

2008 年的金融危机和 2015 年的经济衰退现象表明马来西亚的经济较容易受到外部影响，金融体系尚未完善，因此波动性较大。为了处理金融危机和经济衰退的问题，马来西亚政府开始认识到财经素养教育的重要性，即有助于马来西亚经济的稳定。因此 2008 年金融危机爆发后，马来西亚政府在全国范围内大力推动财经素养教育，并明确金融业的稳定发展要从个人的财务管理做起。当每个公民

---

① Bank Negara Malaysia. 2016. Financial stability and payment systems report 2015. http://www.bnm.gov.my/files/publication/fsps/en/2015/fs2015_book.pdf [2019-08-21].

② Mokhtar N，Dass T A M，Sabri M F，et al. 2018. A preliminary evaluation of financial literacy in Malaysia. Journal of Wealth Management & Financial Planning，6（5）：3-16.

学会如何合理的分配收入，明智使用自己的金钱，了解金融市场的本质与手段，创造更为包容的金融体系，那么马来西亚的经济就能实现可持续发展。

2）财经素养教育是按照 PPP（政府和社会资本合作，public-private-partnership）模式进行

通过马来西亚财经素养教育的结构，可以发现马来西亚政府是主导推动的部门，其中具体事宜由马来西亚国家银行负责，马来西亚教育部协助。另外，社会组织也是马来西亚财经素养教育推广的重要组成部分。社会组织在实施财经知识教育的过程中得到政府的大力支持。

3）针对不同对象开展不同的教育内容

马来西亚财经素养教育的对象分为未成年人和成年人的消费者，其中未成年人的财经素养教育获得关注的最多。

4）教育的核心方法就是通过财经素养教育网推动财经素养教育发展

目前，马来西亚已经设立了银行信息网、保险信息网和金融知识教育网站三个财经素养教育的网站。这三个网站根据不同人群的年龄，不同的学习目的来设计，具有较高的实用性。另外，“力量”项目的在线财经素养教育也获得了马来西亚消费者的高度评价。在未来的发展道路上，马来西亚政府仍非常重视财经素养教育网站的建设。

二、经验启示

1）注重财经素养的教育，尤其是对年轻一代的财经素养教育

2008 年金融危机爆发之后，马来西亚的经济一直处于不稳定的状态，金融市场动荡大，居民消费价格指数（consumer price index，CPI）不断增高，这一系列问题使马来西亚政府开始实施财经素养教育。马来西亚政府将财经素养教育提升为国家发展战略，致力于提高人民的财经素养。通过努力，目前财经素养教育已经普及到学校教育的中小学阶段及社会各层次。从马来西亚的经验可以看出财经素养教育对国家经济的安全与稳定发挥着重要作用。但中国财经素养教育仍未得到较高的重视，目前财经素养教育仍停留在财经教育体验的形式上，且主要是一些金融机构提供这类服务。中国政府应该重视对人民的财经素养教育，尤其是对年轻人的教育，为年轻人培养良好的财务管理意识。中国的财经素养教育应该注意几个问题：一是财经素养教育应该根据不同的人群、根据不同的人生阶段采用不同的教育政策；二是将财经素养教育纳入基础教育成为基本知识，将其实施并成为学生必备的生活技能；三是鼓励制订适合社会各阶层不同需求的金融扫盲方案，培训形式应保持简单，并与参与者的日常生活相关，金融扫盲方案主要在实

践的过程中学习，将其与个人利益联系起来，并了解如何使用可用的金融产品和服务。

2）充分利用全社会的资源开展财经素养教育活动

马来西亚的财经素养教育活动是由政府发动、牵头，同时呼吁社会各个部门参与其中。马来西亚国内的学校或金融机构与国外的专业的财经素养教育机构联合一起推动财经素养教育的项目。“金钱树”是新加坡的专业财经素养教育机构，该机构在马来西亚已经为多个学校、多个机构进行财经素养的培训；英国保诚保险有限公司马来西亚分公司也为马来西亚的少儿财经教育做出贡献。通过分析马来西亚的财经素养教育状况，我们发现马来西亚的财经素养教育是教育机构与金融机构的双重结合，其中金融机构提供的是关于财经知识的教材和培训，教育机构主要将这些教材与知识传递给更多的人。因此，中国的财经素养教育应该将金融机构与教育机构都利用起来，有效服务于财经素养教育的推广。

3）注重培养财经素养教育的师资队伍

财经素养教育是否能够成功推广，决定因素在于财经素养教育的师资。财经素养教育的老师，尤其是中小学阶段的教师，不仅要具备相关的金融知识，还需要掌握有效的教学方法，要保证教学活动真实性、有趣性和活跃性，符合中小学生的年龄，马来西亚在这方面的做法值得我们借鉴。该国的一些中小学学校设立了经济与商务的课程，这门课让中小学生开始接触与金钱的相关问题，通过讲述故事的形式使学生更加容易接受新的知识。通过分析马来西亚中小学的财经素养教育情况，我们发现数学教师是教授财经知识教育的主体，数学教师通过接受一系列财经素养教育培训之后，将会负责传递基本的财经知识给中小学生。中国培养财经素养教育师资的时候除了财经类专业的教师，也可以利用理工科的师资。

4）有效利用互联网推广财经素养教育

马来西亚开展财经素养教育的重要形式之一就是在线教育。通过建设一系列的财经素养教育在线教育网站，马来西亚的财经素养教育获得越来越多的关注。根据《中国互联网发展报告 2018》，截至 2017 年底，中国网民规模达 7.72 亿人，普及率为 55.8%，相比 2016 年新增网民 4074 万人；人均周上网时长为 27 个小时。[①]另外，智研咨询发布的《2017—2023 年中国电子支付行业深度调研及投资战略研究报告》显示，2016 年，银行业金融机构共处理电子支付业务 1395.61 亿笔，金额为 2494.45 万亿元。其中，网上支付业务为 461.78 亿笔，金额为 2084.95 万亿元；移动支付业务为 257.1 亿笔，金额为 157.55 万亿元；非银行支付机构处理网

① 佚名. 2018.《中国互联网发展报告 2018》: 中国网民 7.72 亿人 网络直播用户接近 4 亿人. http://www.igeek.com.cn/article-1144146-0.html [2019-01-12].

络支付业务 1639.02 亿笔，金额为 99.27 万亿元。[①]这两组数据统计说明中国人使用手机上网购买产品或使用电子支付已经非常普遍。所以，中国应该利用互联网与手机 App 推广财经素养教育，创建财经素养教育的在线教育网站，另外还可以通过交易游戏加强消费者对金融产品与其他财经知识的了解。

① 中国产业信息. 2017. 2017 年我国电子支付行业发展情况分析. http://www.chyxx.com/industry/201711/579103.html [2019-01-12].

第七章 俄罗斯的财经素养教育

近年来，俄罗斯联邦政府一直致力于促进财经素养教育的发展，高度重视公民财经素养水平的提升。在俄罗斯，系统性研究财经素养和财经行为的机构主要有俄罗斯联邦财政部（Ministry of Finance of the Russian Federation）、俄罗斯联邦中央银行（The Central Bank of the Russian Federation）、教育和研究机构（俄罗斯国立高等经济大学、国家金融研究局分析中心等）。2011 年起，俄罗斯联邦财政部同世界银行一起实施了“提升俄罗斯联邦居民财经素养水平和促进财经教育发展”计划；2017 年 2 月，俄罗斯网络技术中心针对俄罗斯网络互动平台（РУНЕТ）用户进行了财经素养调查，旨在了解俄罗斯居民财经素养水平；每年一次的全俄财经素养、金融市场和金融服务消费者权益保护奥林匹克竞赛（简称奥赛），掀起全民接受财经素养教育、提升财经素养水平的热潮。

第一节　国家层面的推进

从 2011 年起，俄罗斯联邦财政部同世界银行一起实施了“提升俄罗斯联邦居民财经素养水平和促进财经教育发展”的方案，目的在于提升俄罗斯公民（特别是中学生、高等教育机构学生及中低收入水平的成年人群）的财经素养水平，使俄罗斯公民养成良好的金融习惯。

一、项目主要任务

“提升俄罗斯联邦居民财经素养水平和促进财经教育发展”计划的任务主要包括以下八个方面：①在评估居民财经素养水平和财经素养项目实施效果基础上，制定并实施提高公民财经素养水平的中期国家战略；②在国家机关、教育机构、非政府组织和金融机构的参与下，在联邦政府层面和区域层面建立旨在实施财经素养提升计划的可持续的机制；③在联邦政府层面和区域层面建立旨在实施财经素养提升计划的高效团队；④征集学院、正规和非正规教育机构等渠道的中学生、大学生和成人学生的建议，制订财经素养提升教育计划及开发、测试相关工具；⑤在提升财经素养和保护金融服务消费者权益领域建立有效的和可获取的信息资源系统，开展大规模的信息宣传活动；⑥搜集、整理和传播关于保护金融服务消费者权益的各种信息材料；⑦在公开竞争的基础上，支持各种自下而上的旨在提高财经素养、发展金融教育和加强对金融服务消费者权益保护的相关举措；⑧提高国家行政机关和非国家政府部门在金融服务消费者权益保护领域的潜力，包括提高工作人员职业素养、改善金融市场参与者信息获得性及与私营企业的互动状态；⑨实施全面综合评估，组织监测居民财经素养水平及其金融行为。

二、项目组成部分

“提升俄罗斯联邦居民财经素养水平和促进财经教育发展”项目包括以下四大组成部分。

一是制订提升、监测和评估财经素养水平、消费者保护权益状况的计划。

二是提高财经素养领域能力建设，包括：①为国家专家组及各级教育系统和非正规教育系统的教师、教育工作者举办研讨会和公开研讨班，加强财经素养领域的人力资源建设；②建立财经素养和消费者权益保护问题的信息和教育门户网站；③在试点区域和其他区域实施区域财经素养发展方案，着眼于建立区域财经素养中心、制订和评估有关财经素养问题的教育计划和材料、实施上述教学计划并对上述活动实施监测和评估、开展宣传活动等；④对后续开展提高财经素养和消费者权益保护领域的活动提供支持。

三是制订和实施提高财经素养的教育计划和宣传活动，包括：①制订和实施旨在提升财经素养的教育计划；②制定和实施提高财经素养宣传活动的相关事宜，确定活动概念、准备活动材料和工具、实施记者培训计划；③实施提升财经素养的子项目，其中包括对私营和国家部门、非政府组织和非营利性组织及专业协会实施的财经素养举措给予支持。

四是加强金融服务消费者权益保护，包括：①制订与实施俄罗斯联邦消费者权益保护和福利监督局在金融服务消费者权益保护领域潜力的提高计划；②实施提升财经素养的子项目，采取一系列金融服务消费者权益保护举措，包括向消费者提供法律咨询及提供由私营和国家部门、非政府组织和非营利机构及专业协会代表提供的信息等服务；③协助设立金融监察员机构改善金融消费者权益保护领域的独立监测体系。

该项目在全国范围内实施，周期为五年，截止到2016年6月财政金额为1.13亿美元。

三、项目管理

1. 基本项目管理

“提升俄罗斯联邦居民财经素养水平和促进财经教育发展”项目预算资金执行人和总经理是俄罗斯联邦财政部。该项目正在与俄罗斯联邦消费者权益保护和福利监督局、俄罗斯银行、俄罗斯教育与科学部（Ministry of Education and Science of the Russian Federation）、俄罗斯联邦经济发展部（Ministry of Economic Development of the Russian Federation）和其他部门及组织开展合作。专家委员会为项目提供专家支持，俄罗斯联邦财政部工作组负责协调该项目的准备工作和实施进展，工作组主席也是该项目主任。

2. 专家委员会

专家委员会的主要任务是向俄罗斯联邦财政部提供战略和专业支持，协助制定财经素养相关政策，推动财经素养教育发展及制定项目内其他战略提案和建议。专家委员会是一个咨询机构，其决议具有咨询建议性质。专家委员会与国际组织、联邦权力执行机构、俄罗斯联邦各联邦主体的政府机关及其他有识之士开展合作。专家委员会主席由阿列克谢·库德林（Alexei Kudrin）担任，曾于2000～2011年担任俄罗斯联邦财政部负责人。委员会成员由国内外科学、教育、商业、新闻传播等领域的权威人士代表组成。

专家委员会的主要职能是：①探索制定和推动国家财经素养教育发展战略的关键方向与方法；②参与研究国家财经素养教育发展战略和推动其实施；③参与讨论和制定旨在提高财经素养，发展财经素养教育和加强金融服务消费者权益保护的战略提案；④参与讨论和制定旨在提高财经素养教育的标准与框架要求；⑤对俄罗斯联邦参与财经素养国际项目给予专家支持，此外，还举办学术会议、研讨会、见面会和圆桌会议等；⑥参与区域财经素养水平提升项目讨论并提出建议；⑦参与讨论项目框架内财经素养提升和金融消费者权益保护领域相关标准。专家委员会每年需要举行不少于两次的委员会会议。

第二节　财经素养教育社会调查

2017年2月，俄罗斯网络技术中心针对俄罗斯网络互动平台用户进行了财经素养调查。问卷一共18道题，题型分为单选和多选，内容涉及个人理财、银行借贷、财经培训、个人消费等多个方面（表7-1）。调查结果能够在某种程度上反映出俄罗斯公民的财经素养水平。

表7-1　财经素养调查问卷

题号	问题	答案	用户比例
1	您对自己的财经素养有信心吗	对自己的财经素养不自信	67%
		对自己的财经素养有信心	33%
2	您规划自己的财务吗	选择每个月都规划	53%
		有年度规划	9%
		只有在购置大件商品时才有规划（度假、购房、购车）	27%
		不规划，认为不是必需的	2%
		不规划，因为不擅长做财务规划	9%
3	做财务规划时您使用哪些方法	笔和笔记本	44%
		银行软件	28%
		电脑软件	34%
		专业金融软件	27%
		其他	4%
4	您考虑过自己的支出吗	是，考虑过	75%
		没有考虑过	25%
5	您每月储蓄的最低数目是多少	月收入的5%～10%	25%
		月收入的10%～20%	22%
		月收入的20%～30%	17%
		不攒钱，觉得没有意义	8%
		存不下钱	26%
		不知道如何攒钱	2%
6	您如何保存积蓄	把钱存在银行储蓄账户里	66%
		把现金放在家里	22%
		把钱存在银行的外币账户里	13%
		把钱换成外币放在家里	12%
		投资项目或者创业公司	11%
		投资证券	7%
		其他用途	7%

续表

题号	问题	答案	用户比例
7	您有欠款吗	有	49%
		没有	51%
8	您经常从哪里借钱	从专业机构借钱	2%
		从银行贷款	45%
		向熟人或者朋友借钱	55%
		向父母长辈借钱	2%
9	您借钱最常用来做什么	日常开销	34%
		小额购物（10 000 卢布以内）	40%
		中等额度购物（10 000～50 000 卢布）	19%
		大额购物（50 000 卢布以上）	21%
		旅游和娱乐	6%
		购买礼物	8%
10	您会冲动购物吗	是的，经常冲动购物	16%
		是的，1000 卢布以下会冲动购物	53%
		仅仅在有活动或者大减价的时候会冲动购物	37%
		不会冲动购物	10%
11	您会保留购物小票、发票或其他购物凭证吗	会保留超过一个月	51%
		会保留不到一个月	32%
		不会保留相关购物凭证	17%
12	您如何看待银行贷款	没有银行贷款，争取不向银行借钱	51%
		会用信用卡借款，但会到期还款	36%
		有抵押贷款，到期还款	15%
		有消费贷款，到期还款	9%
		至少有一笔分期贷款	7%
		有汽车贷款，到期还款	5%
13	您能接受月收入的一半用来还贷款吗	绝对不可以接受，可以接受不超过月收入的 10%	43%
		月收入的 30%以内可以接受	50%
		现行状况就是如此，并没有感觉到不方便	5%
		还贷金额比收入多也可以接受	2%

续表

题号	问题	答案	用户比例
14	依您看，消费贷可以用来做什么	想买什么买什么	18%
		买电子产品	15%
		买汽车或者不动产	32%
		什么也不买，利率很高	39%
		其他	3%
15	当工资打到银行卡上时，您会选择	将一部分钱取出来，留一部分在卡里	41%
		将工资全部留在卡里	33%
		事先规划好，花多少，花在哪里	25%
		全部取出来，否则都会花掉	1%
16	您认为安装自动支付有必要吗	有必要，这样可以自动还贷款	5%
		有必要，这样可以将钱自动转到储蓄账户	9%
		没必要，因为会临时改变支出计划	73%
		其他	13%
17	您认为网上支付安全吗	足够安全	52%
		到现在为止也不相信网上支付	37%
		不了解，他们是怎么保障安全的	7%
		其他	4%
18	您接受过付费和免费的财经素养培训吗	参加过付费培训	1%
		参加过免费培训	15%
		只是利用互联网相关文章和材料提升财经素养	61%
		向亲朋好友征求财经方面的意见	32%
		不需要培训	8%

资料来源：Опрос пользователей на интерактивной платформе Голос Рунета, февраль. 2017. ПОЛЬЗОВАТЕЛИ РУНЕТА О СВОЕЙ ФИНАНСОВОЙ ГРАМОТНОСТИ. https://rocit.ru/uploads/46f98b5e44e6b31e766aed502a3dd74f8f5a9acc.pdf?t=1496331041[2018-10-11]

通过调查结果可以发现，有近七成的俄罗斯网络互动平台用户对自己的财经素养缺乏自信心，偏好个人财务规划；有超过一半的用户每个月都会规划自己的财务；超四成的用户选择用传统的笔和笔记本做财务规划，其次是电脑软件、银行软件和专业金融软件。75%的用户考虑过自己的支出，26%的用户认为自己存不下钱，25%的用户每个月能存月收入的5%～10%。有66%的用户选择将钱存在银行中；有欠款和无欠款的用户约各占一半，多数人是向熟人或朋友借钱，其次才是银行贷款，借钱多是用来小额购物，然后才是日常开销。对于1000卢布以下金额的商品，约一半的用户会冲动购物，购物后约一半的用户会保存购物凭证超过一个月。对于银行贷款问题，俄罗斯人相对比较保守，有51%的用户表示争取不向银行借贷，有一半的用户表示还款额度在月收入的30%以内是可以接受的，但有43%的用户绝对不可以接受还款额度占月收入一半，可以接受不超过月收入的10%，39%的用户认为消费贷利率过高，什么也不想购置。对于工资，41%的用户是将一部分现金取出，另一部分储蓄。超七成的用户认为没有必要安装自动支付，超一半的用户认为网上支付很安全，但仍有37%的用户至今不相信网上支付。曾经接受过付费和免费的财经素养培训的用户仅为1%与15%，61%的用户利用互联网相关文章和材料提升财经素养，32%的用户则是向亲朋好友征求财经方面的意见。由此可见，虽然俄罗斯人对自身财经素养并不自信，但大部分用户有提升自己财经素养的强烈渴望，会通过各种途径提高其财经素养水平。对待贷款态度相对保守，尽量不借款，即使借款，每月还款额度大部分人也无法接受过高。消费也相对谨慎和理性，如大部分人会保存购物凭证超过一个月，只有金额低于1000卢布时才会冲动消费。

第三节　俄罗斯财经素养教育的普及

奥赛是一项针对全俄罗斯中学生举办的财经类奥林匹克竞赛。奥赛的目的是培养新一代具有财经素养和负责任的消费者，帮助具有才华的高中生实现自身价值，无论他们居住在哪里、教育程度如何、父母的社会资产与地位如何，并通过奥赛，在学生、家庭、教师间广泛传播金融知识（乘法效应）。参加奥赛有助于培养和发展个人的交际能力与商业沟通技巧；培养有意识的学习能力，鼓励学生积极开展认知活动；培养分析能力和创造性思维；培养在其他学科及劳动过程中所需的知识、技能和能力，最终让每个学生对自己的能力充满信心。

一、奥赛的优惠政策

根据《俄罗斯联邦教育法》第71章12款规定，奥赛获胜者和获奖者将享受以下优惠政策：奥赛获胜者和获奖者在进入高等教育机构就读与奥赛专业背景一致的本科和专家专业课程（方向）时，享有以下特殊优惠政策。一是免入学考试，专业和培养方向与奥赛背景一致（专业和培养方向与奥赛背景的匹配情况由教育机构确定），本科和专家专业课程方向直接录取；二是其权利等同于在国家统一考试中取得相应科目最高分的学生或者等同于通过《俄罗斯联邦教育法》第70条第

7 款、第 8 款规定的入学考试的人员。从 6 月 1 日起，大学在其网站上公布奥林匹克竞赛的获胜者和获奖者的优惠措施。根据俄罗斯联邦教育和科学部于 2014 年 7 月 28 日 N 839 批准的入学规则，享受奥林匹克竞赛规定的优惠政策（创意奥林匹克竞赛除外），需要在与奥林匹克竞赛背景一致的国家统一考试中达到 65 分或高于高校规定的分数。①

二、奥赛主办方和合作方

多年来，奥赛得到了联邦国家机关、银行、科研院所、社会组织和企业的高度重视和大力支持。2011 年 5 月，在俄罗斯莫斯科斯科尔科沃管理学院（Moscow School of Management Skolkovo）举行的“俄罗斯金融教育：形势分析与发展前景”圆桌会议上奥赛得到了进一步推荐。2011 年 6 月，奥赛在“2010 年度股市精英”竞赛中获得“全国市场开发项目”提名。2017 年 4 月 18 日，在国会常务委员会关于国家消费者保护体系发展的会议上，国家金融市场与管理研究院科学院院长科斯季科夫·伊戈尔·弗拉基米罗维奇（Kostikov Igor Vladimirovich）详细介绍了奥赛的具体情况。截止到 2018 年 10 月，奥赛有 8 个主办单位，9 个合作方。

1. 主办方

（1）国家金融市场与管理研究院是一所经济类高等教育机构，是由俄罗斯金融市场领域著名的职业教育机构——股票市场和管理研究院创办的。两家研究院的联合互动，一方面能够让学生完成基本课业任务；另一方面可以让学生为专业认证考试做好充足准备。

（2）全俄社会组织——金融服务消费者权益保护联盟。该组织是根据 1992 年 2 月 7 日《俄罗斯联邦法》第 2300-I 号《保护消费者权利》、1995 年 5 月 19 日《俄罗斯联邦法》第 82-Φ 3 号《关于社会组织的联邦法》和 1999 年 3 月 5 日《俄罗斯联邦法》第 46-Φ 3 号《关于保护证券市场投资者权利和合法权益》而成立的，旨在保护金融服务中消费者的合法权益。

（3）俄罗斯联邦中央银行——金融市场的最大调节者，兼具金融服务市场监管职能，旨在维护俄罗斯货币及金融市场稳定。

（4）全俄国家社会儿童和青年组织——俄罗斯中学生运动。该组织是根据第 536 号总统令于 2015 年 10 月 29 日正式成立，挂靠于联邦青年事务局，旨在改进

---

① Всероссийская олимпиада для старшеклассников по финансовой грамотности, финансовому рынку и защите прав потребителей финансовых услуг. https://www.fin-olimp.ru/[2019-01-12].

关于年轻一代的国家教育政策的制定和实施。

（5）联邦消费者权益保护和福利监督局是一个联邦权力执行机构，根据俄罗斯联邦总统 2004 年 3 月 9 日第 314 号《关于联邦权力执行机构的制度和结构》的法令而成立，主要负责监督消费者权利保护事宜。

（6）联邦金融监测局是国家机构，负责打击犯罪收入合法化（洗钱），打击资助恐怖主义和大规模杀伤性武器扩散行为，制定政府政策和法规。

（7）俄罗斯科学院经济研究所是俄罗斯科学院所属的研究机构。

（8）股票市场和管理研究院——俄罗斯金融市场、投资和营销领域最大的教育和科研中心。该研究院是证券市场经理和专家培训的领头羊，经俄罗斯银行认证，具有开展职业资格考试的资质。数千名俄罗斯和海外公司员工曾接受过该研究院培训。

2. 合作方

（1）俄罗斯联邦储蓄银行（Savings Bank of the Russian Federation）是俄罗斯和东欧最大的银行之一，全名为俄罗斯开放式股份公司储蓄银行。俄罗斯储蓄银行是一家提供多种银行服务的综合银行。截至 2009 年 6 月 1 日，储蓄银行在私人存款市场的份额为 50.5%，其贷款组合占该国所有贷款的 30%左右。

（2）莫斯科交易所是俄罗斯最大的交易所控股公司，成立于 2011 年，由 1992 年成立的莫斯科银行间货币交易所和 1995 年成立的 RTS 交易所（俄罗斯交易系统）合并而成。莫斯科交易所是股票、债券、衍生品、货币、货币市场工具和贵金属交易的组织者。该控股包括中央保管机构（National Settlement Depository, NSD）和国家清算中央银行（National Clearing Center Bank（Joint-Stock Company），NCC）。

（3）俄罗斯通信机构协会成立于 1993 年，是一个非营利组织。该协会有 200 多名参与者，是俄罗斯通信服务市场领先和最大的专业协会，提供以下领域的服务：新闻、广播、电视、电影院、互联网、交通、策划、布置和销售广告；公共关系；促销和促进需求；直销；赞助；营销，广告和社会学研究；设计和包装；整合营销传播；非常规营销广告等。

（4）彼尔姆国立研究大学成立于 1916 年，是当时乌拉尔地区第一所大学，是俄罗斯古典大学协会和俄罗斯一流大学协会的创始人之一。

（5）鄂木斯克陀思妥耶夫斯基国立大学成立于 1973 年 4 月 28 日。

（6）巴什基尔国立大学是巴什科尔托斯坦最古老的大学，是该共和国高等职业教育的创始人，是俄罗斯领先的研究和教育中心之一。

（7）萨马拉国立经济大学——伏尔加地区的知名大学，俄罗斯最好的教育机构之一，在教育评级中占据领先地位，并被俄罗斯联邦教育部认可为有效大学。

（8）全俄罗斯保险人联盟是保险市场参与者联盟，主要协调其成员活动，保护其合法权益。

（9）特许公认会计师公会是一个全球性专业协会，汇集了财务、会计和审计领域的专业人士。截至 2018 年，在俄罗斯有 10 000 多名会员和学生。

三、发展历程

至 2018 年，奥赛发展历程大致可划分为四个阶段。

1. 筹备阶段（2004～2009 年，第一届至第五届）

第一阶段奥赛主要以全俄高中生金融市场知识测验的形式进行，累计有 10 698 名学生报名参加了第一轮测验，第一届至第三届主办单位为股票市场和管理研究院，第四届、第五届主办单位为联邦金融市场服务局、股票市场和管理研究院。

第一届全俄高中生金融市场知识测验于 2004 年 2 月～2006 年 7 月举办，来自俄罗斯 30 个联邦主体的 500 名 9～11 年级的学生报名参加了第一轮测验。到了第二届（2006 年 2 月～2007 年 2 月），有 420 名来自俄罗斯主要城市的学生参加，这些主要城市如伊尔库茨克、新西伯利亚、克拉斯诺亚尔斯克、鄂木斯克、叶卡捷琳堡、萨马拉、莫斯科、圣彼得堡等，9～11 级学生报名参加了第一轮测验。第三届（2007 年 11 月～2008 年 10 月）人数突然增加，参与的联邦主体数增至 70 个，有 4079 名学生报名参加了首轮测验。第四届全俄高中生金融市场知识测验被俄罗斯教育与科学部 2008 年 9 月 2 日颁布的第 254 号《关于批准 2008～2009 学年奥林匹克竞赛名单》列到《经济与管理》（经济学，社会研究）名下，编号为 19 号，被授予一级[①]，来自俄罗斯 67 个联邦主体的 1726 名学生报名参加了第一轮测验。2009 年，第五届同样被俄罗斯教育与科学部列到奥赛名单《经济与管理》名下，参与的联邦主体数增至 77 个，报名参加首轮测验学生数达 3973 人。

2. 起步阶段（2010～2011 年，第六届至第七届）

2010 年，在俄罗斯中学生奥林匹克委员会的建议下，测验的名称发生变化，更名为全俄高中生金融市场奥林匹克竞赛，这是首次冠以奥林匹克之名。第六届和第七届累计有 8014 名学生报名参加了第一轮测验，主办单位为联邦金融市场服务局、股票市场和管理研究院。

① 该句指奥赛的学科归属及其在竞赛名单中的地位。

俄罗斯教育与科学部于 2010 年 11 月 16 日颁布 1162 号命令，将第六届全俄高中生金融市场奥林匹克竞赛正式纳入 2010～2011 学年奥林匹克竞赛名单，编号为 6 号，共有来自俄罗斯 81 个联邦主体的 3166 名学生报名参加了第一轮测验。2011 年，第七届奥赛同样被俄罗斯教育与科学部列到 2011～2012 学年奥赛名单《经济与管理》科目名下，参与的联邦主体达到 82 个，报名参加首轮测试的学生数达到 4848 人。

3. 发展阶段（2012～2014 年，第八届至第十届）

自 2012 年开始，俄罗斯联邦消费者权益保护和福利监督局正式成为奥赛主办单位，奥赛名称也改为全俄金融市场和消费者基本知识奥林匹克竞赛。第八届至第十届俄罗斯累计有 15 815 名学生报名参加了第一轮测验，主办单位为俄罗斯联邦消费者权益保护和福利监督局，金融服务消费者权益保护联盟，股票市场和管理研究院。

第八届全俄金融市场和消费者基本知识奥林匹克竞赛于 2012 年 9 月～2013 年 4 月正式举行。2012 年，奥赛成为经济奥赛《康德拉蒂夫（Kondratieff）ND 智力马拉松赛》的一部分，并被列入 2012～2013 学年奥林匹克竞赛名单中的《经济学》（经济学）科目下，共有来自俄罗斯 80 个联邦主体的 5650 名学生及来自独联体国家和格鲁吉亚的 9 名学生报名参加了第一轮测验。参与第九届（2013 年 9 月～2014 年 3 月）的联邦主体达到 80 个，有 5115 名学生及来自独联体国家和格鲁吉亚的 4 名学生报名参加了第一轮测验。第十届（2014 年 9 月～2015 年 3 月）奥赛吸引了来自俄罗斯 83 个联邦主体的 5050 名学生及来自独联体国家和格鲁吉亚的 6 名学生报名参加了第一轮测验。奥赛的参赛规模不断扩大，影响力不断提升。

4. 成熟阶段（2015～2018 年，第十一届至第十三届）

自 2015 年以来，国家金融市场与管理研究院成为奥赛的主办单位，奥赛又获得了一个新名称为全俄财经素养、金融市场和金融服务消费者权益保护奥林匹克竞赛。第十一届至第十三届俄罗斯累计有 30 003 名学生报名参加了第一轮测验，主办单位为国家金融市场与管理研究院，俄罗斯联邦消费者权益保护和福利监督局，金融服务消费者权益保护联盟，股票市场和管理研究院。

第十一届奥赛（2015 年 9 月～2016 年 3 月）共有来自俄罗斯 84 个联邦主体的 6662 名学生及来自独联体国家的 6 名学生报名参加了比赛。2016 年，奥赛成为经济奥赛“以康德拉蒂夫（Kondratieff）ND 命名的中学生区域间经济奥林匹克竞赛”的一部分，并被列入 2015～2016 学年奥林匹克竞赛名单中的经济学（经济学）科目下。来自奥赛决赛阶段的 16 名选手最终成为“以康德拉蒂夫（Kondratieff）ND 命名的中学生区域间经济奥林匹克竞赛”的获胜者和获奖者。第十二届奥赛

（2016 年 9 月～2017 年 3 月）吸引了 8239 名学生及来自独联体国家的 7 名学生报名参加了比赛。第十三届奥赛（2017 年 9 月～2018 年 3 月）报名人数大幅增加，共有来自俄罗斯 84 个联邦主体的 15 102 名学生及来自独联体国家的 3 名学生报名参加了比赛。第十四届奥赛已被列入 2018～2019 学年奥林匹克竞赛名单，由俄罗斯联邦科学和高等教育部于 2018 年 8 月 28 日批准，文件号为 N 32H，编号为 4，被授予二级，这意味着奥林匹克竞赛获胜者和获奖者将获得进入经济类最佳大学就读的优惠政策。

四、参赛条件及获奖标准

1. 参赛条件

奥赛于每年 9 月 1 日至次年 3 月 31 日举行。奥赛分三个阶段进行：第一阶段（资格赛）——通过远程信息技术进行测试；第二阶段（选拔赛）——通过远程信息技术，根据组委会提出的相关主题撰写创意论文；第三阶段（决赛）——面对面决赛。第一阶段和第二阶段均为选拔式比赛，在区域内各城市进行，第三阶段为总决赛，参赛选手由第二阶段获胜者和获奖者组成。凡是掌握中等（全面）普通教育课程知识，同时掌握经济和金融方面的其他教育课程知识的学生，无论国籍，均可参加奥赛。初级和中等职业学校学生参加奥赛需要掌握等同于中等（全面）普通教育 9 年级、10 年级或 11 年级课程知识方可参赛（报名参加奥赛时，需指出当前相应的学习年级课程）。担任奥赛组委会、技术委员会成员和评委的都是经济、金融领域杰出的代表。历年来，奥赛组委会和评审团主席曾由以下人士担任：国家金融市场与管理研究院科学院院长科斯季科夫，俄罗斯联邦财政部第一副部长涅斯捷连科・塔季扬娜・盖娜吉耶夫娜（Nesterenko Tatyana Gennadyevna），俄罗斯联邦消费者权益保护和福利监督局局长波波娃・安娜・尤里耶夫娜（Popova Anna Yuryevna）。竞赛试题由经济和金融领域的顶尖专家设计。奥林匹克竞赛区域选拔赛每年举行一次，他们在俄罗斯的各个城市，包括秋明、乌法、彼尔姆、克拉斯诺达尔、顿河畔罗斯托夫、斯塔夫罗波尔、伏尔加格勒等城市举行。奥赛可以多次反复参加，获胜者和获奖者可免于资格选拔赛直接进入下次奥赛决赛阶段。奥赛获胜者和获奖者可获得文凭证书及奖品、纪念品。最终进入决赛的选手将获得参观国家杜马（the State Duma）、俄罗斯联邦委员会（Federation Council of Russia）、莫斯科交易所、俄罗斯储蓄银行总部——货币博物馆的机会。

2. 获奖标准

奥赛共分为三个阶段，每个阶段内设多个环节，其题目设置与赋分不同，现以 2017～2018 学年奥赛获奖标准为例，详细解释奥赛题型与相应得分标准。

（1）第一阶段以公开赛的方式举行。测试中包含以下几种类型题目：第一种形式是单选，从选项中选择一个正确的答案，共 15 个问题，每题 1 分；第二种形式是多选，从选项中选出多个正确答案，共 8 个问题，每题 2 分；第三种形式是根据对应关系连接两个句子，1 个问题，2 分；第四种形式是填空题，在空中填一个或多个数字作为答案，共 5 个问题，每题 2 分；第五种形式是正确排序，1 个问题，2 分。总计：共 30 个问题，45 分。奥赛第一阶段的获胜者和获奖者总数不超过第一阶段实际参赛人数的 45%，第一阶段的获奖者和获奖者可以参加第二阶段选拔赛。

（2）第二阶段要求撰写一篇短文，短文评比标准如表 7-2 所示。奥赛第二阶段的获胜者和获奖者总数不超过第三阶段实际参赛人数的 45%。在第二阶段取得足够多分数的获胜者和获奖者及往年的获胜者和获奖者（如果还在继续学习基本全面和中等（全面）教育）可以参加第三（最后）阶段竞赛。第二阶段的获胜者和获奖者可以免于选拔赛直接参加“以康德拉蒂夫（Kondratieff）ND 命名的中学生区域间经济奥林匹克竞赛”的最后决赛。

表 7-2　短文评比标准

标准	得分
文章撰写符合既有标准，题目与内容一致	1
前言评价（目标设定是否合适）	1
题目论述的完整性	2
题目展开的创作方法	3
见解的独立性，合适的结论	2
使用现实信息，有附加素材	1
总计	10

（3）第三阶段分为三个部分。①7～10 年级水平：决赛第一部分的测试包含 8 个问题。前 6 个问题中只有一个正确答案，每个问题 1 分（正确得 1 分，错误或没有答案 0 分，最高 6 分）；在后 2 个问题中，有多个正确答案，每个问题 2 分（答案全部正确 2 分，一个错误 1 分，不止一个错误 0 分，最高 4 分）。第一部分满分 10 分。决赛第二部分包括 2 个任务 3 个案例。一个任务赋值从 3 分到 0 分，每个问题 1 分，满分 3 分；另一个任务，赋值从 2 分到 0 分，每个问题 1 分，满分 2 分。案例 1 赋值从 8 分至 0 分，每个问题 1 分，满分 8 分；案例 2 为庞氏骗局的五个特征，赋值 5 分，满分 5 分；案例 3 赋值从 6 分到 0 分，每个 2 分，评分标准是正确完整的答案是 2 分，非完整答案 1 分，错误的答案或没有答案 0

分，满分 6 分。第二部分满分为 24 分。②11 年级水平：决赛第一部分的测试包含 9 个问题。前 6 个问题中只有一个正确答案，每个问题 1 分（正确得 1 分，错误或没有答案 0 分，最高 6 分）；在后 3 个问题中，有多个正确答案，每个问题 2 分（答案全部正确 2 分，一个错误 1 分，不止一个错误 0 分，最高 6 分）。第一部分满分 12 分。决赛第二部分包括 2 个任务和 3 个案例。一个任务赋值从 3 分到 0 分，每个问题 1 分，满分 3 分；另一个任务，赋值从 2 分到 0 分，问题得到正确解决并给出确切答案和详细解决方案 2 分，问题得到正确解决，但在计算中出现错误 1 分，问题解决错误，或者没有答案 0 分，满分 2 分。案例 1 赋值从 6 分至 0 分，每个答案 2 分，正确完整的答案 2 分，不完整的答案 1 分，错误或没有答案 0 分，满分 6 分；案例 2 赋值从 4 分到 0 分，每个答案 2 分，正确完整的答案 2 分，不完整的答案 1 分，错误或没有答案 0 分，满分 4 分；案例 3 赋值从 6 分到 0 分，每个答案 2 分，正确完整的答案 2 分，不完整的答案 1 分，错误或没有答案 0 分，满分 6 分。第二部分满分为 21 分。③决赛阶段的第三部分是抢答比赛。每个参赛者都会被问到一个问题，一个完整正确答案 2 分，不完整答案 1 分，错误答案 0 分，先举手者获得答题权。奥赛的获胜者和获奖者由第三（最终）阶段三部分分数总和来决定，奥赛的获胜者人数不超过第三（最后）阶段参赛者总数的 8%，奥赛的获胜者和获奖者总数不超过第三（最后）阶段参赛者总数的 25%。

五、规模发展

近年来，随着财经素养教育在俄罗斯不断发展，报名参加奥赛的人数呈不断上升趋势。在过去的几届奥赛中，共有来自俄罗斯 85 个联邦主体的 64 530 名中学生参加。根据官网数据统计，第一届报名人数为 500 人，第九届奥赛报名人数 5115 人，到第十三届报名人数已达 15 102 人，财经素养教育的影响力不断增强（图 7-1）。

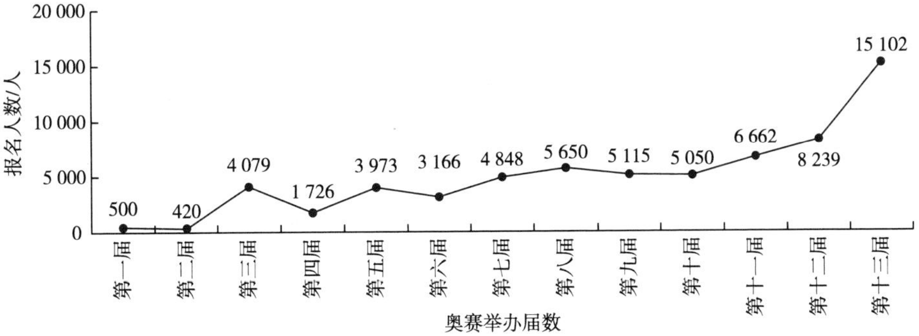

图 7-1　俄罗斯联邦区第一届至第十三届奥赛报名数

从奥赛各联邦区报名人数来看，以第九届至第十三届奥赛俄罗斯各联邦区报名情况为例，报名人数多集中在中央联邦区、南部联邦区和伏尔加联邦区，这些联邦区处于俄罗斯乌拉尔山以西的欧洲部分，社会经济发展水平较高，财经素养教育发展速度较快（表 7-3）。

表 7-3　第九届至第十三届奥赛俄罗斯各联邦区报名情况　　单位：人

联邦区	第九届	第十届	第十一届	第十二届	第十三届
中央联邦区	1 116	1 714	1 873	2 074	5 232
南部联邦区	1 308	289	1 180	1 935	2 210
西北联邦区	285	382	368	577	681
远东联邦区	109	160	163	212	898
西伯利亚联邦区	284	580	411	339	1 465
乌拉尔联邦区	438	614	1 092	826	1 006
伏尔加联邦区	1 143	960	1 232	1 728	1 676
北高加索联邦区	432	351	343	548	1 934
报名人数总计	5 115	5 050	6 662	8 239	15 102

为更好地准备奥赛的各个阶段，组委会还为参赛者、教师和家长举办了奥林匹克主题的网络研讨会，研讨题目多是开放式，如“怎么理解俄罗斯的养老金制度？何时需要关注自己的退休金？”“个人理财规划”“如何使用个人投资账户”“借贷问题”“法人破产”“证券市场的基本原理”等。此外，在区域比赛阶段和决赛期间还提供大量的教学项目，有金融市场领域知名专家、政府官员及监管机构代表举办的专题讲座，提升班，开发的商业游戏及对参赛者和陪同人员的问卷调查等。以下是 2018 年的一些主题：“数字经济”“个人理财规划工具”“日常生活中保险的使用”“金融科技”“外汇市场”“加密货币和区块链”。除奥赛外，在青年金融倡议框架内，还为参赛者定期举办一系列活动，如初识职业（以圆桌会议形式举办“专业日”“银行开放日”“借款人日”“家庭财务日”“智慧贡献者”等活动）；区域锦标赛《头脑风暴》；城市青年锦标赛金融游戏——现金流；青年志愿服务（培养青年的社会责任感和参与社会活动的积极性，在弱势群体中传播金融知识，支持奥赛参赛者，促进奥林匹克运动和建立参与者社区）。在下一学年，还计划举办其他活动，如筹办奥赛过去几年获胜者和获奖者大会；制作区域经济新闻的青年录音带（养成处理经济新闻的习惯和捕获经济信息的观念，培养撰写经济新闻的技能）；为奥赛参与者的父母

组建俱乐部等。[1]

第四节　基本特点与经验启示

俄罗斯财经素养教育发展至今已有近 20 年，受到了国家、社会等层面的广泛关注和重视，俄罗斯财经素养教育主要呈现以下几个特点。

一、由点及面，以奥赛为契机，普及财经素养教育

2000 年以后，俄罗斯联邦政府开始重视本国财经素养教育的发展，2004 年，股票市场和管理研究院开始实施“儿童金融市场–培养新金融知识分子”项目，在该项目基础上，发展形成“全俄高中生金融市场测验”，2010 年，发展成“全俄高中生金融市场奥林匹克竞赛”。随着主办单位的增加，大赛曾被命名“全俄金融市场和消费者基本知识奥林匹克竞赛”。2015 年，“全俄金融市场和消费者基本知识奥林匹克竞赛”正式被命名为“全俄财经素养、金融市场和金融服务消费者权益保护奥林匹克竞赛”。根据《俄罗斯联邦教育法》，奥赛的获奖者是可以享受入学优惠政策的，这极大激发了广大中学生的积极性，在俄罗斯不断掀起财经素养教育学习热潮，极大地促进了财经素养教育的发展与普及。

二、由上至下，以政策为依据，升级为国家战略

2011 年起，俄罗斯联邦财政部同世界银行一起实施了“提升俄罗斯联邦居民财经素养水平和促进金融教育发展”计划，此项政策从国家层面确立了财经素养教育的重要性，也正式将财经素养教育上升至国家战略高度。指导性政策的出台为财经素养教育的发展提供了法律依据与准绳，也引起了社会的广泛重视与反思。自此，俄罗斯社会开始广泛关注公民财经素养情况，如 2017 年 2 月，俄罗斯网络技术中心针对俄罗斯网络互动平台用户进行了财经素养调查，内容涉及个人理财、银行借贷、财经培训等多个方面，调查结果反映了当下俄罗斯人财经素养的整体水平，以及对财经素养教育的需求。

---

① 本章关于“全俄财经素养、金融市场和金融服务消费者权益保护奥林匹克竞赛”的资料主要来自其官方网站，笔者注。Всероссийская олимпиада для старшеклассников по финансовой грамотности，финансовому рынку и защите прав потребителей финансовых услуг. https://www.fin-olimp.ru/[2019-01-12].

三、区域联动，以校本课程为抓手，逐步纳入学校教育体系

在学校层面，早在 2015 年，加里宁格勒州的八个教育机构就开展了针对中学生的财经素养实验课程测试，此外，还在伏尔加格勒州、阿尔汉格尔斯克州、阿尔泰共和国和克拉斯诺达尔边疆区等四个项目参与区域开展测试。测试期间，在中学安排了 17 学时（每周 1 小时）课程，为 10～11 年级安排了 34 学时（每周 2 小时）的实验课程。课程还对教师和家长的财经素养水平实施监测，并将其分为两个阶段：入门测试和终极测试。为了此次实验，共编写了 83 本教材。还为不同年级的学生专门设计了财经素养教材，包括普通学校的 2～4 年级、5～7 年级、8～9 年级、10～11 年级、中等职业学校的学生和寄宿学校学生。此外，还为教师编写了教师参考用书，准备了监测和测试材料，为父母编写了父母教学材料和个人工作手册。实验课程包括个性化课程，其材料可分为以下几个类别：银行、股票市场、个体生意、金融风险、保险、退休保障等。由此可见，在俄罗斯多个州、边疆区已经开始探索财经素养教育的发展路径，逐步将财经素养课程引入学校教育体系之中，还专门研发了校本教材、教师及家长用书，为财经素养在俄罗斯联邦境内的发展奠定了坚实基础。

通过近 20 年的发展，俄罗斯财经素养教育形成了国家政策驱动、奥赛支持和财经素养教育测评一体化的发展模式，财经素养教育在俄罗斯的普及程度越来越高，社会影响越发广泛。以奥赛为例，截至 2018 年，奥赛已经举办了 14 年，越来越受到广大中学生的欢迎，共有来自俄罗斯 85 个联邦主体和多个独联体国家的 64 565 名学生参加了奥赛，许多参赛者考入重点大学后，选择继续学习金融相关专业。奥赛的特点是所设题目非常接近现实生活中经济、金融市场及金融服务消费者权益保护的紧迫与现实问题。虽然多数学生参赛目的是为了免试进入经济、财政类高校，但是在备赛和竞赛过程中，无形地激发了他们对财经素养教育的兴趣，提高了自身的财经素养水平，为俄罗斯社会经济发展储备了大量财经类人才。

第八章 日本的财经素养教育

日本30多万平方公里的国土面积创造出世界第三的经济总量，作为第二次世界大战后迅速崛起的国家，日本非常重视教育，在财经素养教育方面也起步较早。早在1952年，日本成立储蓄促进中央委员会（Central Council for Savings Promotion），起初是为了鼓励日本公民储蓄，以实现资本积累，支持日本经济复苏。后来，随着日本经济进入高速发展期，人们生活水平提高，该组织不仅从个体家庭角度，更从国家的角度注重财经信息的传播，以促进经济健康发展。20世纪90年代，日本经济陷入了长期低迷期，面对新的经济形势，储蓄促进中央委员会于2001年更名为金融服务信息中央委员会（The Central Council for Financial Services Information，CCFSI），财经素养教育在日本越来越受到重视。[①] 与此同时，日本金融厅（Financial Services Agency，FSA）作为日本金融监管的最高行政机构，在2005年发布了《财经素养教育议程》（*Agenda for Finance and Economics Education*），这是日本首次将财经素养教育作为国家战略来推进，2005年也被认为是日本财经素养教育元年。[②]

第一节　国家层面的推进

自2005年起，日本金融服务信息中央委员会和日本金融厅作为主导机构积极推动财经素养教育的发展，制定政策并不断地修订标准，为学校、政府、社会机构等组织开展面向学生、成年人、老年人的财经素养教育提供参考依据。经过十多年的发展，日本公民财经素养水平得到了一定程度的提升，日本将在中长期内

① The Central Council for Financial Services Information. History. https://www.shiruporuto.jp/e/about/history.html [2018-12-28].

② 岳昌君. 2018. 财经素养教育何以变得更重要. 全球教育展望，47（1）：56-67.

持续开展财经素养教育，为个体更好地生活、金融系统的稳定、国家的可持续发展贡献更多的力量。

一、基本背景及目的

根据世界银行的统计数据，日本 1995 年 GDP 达到高峰后出现了金融危机、财政金融政策失误、房地产泡沫、人口老龄化等问题，日本经济出现了二十多年的震荡，2018 年 GDP 为 4.97 万亿美元。近年来，日本经济增长率虽然相比之前出现下滑现象，但创新力依然强劲。基于发展的现状，日本通过制定财经素养教育国家战略提升人们的财经素养水平，希望通过财经素养教育实现以下目的。

第一，让每个日本公民实现经济独立，过上更好的生活。现代社会，每个人在整个生命周期内都要接触到与经济、金融相关的各项事务。财经素养作为一项基本的生活技能，能使人们更好地理解金融知识、判断和选择各种金融产品，更好地规划收支和管理预算，同时养成对教育、买房、退休、死亡等人生经历及疾病、自然灾害等意外事件有所准备的习惯。通过财经素养教育，有助于人们成为自我判断行事的消费者，成为财务独立、行动成熟的社会成员，从而提高个体的生活质量。

第二，通过公民财经素养的提升，促进金融机构提供更高质量的服务。事实证明，客户对产品较高的期望会促进供应商提供更好的产品和服务，如日本在汽车和电子消费领域能够提供高质量的产品与服务，重要的原因在于消费者对高质量产品的期望，较高的期望促进提供商不断地创新并提供更好的产品和服务。同理，客户选择产品的能力将对金融机构在提高产品质量和服务质量方面发挥重要的作用，现在金融产品结构变得越来越复杂，虽然法规要求金融机构根据每个人的知识、经验和资产水平提供明确的解释，但对客户来讲，有些内容仍然难以理解。如果政府过度监管又会阻碍创新，因此政府的放松管制使金融机构能够提供更多样的金融产品。因此，通过财经素养教育，提高人们财经素养水平，会对政府监管起补充作用，刺激更高质量的金融产品的设计和销售，从而有助于提高金融机构的服务质量。

第三，个体和机构恰当的经济行为，促进国家可持续发展。在日本持续的通货紧缩的经济环境下，日本很多家庭资产仅作为现金和储蓄进行管理，缺乏多元化的长期投资。个体可以通过多元化的投资和选择恰当的投资时机产生稳定的收益，可以通过财经素养教育促进个体经济行为的改善，而个体的经济行为对金融体系持续和稳健的发展至关重要。总之，个体和机构的行为改善，有利于合理引导资金的流向，有助于日本经济实现可持续发展。

二、组织机构及保障

日本在推进财经素养教育中，形成了相对成熟的、系统的组织机构及保障。日本财经素养教育的主导机构是日本金融厅和金融服务信息中央委员会。日本金融厅是日本金融监管的最高行政机构，设立财经素养教育促进委员会，由相关部委、组织的人员及财经素养教育相关专家组成，其秘书处设在金融服务信息中央委员会。金融服务信息中央委员会由金融组织（包括日本银行家协会（Japanese Bankers Association））、产业组织（包括日本经济团体联合会（Japanese Federation of Economic Organizations））、其他组织（包括日本广播协会（Japan Broadcasting Corporation，NHK）、日本消费者协会（Consumer's Association of Japan））等组织机构的代表和相关领域的专家构成，其秘书处设在日本银行公共关系部（Public Relations Department，Bank of Japan）。

在财经素养教育方面，与金融服务信息中央委员会相关的组织机构及职责有以下几方面：一是地方委员会（Local Committees），主要设在地方政府和日本银行，在 47 个都道府县中，有 24 个地方委员会设在日本银行办事处，23 个地方委员会设在当地政府办公室。地方委员会通过与金融服务信息中央委员会保持密切联系，推动财经素养教育在各地发展。二是日本银行，金融服务信息中央委员会与日本银行有很深的渊源，其秘书处设在日本银行，其前身储蓄促进中央委员会的秘书处也设在日本银行，现在金融服务信息中央委员会秘书处设在日本银行公共关系部。日本银行的分支机构也在负责财经素养教育的相关事项。三是金融厅，其直接或间接通过金融厅的地方分支机构与金融服务信息中央委员会、地方委员会在财经素养教育中进行合作。四是地方政府，都道府县、市、町、村等各级政府参与处理财经素养教育相关事项，并与地方委员会合作。①

三、主要政策与举措

日本金融厅和金融服务信息中央委员会主要从以下几个方面推进财经素养教育。

一是制定财经素养教育国家战略。2005 年日本金融厅发布了《财经素养教育

---

① The Central Council for Financial Services Information and its related organizations. https://www.shiruporuto.jp/e/about/organization.html[2018-10-11].

议程》，这是日本首次将财经素养教育作为国家战略来推进的。2007 年，金融服务信息中央委员会发布了分学段财经素养教育内容。2013 年，日本金融厅制定了财经素养水平最低标准。2015 年 9 月，金融服务信息中央委员会对 2007 年的分学段财经素养教育内容进行修订，对部分内容做了调整。2015 年 11 月，日本金融厅对财经素养水平最低标准进行了修订，形成了财经素养蓝图，为学生、成年人和老年人等不同年龄组提供标准学习目标。

二是协调各方共同开展财经素养教育活动。金融服务信息中央委员会由诸多跨部门、跨行业的人员组成，协调了金融机构、政府部门、企业、媒体、学校等不同的组织共同参与到财经素养教育活动中。在财经素养教育活动中，通过金融服务信息中央委员会协调全国范围内的财经素养教育活动的开展，通过地方委员会协调各地的财经素养教育活动的开展。

三是搭建财经素养教育发展平台。金融服务信息中央委员会（网址 https://www.shiruporuto.jp/public/）提供与财经素养教育相关的会议、报告、活动、教材、案例等各种资讯，为财经素养教育发展搭建网络平台。日本金融厅、金融服务信息中央委员会与经济合作与发展组织、其他国家从事财经素养教育相关的机构保持联系，为日本财经素养教育与国外的比较及国内的发展提供更多的平台。

四是推动财经素养测评与改进。金融服务信息中央委员会 2011 年、2016 年开展过两次财经素养测评，通过测评了解日本人民财经素养水平，以明确财经素养教育存在的问题及改进的方向。

四、质量标准与内容

日本金融厅和金融服务信息中央委员会在 2005 年、2007 年、2013 年、2015 年从不同的角度制定与修订了财经素养教育相关战略或标准。日本金融厅 2005 年发布了《财经素养教育议程》，这是日本首次将财经素养教育作为国家战略来推进。2013 年日本金融厅制定了财经素养水平最低标准，2015 年对财经素养水平最低标准进行了修订。金融服务信息中央委员会于 2007 年发布了分学段财经素养教育内容，2015 年对 2007 年的分学段财经素养教育内容进行修订。

1. 财经素养水平最低标准

日本政府认为，对于每个人来说，在整个生命周期的各个阶段，参与财经素养教育的机会和时间都是非常有限的，为了有效地促进财经素养教育，公民应首先达到最低水平的财经素养。2013 年，由日本金融厅制定的财经素养水平最低标准供使用方参考，但这并不意味着为所有人提供完全统一的财经素养教育，而是提出实施财经素养的最低标准的要求。财经素养水平最低标准包括四个方面 15 项内容：一是家庭预算管理；二是人生规划；三是了解金融知识和财经环境，选择/使用适当的金融产品；四是恰当使用外部专业咨询（表 8-1）。[①]

表 8-1 财经素养水平最低标准（2013 年）

分类	内容
一、家庭预算管理	第 1 项：养成适当的收入/支出管理习惯
二、人生规划	第 2 项：制订人生规划并了解人生规划所需的资金
三、了解金融知识和财经环境，选择/使用适当的金融产品	1. 了解财经交易的基础知识（knowledge of thc basics of financial transactions） 第 3 项：养成对合同采取谨慎态度的习惯 第 4 项：养成确认信息来源和合同方可靠性的习惯 第 5 项：了解互联网交易很方便，但需要采取与面对面交易不同的一些预防措施 2. 了解所有类型的财产（common to all categories of finance） 第 6 项：了解财经素养教育的关键概念，如利率、通货膨胀、通货紧缩、汇率、风险回报等，选择/使用适合财经环境的金融产品 第 7 项：了解确定交易成本的重要性 3. 保险产品（insurance products） 第 8 项：了解应为哪些突发事件购买保险，如死亡、疾病、火灾等 第 9 项：了解意外事件发生时所需的经济保障数额 4. 贷款/信贷（loans/credit） 第 10 项：在进行住房贷款时了解基本的政策措施 （1）设定合理的贷款限额并了解制订还款计划的重要性 （2）对可能导致偿还困难的情况有所准备 第 11 项：养成避免轻率地、不计后果地使用信用卡或贷款的习惯 5. 财富增长（wealth-building products） 第 12 项：每个人对风险承受力不同，但寻求更高的回报将需要承担更高的风险 第 13 项：在财富增长中，了解投资多元化的有效性、投资资产多样化、投资起始时间多样化 第 14 项：了解长期投资在财富增长中的有效性
四、恰当使用外部专业咨询	第 15 项：了解在选择/使用金融产品时适当使用外部专业知识的重要性

资料来源：Russia's G20 Presidency，OECD. 2013. Advancing national strategies for financial education. https://www.oecd.org/finance/financial-education/G20_OECD_NSFinancialEducation.pdf [2018-10-11].

2. 不同年龄组财经素养标准

2015 年 11 月，日本金融厅财经素养教育促进委员会对 2013 年制定的财经素养水平最低标准进行了修订，形成了财经素养蓝图，为不同年龄组制定标准的学习目标。2015 年发布的财经素养蓝图是在 2013 年发布的财经素养水平最低标准

① Russia's G20 Presidency，OECD. 2013. Advancing national strategies for financial education. https://www.oecd.org/finance/financial-education/G20_OECD_NSFinancialEducation.pdf [2018-10-11].

基础上，对四个方面 15 项内容分年龄组进行了细化。年龄组分为学生、成年人和老年人学段，其中学生根据学段不同分为了四类，即小学生、初中生、高中生和大学生，成年人分为了年轻人和中年人。

根据世界银行的统计，2017 年日本 65 岁及以上的人口占总人口的百分比为 27.05%，[①]基于日本人口结构的特点和面临的财务状况，日本实施财经素养教育时，将老年人作为重点关注对象。因大学生即将步入社会，在财经素养教育培养中可以与年轻人的标准相联系。财经素养蓝图从家庭预算管理；人生规划；了解金融知识和财经环境，选择/使用适当的金融产品；恰当使用外部专业咨询四个方面，对每个年龄组的群体做了详细的要求，制定不同年龄组财经素养标准，体现财经素养蓝图的主要观点[②]，如表 8-2 所示。

五、实施效果及评价

金融服务信息中央委员会于 2011 年、2016 年开展过两次财经素养水平测评。2011 年的调查是从全国 500 个地点选取的 18 岁及以上的人群，样本 3531 个，通过面对面访谈、邮寄及互联网获得回复得到的调查结果。2016 年 2 月 29 日至 3 月 17 日，日本金融服务信息中央委员会根据地域分布和人口结构，通过在线调查的方式，对日本 18～79 岁的 25 000 人进行调查，这是首次大规模的调查，旨在了解 18 岁及以上人士财经知识与财务决策技能等财经素养的状况。

调查从财经素养蓝图的四个方面八个具体内容进行调查（表 8-3），四个方面如下：一是家庭预算管理；二是人生规划；三是了解金融知识和财经环境，选择/使用适当的金融产品（了解财经交易的基础知识、了解所有类型的财产、保险产品、贷款/信贷、财富增长）；四是恰当使用外部专业咨询，从四个方面进行了调查，其中大约一半的问题与美国金融业监管局投资者教育基金会、经济合作与发展组织的调查问题相似，这使结果与国外调查结果具有可比性。问题由财经知识与财务决策技能、行为和态度题目组成，具体调查问题的结构如表 8-3 所示。

① 世界银行. 65 岁和 65 岁以上的人口（占总人口的百分比）. https://data.worldbank.org.cn/indicator/SP.POP.65UP.TO.ZS?locations=CN-JP&view=chart[2018-10-11].

② Committee for the Promotion of Financial Education. 2015. Financial literacy map. https://www.shiruporuto.jp/e/consumer/pdf/major_points_of_the_financial_literacy_map.pdf [2018-10-11].

表 8-2 不同年龄组财经素养标准—财经素养蓝图的主要观点（2015 年）

分类	内容	学生				成年人		老年人
		小学生	初中生	高中生	大学生	年轻人	中年人	
		形成社会生活能力的基础	培养未来独立生活的基本能力	培养成年后独立生活的基本技能	确立成年人独立生活的能力	开始在生活方式和财务方面独立生活	独立生活，承担劳动人民的全面责任	主要通过养老金收入和兑现金融资产获得的资金承担生活费用
家庭预算管理	家庭预算管理	能够识别需要和想要的区别，并能够按照计划购买东西	通过学校活动，更好地了解家庭收入和支出，并实现收入和支出的管理	在家庭预算中，了解自己花了多少钱，并且能够知道如何做出更好的选择和决定	了解收支管理的必要性，并能够通过一项计划提高个人技能，通过必要的兼职工作获得更多收入来改善收支平衡	能够根据计划花钱在个人爱好上或提高个人技能上，同时通过适当的收支管理以支撑家庭收入	作为家庭的经济支柱，能够通过家庭账簿来理解一个家庭的收入和支出、资产和负债，并能在必要时做出改善	能够管理收入和支出，并根据退休后计划采取必要的改进措施
人生规划	人生规划	了解通过工作赚钱和根据未来需求计划使用资金的重要性，以及获得省钱的能力	更好地了解工作，理解人生规划的必要性，并根据自己的价值观制订人生规划	考虑人生规划计划与职业选择，并估计一生的收入和支出，制订人生规划	（1）详细考虑一个人的梦想和希望，以便在毕业后参与工作时能够实现这一目标，并努力学习和培养以实现这些梦想和希望 （2）对现实生活有个想象，考虑到生命中三件大事的资金	（1）制订人生规划，以便在选择职业时实现自己的梦想和希望 （2）能够估计实现一个人的人生规划需要多少钱，并根据计划节省资金和管理资产	（1）在情况发生变化时，能够重新考虑一个人的人生规划、财务计划及所拥有的资产，并能够考虑到晚年生活状况，持续不断努力以实现人生目标 （2）与学校合作，为家庭儿童开展财经素养教育	（1）回顾一个人的退休后规划，有效利用闲暇时间对家庭和社会做出贡献 （2）改变成养老金可以负担得起的生活方式，并做出稳步的努力，以便能够过上精神丰富、物质稳定的生活

续表

分类	内容	学生				成年人		老年人
		小学生	初中生	高中生	大学生	年轻人	中年人	
		形成社会生活能力的基础	培养未来独立生活的基本能力	培养成年后独立生活的基本技能	确立成年人独立生活的能力	开始在生活方式和财务方面独立生活	独立生活，承担劳动人民的全面责任	主要通过养老金收入和兑现金融资产获得的资金承担生活费用
了解金融知识和财经环境，选择/使用适当的金融产品	了解财经交易的基础知识	从小学生实际参与的财经问题案例中学习，并谨慎避免此类问题发生，通过收集和使用相关信息，在日常消费中进行比较和做出更好的决策	了解合同的基础知识，识别出诈骗，并避免陷入其中	更好地了解合同及其所附带的责任，具有收集信息的能力，并在日常消费中使用信息	（1）通过比较收集的信息，能够进行适当的消费行为 （2）了解适用于各种类型的销售和招募行为的法律和制度，能够周密地订立合同，并采取必要的措施 （3）谨慎地签订合同，以免成为欺诈或其他恶意企图的目标			
								获取老年人在资产管理方面需要的基本知识，并在必要时与专家进行交流
	了解所有类型的财产	通过一个人的日常生活了解金钱的各种功能	了解货币、财经的基本作用	了解货币、财经的功能和作用，以及存款、股票、债券和保险等金融产品的基本特征	（1）了解金融产品的三个特征，即流动性、安全性和营利性，风险管理方法，以及从长远角度进行储蓄和投资的重要性 （2）了解货币价值与时间之间的关系，如复利和贴现值 （3）了解发展趋势、利率波动、通货膨胀、通货紧缩及汇率变动对金融产品的价格、实际价值、收益率和其他方面的影响			
	保险产品	（1）了解事故或疾病对自己生命造成的巨大影响，并采取安全措施以避免危险 （2）了解保险是除了储蓄之外的应对意外事件另一种方式	（1）通过预测风险谨慎行事，并理解在造成他人伤害或损害他人财物时必须予以赔偿 （2）了解保险是减少事故或疾病所带来的风险和负担的一种方法	（1）通过预测和控制风险谨慎行事，并理解在造成伤害事故时必须承担责任进行赔偿 （2）了解社会保险与私人保险之间的互补关系	（1）了解风险的类型和细节，以便采取适当的措施 （2）了解在车祸中受害者受伤的损害赔偿可能并非总是强制性汽车责任保险能够全部涵盖			
						能够审视可能遇到的风险，并选择适当的保险产品来覆盖必要的金额，并根据家庭构成或收入的变化重新考虑一个人的保险		了解老年人购买保险的必要性和好处及保险类型

续表

分类	内容	学生				成年人		老年人
		小学生	初中生	高中生	大学生	年轻人	中年人	
		形成社会生活能力的基础	培养未来独立生活的基本能力	培养成年后独立生活的基本技能	确立成年人独立生活的能力	开始在生活方式和财务方面独立生活	独立生活，承担劳动人民的全面责任	主要通过养老金收入和兑现金融资产获得的资金承担生活费用
了解金融知识和财经环境，选择/使用适当的金融产品	贷款/信贷	避免从朋友那借钱或借钱给他们	了解贷款的机制和功能	（1）了解贷款机制，如学生贷款，并考虑还款方式，利率和延迟还款的影响 （2）了解各种信用卡的作用和功能及使用它们时要记住的重要特征，并适当使用它们	了解延迟偿还学生贷款、暂停还款的影响，并有意愿自己偿还学生贷款并能够制订还款计划	（1）在考虑住房需求的同时制订人生规划 （2）考虑到目前的住房需求和退休后的住房需求，坚定地执行人生规划 （3）了解住房贷款的基本特征，并在必要时获得具体知识，并根据个人偿还能力适当贷款		能够在退休后检查一个人的负债和资产之间的平衡，以确保稳定的生活
					（1）信用卡贷款和信用卡支付很容易导致用尽这笔钱 （2）费用是通过信用卡分期还款或循环还款来收取的 （3）了解当一个人未能及时偿还贷款时，这种不履行的行为会记录在信用信息机构，这将使将来很难从其他金融机构借钱等			
	财富增长	了解银行账户的主要类型，了解各种存款的利率差异，并能够计算简单的利息	（1）了解风险和收益之间的关系 （2）了解复利的计算，并获得对储蓄和投资的态度	（1）了解金融产品的基本特征及风险和收益之间的关系，并了解选择金融产品进行投资的必要性 （2）了解风险管理方法及储蓄与投资的重要性	思考如何在一个人的人生规划中增长财富			
					（1）了解各类金融产品的风险和回报之间的关系，并能够自行负责投资这些产品 （2）了解投资多样化可以降低风险 （3）了解长期投资产生的影响	（1）根据风险和收益之间的关系理解期望的收益和可容忍的风险 （2）了解多元化投资和长期投资的优势，并利用此类投资计划	了解即使在投资多样化的情况下，也应定期审查投资组合	（1）避免对无法理解的产品进行投资 （2）能够怀疑金融产品声称提供高回报而没有风险的说辞 （3）了解根据一个人的年龄和生活方式审查投资组合百分比的必要性

续表

分类	内容	学生				成年人		老年人
		小学生	初中生	高中生	大学生	年轻人	中年人	
		形成社会生活能力的基础	培养未来独立生活的基本能力	培养成年后独立生活的基本技能	确立成年人独立生活的能力	开始在生活方式和财务方面独立生活	独立生活，承担劳动人民的全面责任	主要通过养老金收入和兑现金融资产获得的资金承担生活费用
恰当使用外部专业咨询	恰当使用外部专业咨询	遇到麻烦时立即咨询他人	当遇到麻烦时，能够找到咨询机构	学习具体的方法来处理麻烦，并能够在实际生活中使用它们	（1）意识到必须知道一个恰当的组织的重要性，在购买金融产品时可以咨询 （2）意识到在购买金融产品时，有必要根据风险水平使用外部专业咨询 （3）了解在判断是否购买金融产品时需要的信息，以及可以咨询到恰当的和公正的组织和专家，以便能够采取适当行动			

资料来源：Committee for the Promotion of Financial Education. 2015. Financial literacy map. https://www.shiruporuto.jp/e/consumer/pdf/major_points_of_the_financial_literacy_map.pdf[2018-10-11]

表 8-3　财经素养水平调查问题的结构

项目			问题总数	含可比较问题数	财经知识与财务决策技能	含可比较问题数	行为和态度	含可比较问题数
财经素养水平最低标准	家庭预算管理	家庭预算管理	9	4	2	0	7	4
	人生规划	人生规划	9	6	2	1	7	5
	了解金融知识和财经环境，选择/使用适当的金融产品	了解财经交易的基础知识	4	1	3	0	1	1
		了解所有类型的财产	7	6	6	5	1	1
		保险产品	5	0	4	0	1	0
		贷款/信贷	5	3	3	2	2	1
		财富增长	7	3	3	2	4	1
	恰当使用外部专业咨询	恰当使用外部专业咨询	4	0	3	0	1	0
其他	参与财经素养教育的需求和经验		3	3	0	0	3	3
合计			53	26	26	10	27	16

金融服务信息中央委员会于 2016 年 10 月发布了财经素养调查结果，从回答的行为和态度问题来看，总体正确率为 55.6%。从财经素养分类别调查结果看，在不同的年龄中，18～29 岁的人正确率最低为 42.9%，随着年龄的增长，正确率趋于上升，70 岁及以上人群正确率略有下降。在不同的职业中，政府职员正确率最高为 65.2%，学生正确率最低为 41.3%。从年收入来看，年收入 1000 万～1500 万日元的人正确率最高为 66.7%，无收入者正确率最低为 37.4%。从资产数来看，大于 2000 万日元的人正确率最高为 73.5%，无资产者正确率最低为 41.5%。从获取财经信息的频率看，几乎每天获取信息的人正确率最高为 65.6%，不获取信息的人正确率最低为 33.9%。行为和态度问题的调查结果整体情况和具体情况如表 8-4、表 8-5 所示。

表 8-4　日本 2016 年财经素养调查结果——行为和态度

调查内容	正确率/%
家庭预算管理	51.0
人生规划	50.4

续表

调查内容		正确率/%
了解金融知识和财经环境，选择/使用适当的金融产品	了解财经交易的基础知识	72.9
	了解所有类型的财产	48.8
	保险产品	52.5
	贷款/信贷	53.3
	财富增长	54.3
恰当使用外部专业咨询		65.3
合计		55.6

表 8-5 财经素养分类别调查结果——行为和态度

年龄	正确率/%	职业	正确率/%	年收入	正确率/%	资产数	正确率/%	获取财经信息的频率	正确率/%
18～29岁	42.9	学生	41.3	无收入	37.4	无资产	41.5	几乎每天	65.6
30～39岁	51.1	兼职	50.0	小于250万日元	50.9	小于250万日元	56.7	大概一周一次	62.2
40～49岁	54.5	公司职员	55.9	250万～500万	58.2	250万～500万	60.4	大概一个月一次	55.8
50～59岁	60.7	全职家庭主妇	56.1	500万～750万	61.6	500万～750万	60.9	少于一个月一次	51.5
60～69岁	63.3	创业者	57.7	750万～1000万	65.1	750万～1000万	64.8	无	33.9
70岁及以上	61.4	失业者	60.0	1000万～1500万	66.7	1000万～2000万	68.0		
		政府职员	65.2	大于1500万	66.3	大于2000万	73.5		

从回答的财经知识与财务决策技能问题来看，40多岁到70多岁男性得高分的比例较大，在得分较高的人群中参加过财经素养教育的比例也相对较高。

在40岁到70岁的男性中，得分高的人的比例很大。在这些年龄组中，参加金融教育的人数比例也相对较高。这些高分的人行为和态度呈现出以下特征：一是经常获取财经信息；二是安全地管理家庭预算；三是在购买金融产品前，与其他产品进行比较，在网站上搜索相关信息，咨询金融机构等，了解产品细节；四是损失厌恶和羊群效应倾向较小；五是有财务计划；六是有应急资金。这些特征使他们不太可能面临财务困境，不经常使用贷款消费，贷款负担感较轻，对经济冲击具有较高的抵抗力。①

① Central Council for Financial Services Information. 2016. Financial literacy survey：2016 results. https://www.shiruporuto.jp/e/survey/kinyulite/pdf/16kinyulite.pdf [2018-10-11].

第二节　社会层面的推进

社会层面的机构组织在推进财经素养教育时主要是针对成年人和老年人。金融产业集团（Financial Industry Groups）、消费者事务中心等其他机构组织在推进财经素养教育中的举措主要有：金融产业集团如日本银行家协会（Japanese Bankers Association）、日本证券交易商协会（Japan Securities Dealers' Association）、日本投资信托协会（Investment Trusts Association Japan）、日本人寿保险协会（Japan Institute of Life Insurance）和日本综合保险协会（General Insurance Association of Japan）为财经素养教育提供了各种各样的学习机会，包括对金融产品（如存款、股票、投资信托和保险）进行解释，举办资产管理和优化投资方面的研讨会、讲座等；消费者事务中心的活动主要是提醒消费者注意多重债务问题，并提高防范欺诈性销售或其他犯罪行为的意识；日本理财规划师协会（Japan Association of Financial Planners）提供各种学习机会，包括对财经素养标准的解释与学习，举办与理财相关的研讨会等；社区中心提供有关金融、保险、税务和消费者事务的讲座等。①

第三节　学校层面的推进

2007 年金融服务信息中央委员会制定了小学至高中分学段财经素养教育内容，2015 年金融服务信息中央委员会对 2007 年的分学段财经素养教育内容进行修订，对部分内容做了调整，反映了日本文部科学省（Ministry of Education，Culture，Sports，Science and Technology，MEXT）的课程指导意见，并增加了在一些科目中实施财经素养教育的建议，形成了小学至高中分学段财经素养教育内容。分学段财经素养教育内容包括四个方面的内容，即财务规划和家庭支出管理、财经运行机制、消费者的权利和风险及预防财务问题、职业教育。每项在小学 1～2 年级、3～4 年级、5～6 年级、初中生阶段、高中生阶段细分为不同的内容。

金融服务信息中央委员会制定的小学至高中分学段财经素养教育内容与上述财经素养教育促进委员会制定的财经素养蓝图中为高中及以下学生设定的标准学习目标是一致的。在学校财经素养教育中小学至高中遵循小学至高中分学段财经

---

① Russia's G20 Presidency，OECD. 2013. Advancing national strategies for financial education. https://www.oecd.org/finance/financial-education/G20_OECD_NSFinancialEducation.pdf [2018-10-11].

素养教育内容实施。因小学至高中分学段财经素养教育内容繁多，在此不详细介绍各学段的具体内容，仅将内容框架通过表 8-6 表示。①

表 8-6　小学至高中分学段财经素养教育内容框架（2015 年）

分类	内容	目标	小学生			初中生	高中生
			1～2年级	3～4年级	5～6年级		
1. 财务规划和家庭支出管理	（1）资金管理和决策	a. 了解资源是有限的	略	略	略	略	略
		b. 了解在有限的预算下建立更美好生活的重要性，并获得这样做的技能和态度					
		c. 了解有关资金管理做出决策的基本知识，并能够应用它们					
	（2）了解节约和有效使用金融产品的意义	a. 了解储蓄的重要性，并养成储蓄的习惯					
		b. 了解储蓄时间与获得的利益之间的关系，并认识到持续储蓄和投资的重要性					
		c. 了解金融产品的风险和回报，并在自我负责情况下投资					
	（3）了解人生规划的重要性并获得相应的技能	a. 了解人生规划的必要性，并能够制订一个预见未来的自己的人生计划					
		b. 获取制订自己的人生计划所需的知识，并将其应用于一个人的生活					
		c. 现实地思考一个人的未来，同时将其与人生规划和职业选择联系起来					
	（4）预防事故，自然灾害和疾病	a. 了解确保人们日常生活中风险安全的方法并将其付诸实践					
		b. 意识到可能对他人造成伤害，并尽量安全行事					
		c. 了解避免事故、自然灾害和疾病等意外事件的必要性和方法					
2. 财经运行机制	（1）了解货币和金融的功能	a. 了解金钱的功能和作用					
		b. 了解金融机构的作用和中央银行的职能					
		c. 了解利率的功能					
	（2）了解经济机制	a. 了解货物和货币的流通，以及家庭、企业和政府的角色					
		b. 了解市场的功能和市场经济的重要性					
		c. 了解行业发展与国外经济之间的关系					

① Central Council for Financial Services Information. 2015. Financial education goals by age group from primary school through high school (financial education program). https://www.shiruporuto.jp/e/consumer/pdf/financial_education_goals_by_age_group.pdf[2018-10-11].

续表

分类	内容	目标	小学生			初中生	高中生
			1～2年级	3～4年级	5～6年级		
2. 财经运行机制	（3）了解商业周期和需要的经济政策	a. 了解商业周期、价格、利率、股票价格等之间的关系	略	略	略	略	略
		b. 了解央行的货币政策					
		c. 了解政府的作用					
		d. 了解商业周期和经济政策与一个人的日常生活的相关性					
	（4）了解各种经济问题	a. 关注经济所面临的广泛问题，并掌握收集信息的技能					
		b. 形成理性和主观思考解决经济问题的态度					
3. 消费者的权利和风险及预防财务问题	（1）获得独立和恰当决策的基本技能，以便更好地生活	a. 了解消费者的权利和义务，并利用这些知识					
		b. 获取基本知识和态度，成为自力更生的消费者					
		c. 获取收集有关每日消费相关信息的技能，并适当地使用它					
	（2）预防消费者在金融交易和多重债务问题上陷入困境	a. 了解消费者陷入困境的原因，并能够思考处理钱的方式					
		b. 从实际的财务困境和多重债务问题中汲取经验，并获得避免这些问题的态度					
		c. 了解法律，掌握实用知识和技能，以便利用它们来解决问题					
4. 职业教育	（1）了解工作和职业选择的重要性	a. 了解工作的重要性和金钱的价值					
		b. 主动思考一个人的职业选择					
		c. 了解员工的权利和义务					
	（2）乐意生活并精力充沛	a. 了解增加附加值需付出各种努力					
		b. 认识到创造附加值是经济和社会发展的动力					
		c. 有梦想，思考实现梦想的方式，为了实现梦想而努力					
	（3）感恩社会并为社会发展做出贡献	a. 了解人是社会的一部分，遵守规则，并感恩他人					
		b. 理解与他人合作促进社会发展的重要性，并思考和实践自己能做的事情					

资料来源：The Central Council for Financial Services Information. 2015. Financial education goals by age group from primary school through high school（financial education program）. https://www.shiruporuto.jp/e/consumer/pdf/financial_education_goals_by_age_group.pdf[2018-10-11]

学校财经素养教育主要是针对基础教育阶段的学生，在推进财经素养教育过程中主要有以下举措。

一是依据课程指导纲要和标准开展财经素养教育。在 2015 年，金融服务信息中央委员会最新修订的分学段财经素养教育内容中，对在哪个科目实施哪些财经素养教育相关内容做了明确标识，如在财务规划和家庭支出管理内容中，将财经素养教育的内容在生活环境研究、道德教育、社会研究、家庭经济学、公民教育等科目中进行教育，学校参考制定的标准开展财经素养教育（表 8-7）。①

表 8-7　分学段财经素养教育内容——财务规划和家庭支出管理摘选（2015 年）

内容	小学生			初中生	高中生
资金管理和决策	1～2 年级	3～4 年级	5～6 年级		
了解资源是有限的	了解商品和钱的价值（生活环境研究，道德教育）	了解商品和金钱的有限性及钱的重要性（社会研究）	（1）了解商品和金钱的有限性，并考虑如何更好地使用它们（家庭经济学） （2）在审查一个人的消费习惯时，能够节省开支（道德教育）	（1）了解商品和服务的稀缺性，并尝试做出更好的决策（社会研究<公民教育>，技术与家庭经济学<家庭经济学>） （2）建立一种良好的生活方式，使人们能够充分利用时间和物品（道德教育）	了解资源稀缺，并能够在购买商品和服务时做出更好的决定（公民教育，家庭经济学）

资料来源：Central Council for Financial Services Information. 2015. Financial education goals by age group from primary school through high school（financial education program）. https://www.shiruporuto.jp/e/consumer/pdf/financial_education_goals_by_age_group.pdf[2018-10-11]

二是学校通过学科融合、财经素养课程、参与竞赛等方式开展财经素养教育。学校通过学科融合开展财经素养教育，金融服务信息中央委员会提供了与分学段财经素养教育内容相对应的小学低段、小学中段、小学高段、初中、高中的示例，供学校参考，如在小学 2 年级道德教育中用 1 课时开展主题为“让我们小心使用钱”的示例，通过树立正确的金钱观，使人们过上更好的生活。②金融服务信息中央委员会出版了一系列与财经素养教育相关的教材和指导用书，这些书由学校教师参与编写，并在学校使用，如《成立学生公司——通过模拟创业了解经济运行》及指导用书、《你有钱吗？——预防陷入多重债务》及指导用书。学校参与财经素养教育相关的竞赛，以赛促学，推动财经素养教育，由金融服务信息中央委员会主办，金融厅、文部科学省、日本银行作为支持单位，已于 2004～2018 年举办了 15 届“财经素养教育论文与实践活动报告竞赛”。

① The Central Council for Financial Services Information. 2015. Financial education goals by age group from primary school through high school（financial education program）. https://www.shiruporuto.jp/e/consumer/pdf/financial_education_goals_by_age_group.pdf[2018-10-11].

② お金は大切に使おう. https://www.shiruporuto.jp/education/howto/container/program/pdf/program05/program503j04.pdf[2018-10-11].

三是学校通过举办教师研讨会、开设公开课等方式加强师资队伍建设。学校教师通过参加财经素养教育教师研讨会、财经素养教育公开课等活动，不断提升自身财经素养水平，为学校更好地开展财经素养教育贡献力量，如2018年8月由金融服务信息中央委员会主办的财经素养教育研讨会在日本东京召开，为小学、初中、高中不同学段教师提供学习研讨的机会；如2018年10～12月，由金融服务信息中央委员会和地方委员会联合举办的财经素养教育公开课在全国24所学校分别开设。教师还可以参与财经素养教育节，提高自身水平。

第四节　基本特点及经验启示

日本财经素养教育发展较早，基于经济社会发展的需要，有序地开展财经素养教育，并及时对公民财经素养水平进行测评与改进，对我国推进财经素养教育具有重要的借鉴意义。

一、基本特点

1. 较早重视财经素养教育，将财经素养教育与经济社会发展紧密结合

日本根据其经济社会发展的情况，及时调整财经素养教育。在不同的经济发展阶段，侧重不同的教育内容，在经济百废待兴时，鼓励储蓄，为经济发展积累资本；在经济低迷期，注重财经信息的传播、公民自我独立生活能力的培养，预防公民陷入财务困境，为经济发展注入新的活力。虽然日本近年来经济低迷，但高科技行业发展依然强劲，日本自2001年提出50年获得30个诺贝尔奖计划以来，截至2019年，已拿19个诺贝尔奖。金融服务信息中央委员会制定的小学至高中分学段财经素养教育内容框架中提到创造附加值是经济和社会发展的动力，日本对财经素养教育观念的理解和践行，将为日本未来发展提供更多的支持。

2. 不断修订财经素养教育标准，使财经素养教育有标可依

自2005年财经素养教育国家战略实施以来，日本根据财经素养教育发展的现状，不断地修订财经素养教育标准和细化学校实施财经素养教育内容，使财经素养教育有标可依，有规可循，并根据标准和学校财经素养教育内容编著教材、开展研讨等，使财经素养教育标准在具体实施中具有可操作性。

3. 及时对财经素养水平进行调查，明确财经素养教育改进方向

日本2011年、2016年开展了财经素养水平调查，并将持续开展财经素养水

平调查，了解公民财经素养水平、财经素养教育的效果和未来发展的方向，特别是最近一次的调查，对全国公民财经素养水平有了详细的了解，并与国外财经素养水平进行比较，进而发现问题、认清差距，明确财经素养教育的发展方向。

二、经验启示

1. 进一步加强重视程度，把握财经素养教育时机

根据世界银行的统计数据，日本 1995 年 GDP 达到高峰后出现金融危机、财政金融政策失误、房地产泡沫、人口老龄化等问题，日本经济经过了二十多年的震荡，2018 年 GDP 为 4.97 万亿美元。中国自改革开放以来，GDP 大幅增长，2017 年达到了 12.14 万亿美元，是 1978 年的 80 多倍（图 8-1），[①]特别是近十几年来经历了高速发展后，经济发展进入新常态。经济社会发展中微观决策和宏观政策都是人根据对事物的判断做出的。根据日本调查显示，一般情况下，参加过财经素养教育的人比未参加此类教育的人财经素养水平高。日本是在经历了高速增长后，经济出现下滑波动后，逐步重视财经素养教育。中国应积极吸取日本的教训和经验，提前谋划，强化顶层设计，进一步从国家层面加大对财经素养教育的重视程度，把握财经素养教育时机，促进经济社会可持续发展。

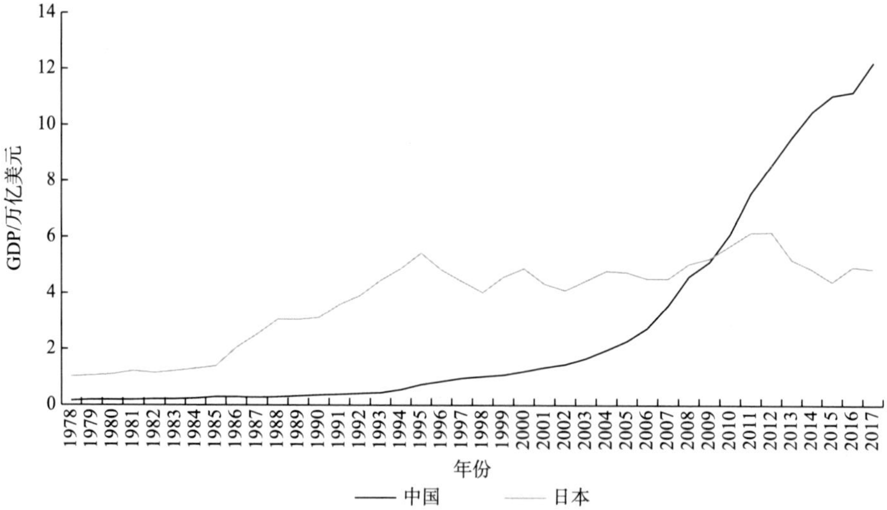

图 8-1　1978～2017 年中国和日本 GDP 情况

资料来源：根据世界银行统计数据所得

① 世界银行. GDP. https://data.worldbank.org.cn/indicator/NY.GDP.MKTP.CD?end=2017&locations=CN-JP&start=1960&view=chart[2018-10-11].

2. 针对不同群体财经素养水平，有序推进财经素养教育

日本财经素养标准覆盖学生、成年人、老年人各个群体，日本 65 岁及以上的人口占总人口的百分比从 1978 年的 8.43%持续增长至 2017 年的 27.05%。中国和日本的老年人占总人口百分比的趋势相似，中国 65 岁及以上的人口占总人口的百分比从 1978 年到 2017 年呈现持续上升的趋势，2017 年为 10.64%，介于日本 1986 年和 1987 年之间的水平。[①]日本 15～64 岁的人口占总人口的百分比先增长后下降，我国 15～64 岁的人口占总人口的百分比依然较高，2010 年达到了高峰 73.75%后，呈现下降趋势（图 8-2、图 8-3）。[②]我国目前由中国财经素养教育协同创新中心制定了《中国财经素养教育标准框架》，并于 2018 年初公布，是针对幼儿园至大学各学段的标准。现实生活中，校园贷诈骗、老年人被骗等事件时有发生，对不同群体的生活造成不同程度的影响，应根据不同群体面临的重点问题，及时解决可能存在的危机，有序地推进财经素养教育。

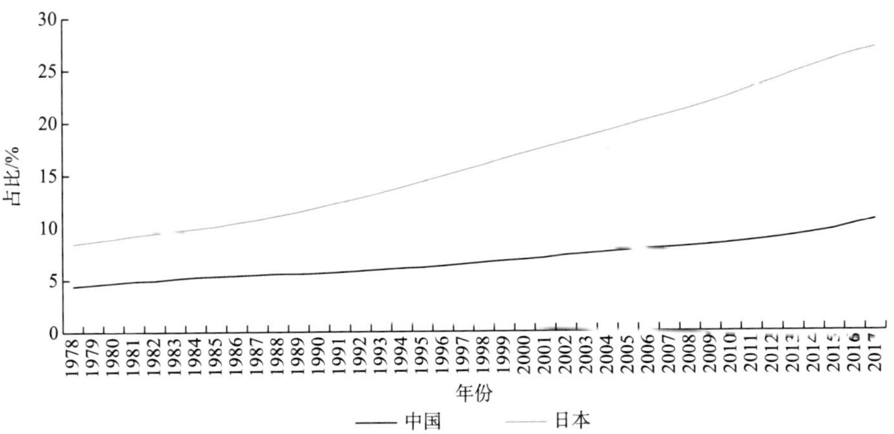

图 8-2　1978～2017 年中国和日本 65 岁及以上的人口占总人口的百分比

资料来源：根据世界银行统计数据所得

3. 探索有效的评价机制，提高财经素养教育质量

日本开展了大规模的财经素养调查，为今后的发展指明了方向。我国在财经素养教育的发展初期应形成以改革和发展为目标的评价制度，合理利用评价结果，建立容错纠错机制，更好地推动财经素养教育的发展；适时对人们财经素养水平

① 世界银行. 65 岁和 65 岁以上的人口（占总人口的百分比）. https://data.worldbank.org.cn/indicator/SP.POP.65UP.TO.ZS?locations=CN-JP&view=chart[2018-10-11].

② 世界银行. 15～64 岁的人口（占总人口的百分比）. https://data.worldbank.org.cn/indicator/SP.POP.1564.TO.ZS?locations=CN-JP&view=chart[2018-10-11].

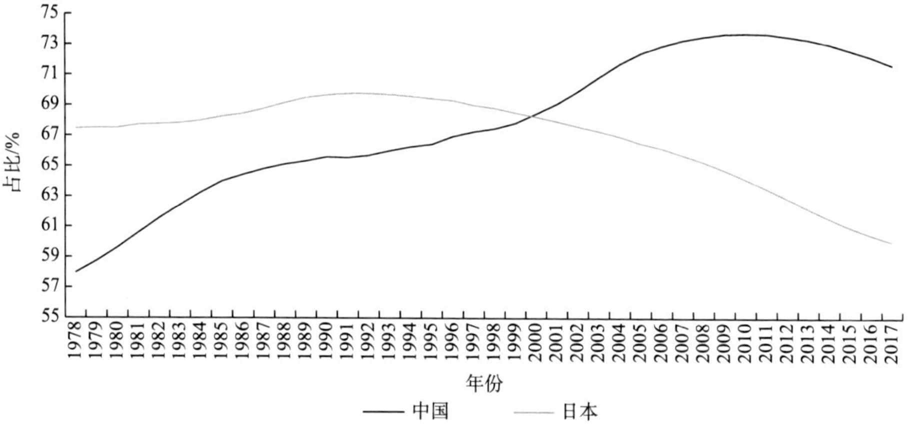

图 8-3　1978～2017 年中国和日本 15～64 岁的人口占总人口的百分比

资料来源：根据世界银行统计数据所得

开展大规模调查，以便更好地实施财经素养教育。我国幅员辽阔，发展不平衡不充分的现象依然存在，在调查的基础上，在相对统一的财经素养教育标准框架下，开展个性化的财经素养教育评价，找寻适合每个地方学校、不同群体自身发展的方式，并随着现代技术的不断发展，不断优化财经素养教育评价机制。①

① 楚晓琳. 2018. 国外财经素养教育实践及启示. 大学（研究版），（9）：66-70.

附 录

新加坡财经素养学院研讨会和座谈会内容完整清单①

财经素养学院研讨会主题及内容清单

资金管理和财务计划	
对金钱的认识	学习如何拟定明智的财务目标并计算目标所需费用；学习如何通过制定预算管理支出和储蓄；了解复利如何影响个人储蓄增长
理财趁现在	制订满足财务需求和目标的计划；使用金融计算器和比率评价自己的财经状况；管理个人资源、实施财务计划以达到财经目标
个体经营者的财务计划	了解个体经营者面临的财务挑战，学习如何管理个人的支出和现金流；知晓公积金对个体经营者的益处，知道建立公积金账户对满足个人健康和退休需要的重要性
基础资金管理	（该研讨会适用于低收入工人）学习如何跟踪自己的支出，学习如何细致地花钱；学习储蓄的重要性，学习如何预算；了解基本的公积金计划
信用与债务管理	
了解债务和信用	评估自己是否借款太多；了解常见的贷款类型和相关成本；学习管理自己的借款，学习解决债务问题；了解新的信用卡和无担保贷款的措施对你的影响
保险计划	
了解人寿保险	学习如何评估自己的人寿保险需求；了解各种人寿保险的好处、局限性和费用；了解“直接购买保险”；根据自己的财务目标选择人寿保险
了解基本的医疗保险	学习各种类型的医疗保险及其常见条款；了解公积金计划涵盖的保险内容，包括大病医疗保险和养老险
退休和资产计划	
规划退休	学习如何评估自己的退休需要求，计算退休收入与需求之间的差距；了解能够帮助你达到退休目标的办法
管理公积金资金为退休做准备	了解公积金账户的宗旨，了解个人55岁时账户的变化；了解个人退休金选择；了解“公积金人生”（CPF life）是什么，它是如何运作的，个人计划应该考虑什么

① Singapore polytechnic. https://finlit.sp.edu.sg/programmes/#moneymanagement[2018-06-05].

续表

退休和资产计划	
丰富你的黄金岁月	学习如何计划退休之后的财务，以保证个人的生活方式具有可持续性和有意义；了解医疗保险在管理医疗成本方面的重要性
资产计划简介	了解根据个人意愿分散资产的目的、重要性、关键因素和方式；了解遗嘱、信托、持久授权书
投资	
个人投资简介	学习基本的投资概念和投资时需要考虑的关键要素；了解常见金融产品的特征和风险；了解定期投资，投资多样化帮助控制风险损失
了解债券	了解不同类型的债券，了解债券投资的益处和风险；了解债券价格、利率和收益率之间的关系；了解新加坡储蓄债券
股票投资基础	了解公司报表中提供的股票投资和财务信息策略；学习使用分析工具和财务比率评估股票的内在价值
了解不动产信托投资基金	了解不动产信托投资基金和投资不动产信托投资基金的好处与风险；了解投资不动产信托投资基金时应考虑的因素，什么影响该基金的绩效
了解交易所交易基金	了解什么是交易所交易基金及其类型；学习交易所交易基金如何构成个人投资组合的一部分，如何以较低的成本提供多样化的收益
财务习惯和行为	了解为何人类在思考和决策时依赖心理捷径，它如何影响个人财务计划；学习如何减轻心理捷径的影响，人的思维如何阻碍或帮助投资决策和资金管理
消费者保护	
交易太好了不是真的吧	学习识别不同类型的无管制投资计划和可能的骗局，避免成为受害者；了解不公平交易行为和消费者保护（公平交易）法保护下的个人权利
家庭和年轻人	
用自己的方式购买房屋	评估个人能支付多少钱购买房屋；在购买房屋之前，了解需要预算的前期费用和经常性付费
建立家庭	学习夫妻如何计划财务，如何为第一个房屋进行预算，计划孩子所需费用及政府可提供的补贴
青年人资金管理	学习有用的资金管理技巧和概念及重要的政府计划；学习如何利用基本银行产品达到财务目标
让孩子了解金钱	孩子们现在花钱越来越多，但是对金钱的了解却越来越少。父母是主要的影响者和教育者，要学习简单的、实用的、适合年龄的策略，帮助孩子开始财经教育
更多主题	
有特殊需求家庭的财务计划	这是一个系列讲座，有三部分：一是为所爱的人提前计划——学习财务计划、设立财务目标，评估预算，学习如何管理自己的资源；二是照顾自己和所爱的人——学习制订退休计划、公积金和公积金人生计划的步骤，了解退休收入的其他来源；三是当不在身边时，为所爱的人提前计划——了解资产计划的重要性和资产计划过程
转型员工的财务计划	学习如何制订财务计划，学习如何审核目前的财务状况；学习如何通过审核支出和制定预算来管理财务；学习如何避免和减少债务；这个模块适用于正经历裁员或已经被裁员的员工
社会工作者研讨会	本次研讨会帮助社会工作者学习由财经素养学院开发的财经知识、工具和资源，帮助顾客战胜财务挑战

财经素养学院座谈会主题及内容清单

资金管理和财务计划	
预算	本次座谈会的目的是个人能够拟定明智的财务目标，计算出达到目标所需费用；通过记录支出制定预算，学习如何削减开支
精打细算	本次座谈会的目的是帮助个人了解个人支出模式，如何通过支出计划定期储蓄；了解复利效应如何影响个人储蓄和支出
评估财务状况	本次座谈会的目的是帮助个人学习如何制订财务计划；学习如何评估个人财务状况，通过使用财务报表和比率判断个人的财务状况是否健康
实施你的财务计划	本次座谈会的目的是回顾财务计划，即储蓄、保险、投资，以及如何帮助他们实现个人的财务目标；学习如何管理个人的资源并执行财务计划达到财务目标
信用和债务管理	
了解信用和债务	本次座谈会的目标是使个人能够发现自己是否借款过多，了解不同类型贷款和成本；能够评估自己是否借款过多，学习如何解决债务问题
保险计划	
评估你的保险需要	学习如何使用计算器评估自己需要多少保险；为达成财务目标，在选择适当的保险产品及替代产品时应考虑的问题；学习如何使用网络聚合器等工具比较与选择保险产品
医疗保险的类型	本次座谈会的目的是帮助个人理解不同类型的医疗保险，了解医疗保险合同的常见条款
公积金保险计划	本次座谈会的目的是帮助个人了解在公积金保险计划项目下的各种类型的保险，如大病医疗保险，了解保险如何保护个人及家庭；学习如何索赔，如何选择合适的病房以使住院计划利益最大化
人寿保险的类型	本次座谈会的目的是帮助个人了解不同类型的人寿保险，包括期限、终身、捐赠和投资相关的产品；了解这些产品的特征、收益和成本，以及如何使用来实现各种财务目标
退休和资产计划	
评估退休收入需求	本次座谈会的目的是使个人学习如何评估自己退休需求，计算退休收入与需求之间的差距
增加退休收入的办法	本次座谈会帮助个人学习有助于达到退休目标的办法
管理公积金资金为退休做准备	了解公积金账户的宗旨，了解个人 55 岁时账户的变化；了解个人退休金选择；了解公积金人生是什么，它是如何运作的，个人计划应该考虑什么
资产计划的重要性	座谈会的目的是帮助个人了解资产计划的重要性
资产计划的步骤	座谈会的目标是向个人展示资产计划的基本步骤和转移资产的不同方式
投资	
投资时需要考虑的事项	本次座谈会的目的是帮助个人了解基础的投资概念和投资时考虑的关键问题；学习如何评估个人的风险偏好和各种投资策略
主要的金融产品	本次座谈会的目的是帮助个人了解一些主要金融工具的特征和风险；学习投资策略，学习根据个人的财务需求和风险偏好建构投资组合
了解债券	学习不同类型的债券、债券投资的收益和风险；了解债券价格、利息和收益率的关系
新加坡储蓄债券	本次座谈会介绍新加坡储蓄债券，是一种适用于个人的特殊类型的新加坡政府证券，是其他储蓄和投资的补充，是一种安全的长期储蓄方式

续表

消费者保护	
当心诈骗	本次座谈会的目的是帮助个人了解各种类型的诈骗，学习如何避免上当受骗；本次座谈会也涉及各种无管制投资计划和投资这种计划的风险
当交易变得糟糕时	本次座谈会将涉及消费者保护（公平交易）法保护下的常见的不公平交易，消费者追索的方式和新加坡消费者协会的作用；也涉及出租、出售和购买财产和房地产代理委员会的作用
家庭和年轻人	
购买第一个组屋	本次座谈会的目的是帮助个人为购买第一个组屋做预算，基于一次性及经常性费用的考虑；根据个人的财务状况和公积金房屋拨款，使用在线计算器缩小个人房产的价格范围；学习管理个人家庭贷款偿还，以减少支付的利息
婴儿和儿童支持计划	本次座谈会的目的是帮助个人制订夫妻的家庭财务计划，重点是政府拨款、资助和税收优惠，以帮助减少或降低在新加坡生育孩子的成本

后　记

“财经素养教育丛书”由中国财经素养教育协同创新中心策划并组织，由田慧生教授、王振中教授担任丛书主编。本书属于系列丛书中的一本，也是中国教育科学研究院2019年度基本科研业务费专项资金项目“财经素养教育国际比较研究”（项目批准号GYH2019011）的研究成果，集中研究美国、加拿大、澳大利亚、韩国、新加坡、马来西亚、俄罗斯、日本等国家的财经素养教育在政策与战略，以及实施与推进等方面的演进和现状。

本书总序由张男星（中国教育科学研究院）撰写，第一章由王春春（中国教育科学研究院）撰写，其中有关Visa开展财经素养教育的内容由Visa中国公司提供；第二章由庞雪（中国财经素养教育协同创新中心）、靳晴晴（中国财经素养教育协同创新中心）撰写；第三章由龚玲玲（高顿财经研究院）撰写；第四章由吴建金（上海财经大学）、应望江（上海财经大学）、（韩）成高韵（复旦大学）撰写；第五章由刘红宇（广西财经学院）、黄毓（广西财经学院）、王彤（广西财经学院）撰写；第六章由刘红宇、裴春梅（广西财经学院）撰写；第七章由刘文权（中国教育科学研究院）撰写；第八章由楚晓琳（中国教育科学研究院）撰写。本书由王春春统稿、总校对，刘红宇、靳晴晴参与校对，张男星、应望江统稿并定稿。

在这里要特别感谢科学出版社出版财经素养教育系列丛书，感谢科学出版社来豫蓉书记、科学出版社经管分社马跃社长，以及本书责任编辑刘英红女士，感谢他们为本书的出版付出的辛苦劳动！

感谢中国财经素养教育协同创新中心各协同单位的大力支持！感谢中心联合发起单位重庆课堂内外杂志有限责任公司、康德教育集团提供了多方面的支持！感谢Visa公司赞助本书的出版费用，推广我们的财经素养教育研究成果！

编　者

2019年11月